WIEN | TORONTO

KAREN MESSING

UNSICHTBARE SCHMERZEN

Was die Wissenschaft über die Arbeit lernen kann von jenen, die sie verrichten

BAHOE BOOKS

Conseil des arts du Canada / Canada Council for the Arts

Karen Messing
Unsichtbare Schmerzen –
Was die Wissenschaft über die Arbeit
lernen kann von jenen, die sie verrichten.

Originaltitel: *Pain and Prejudice –*
What Science Can Learn about Work
from the People Who Do It

Aus dem kanadischen Englisch
von Maria Steiner

© Between the Lines, Toronto 2013
© bahoe books, Wien 2021

1. Auflage
ISBN 978-3-903290-07-5

bahoe books
Fischerstiege 4–8/2/3
1010 Wien
Österreich

bahoebooks.net

INHALT

1. FabriksarbeiterInnen — 7
2. Die unsichtbare Welt der Reinigungskräfte — 26
3. Still stehen — 65
4. Viel Verstand, aber schlecht bezahlt — 91
5. Unsichtbare Teamarbeit — 115
6. Home Invasion — 135
7. Lehrer und Zahlen — 160
8. Wie man WissenschafterIn wird — 181
9. Krabben, Schmerz und skeptische Wissenschaft — 201
10. Die Zehen des Statistikers — 220
11. Können Wissenschafter Empathie entwickeln? — 237

1. FabriksarbeiterInnen

Als ich klein war, nahm mich mein Vater eines Morgens in die Fabrik mit, wo er in der Geschäftsführung tätig war. Zu meiner Freude durfte ich beim Fließband sitzen und den Frauen dabei zuschauen, wie sie Radios verkabelten. Die roten, blauen und gelben Kabel mussten bei jedem Gerät an den richtigen Stellen gelötet werden. Die Frauen ließen mich sogar mit den bunten Drähten spielen, während mein Vater seiner Arbeit nachging. So war ich eine Weile lang beschäftigt, doch dann machte ich mich auf den Weg in das Büro meines Vaters. Etwas ging mir durch den Kopf. Ich fragte ihn: «Wird denen nicht fad, wenn sie den ganzen Tag dasselbe machen?» Er antwortete: «Aber nein, Karen, die sind nicht so schlau wie du.»

Ich war sprachlos. Mein Vater wollte mir erklären, dass diese erwachsenen Frauen weniger klug waren als ich, eine Fünfjährige, die eine ziemlich realistische Einschätzung von ihrem niedrigen gesellschaftlichen Status hatte. Seine Worte klangen nicht besonders plausibel, doch er schien sich ihrer gewiss zu sein. Ich zerbrach mir eine Weile darüber den Kopf und vergaß sie nie.

Viele Jahre später erhärtete sich bei mir der Verdacht, mein Vater könnte bezüglich der Intelligenz der Arbeiterinnen falschgelegen sein. Im Alter von siebzehn Jahren wurde ich wegen eines kleinen Vergehens für drei Monate von der Universität suspendiert. Ich bewarb mich in einer Buchhandlung und mehreren Restaurants und wurde schließlich als Kellnerin in einer für ihre schnellen Mittagsmenüs bekannten Cafeteria eingestellt. Meine Aufgabe bestand darin, jeden Gast mit Tablett, Serviette und Besteck auszustatten, die Bestellung aufzunehmen und sie dem Küchenpersonal mit dem richtigen Codenamen für die einzelnen Zubereitungsarten (Spezial ohne Gemüse, New-York-Burger, usw.) zuzurufen. Für jedes der ungefähr zehn Hauptgerichte musste ich die richtige Garnitur oder Beilage liefern. Sobald die Bestellung in der Durchreiche erschien, musste ich sie der richtigen Person servieren. Falls die Speisen nicht in einem angemessenen Zeitraum fertig waren, musste ich mit dem Küchenpersonal verhandeln und abwägen, ob ich lieber die Nörgeleien der Gäste in Kauf nahm oder mich mit dem Koch Henry, einem furchteinflößenden Kerl, anlegen wollte.

Ich war eine unglaublich schlechte Kellnerin. Die Frauen, die schon seit mehreren Jahren im Service arbeiteten, konnten Aufträge von vier Gästen gleichzeitig bearbeiten. «Klatsch! Klatsch! Klatsch! Klatsch!», machten die Tabletts auf der Schank und das Besteck und die Teller klapperten dazu im Takt. Selber schaffte ich es hingegen nicht, mehr als zwei Gäste zu bedienen. Und zur besonderen Demütigung der Studentin einer Eliteuni war das größte Hindernis nicht körperlicher, sondern geistiger Natur. Ich war der kognitiven Herausforderung, die Aufträge von mehr als zwei Gästen mit all ihren Details zu erinnern und deren Verlauf zu verfolgen, schlicht und einfach nicht gewachsen. Beverly, eine junge Frau in meinem Alter, die kurz vor mir eingestellt worden war, war mir eine große Hilfe. Sie brachte mir kleine Tricks bei, die sie gelernt hatte, etwa die Petersilie auf dem Ei wegzulassen, wenn die Warteschlange allzu lange war. Es war diese Bekanntschaft mit Beverly, die meinen Verdacht, Menschen aus der ArbeiterInnenklasse könnten auch klug sein, bestätigte. Sie wies alle Stigmata eines Lebens in Armut auf – fehlende Zähne, Sprachmuster, die auf mangelnde Bildung schließen ließen, sie war alleinerziehende Mutter eines neugeborenen Babys – und trotzdem war ihr Verstand mindestens genauso schnell wie meiner. Wir verbrachten eine tolle Zeit zusammen, in der wir uns über das Management und das Küchenpersonal lustig machten, bis ich wieder an die Universität und in mein normales Leben zurückkehrte.

1. FabriksarbeiterInnen

Durch diesen Job fing ich an, über die Machtverhältnisse zwischen ArbeitgeberInnen und ArbeitnehmerInnen nachzudenken. Beverly und ich bekamen einen damals üblichen Mindestlohn von einem Dollar pro Stunde. Das erschien mir als extrem wenig Geld, selbst in Anbetracht dessen, dass wir das Jahr 1960 schrieben. Mir war völlig unklar, wie Beverly und ihr Baby von so einem Lohn leben konnten. Noch dazu zwang uns der Arbeitgeber, für die Reinigung unseres Arbeitsgewandes selbst aufzukommen. Das erschien mir nicht richtig, schließlich gehörte uns die Kleidung ja nicht. Der Manager machte mir jedoch schnell begreiflich, dass ich für die Reinigung bezahlen und den Mund halten sollte, wenn ich nicht gekündigt werden wollte. Und einige Gäste vermittelten mir ebenso eindringlich, dass ich ihre herablassenden oder koketten Bemerkungen hinzunehmen hatte, wenn ich den Job behalten wollte. Wenn ich genug lächelte, ließen sie manchmal sogar ein Vierteldollarstück auf ihrem Tablett zurück.

In den nächsten Jahren riss ich mich zusammen und machte meinen Abschluss. Meine einzigen engen Begegnungen mit Arbeitern aus dem Niedriglohnsektor hatte ich in der Rolle der Kundin. Erst als ich eine Anstellung als Biologieprofessorin an der Université du Québec à Montréal (UQAM) erhielt, trat ich mit ihnen auf ganz andere Weise in Kontakt.

Im Jahr 1978 tauchte in einer Phosphatraffinerie bei Montreal ein Problem auf. Die dort arbeitenden Männer bekamen zu Ohren, dass das von ihnen verarbeitete Erz mit radioaktivem Staub verseucht war. Die Provinzverwaltung hatte Abfallgestein aus der Raffinerie für das Asphaltieren der Straßen gekauft, und einem Techniker war aufgefallen, dass die Straßen Strahlung abgaben. Es wurde eine potenzielle Gefahr für die AutofahrerInnen befürchtet. Durch Zeitungsartikel darüber erfuhren die Arbeiter im Werk zum ersten Mal, dass das Material, mit dem sie arbeiteten, radioaktiv und gesundheitsschädlich war. Sie riefen die Gewerkschaft an, die wiederum die Universitätsverwaltung anrief, die schließlich mich kontaktierte. Ich war die einzige mögliche Ansprechperson, die eine leise Ahnung von Strahlung und Schäden am Erbgut hatte. Der Gesundheits- und Sicherheitsbeauftragte der Gewerkschaft und ich fuhren eines kalten Tages an das Südufer des Saint Lawrence Flusses und trafen uns mit der Gewerkschaftsleitung in deren kleinem Büro. Dort warteten sechs Männer in ihren Dreißigern und Vierzigern, die bereits viele Jahre in der Fabrik verbracht hatten. Sie erzählten uns, dass nicht nur ihr Arbeitsplatz voll von radioaktivem Staub war, sondern die Arbeiter den Werksabfall auch mit nach Hause genommen hätten, um ihn als Phosphordünger in ihren Gärten zu verwenden. Ich wusste wenig über die Auswirkungen von Strahlen auf Menschen, aber ich gab den sechs Männern eine Basiseinführung, was Strahlung anrichten kann: Ihre Energie kann Chromosomen deformieren und dadurch die genetische Information der Zellen verändern, und veränderte Zellen stellen ein potenzielles Gesundheitsrisiko dar. Wortgewandt erwähnte ich, dass der Schaden auch an die nächste Generation und darüber hinaus weitergegeben werden konnte.

«Meine Tochter könnte also wegen meinem Beruf so krank sein?», fragte der Gewerkschaftspräsident «Jean-Jacques».[1] Mit einem Schlag wurde mir klar, dass ich nicht in meinem Hörsaal stand und einfühlsamer hätte sein sollen. Zu spät – ich hatte bereits einen Schock verursacht. Von den sechs Männern am Tisch waren fünf verheiratet, vier von ihnen hatten Kinder, von denen jeweils eines mit einem gravierenden gesundheitlichen Problem auf die Welt gekommen war, von einer Gaumenspalte bis zum Klumpfuß. Der fünfte verheiratete Mann hatte eine schwangere Frau, und plötzlich waren wir alle besorgt um ihr zukünftiges Kind. Tatsäch-

---

[1] Alle Namen in Guillemets wurden anonymisiert.

1. FabriksarbeiterInnen

lich kam seine Tochter einige Monate später mit einem schweren Geburtsfehler auf die Welt: Sie litt an einer tracheo-ösophagealen Fistel, einer angeborenen abnormalen Verbindung zwischen Luft- und Speiseröhre, die vom Mund bis zum Magen verläuft.

Ich hatte keine Ahnung, wie ich Humangenetik mit meinem Beruf an der Uni verbinden sollte, doch mir war klar, dass Handlungsbedarf bestand. Irgendjemand musste schließlich herausfinden, ob in der Fabrik etwas nicht mit rechten Dingen zuging. So begann eine frustrierende und verwirrende Zeit, in der ich versuchte, qualifizierte Personen – Universitätsangestellte und MedizinerInnen – zu kontaktieren, um ihr Interesse an diesen hundert strahlenexponierten Männern zu wecken und ihnen dabei zu helfen, herauszufinden, was mit ihnen und ihren Familien passiert ist. Verwirrend deswegen, weil aus irgendeinem Grund keiner der logischen AnsprechpartnerInnen Interesse an einer Situation zeigte, die meiner Meinung nach sowohl vom menschlichen Gesichtspunkt her wichtig war, als auch wissenschaftlich betrachtet faszinierend war. Ich rief zuerst einen Genetikforscher in einem Kinderkrankenhaus in Montreal an und beging in meiner Naivität gleich einen Fehler: «Mein Name ist Karen Messing, ich bin Biologieprofessorin an der UQAM und wir haben die Vereinbarung mit einer Gewerkschaft getroffen, die ArbeitnehmerInnen über Gesundheits- und Sicherheitsrisiken zu informieren. Wir brauchen einen Experten für Humangenetik.» «Nein, ich bin nicht daran interessiert, für eine Gewerkschaft zu arbeiten», lautete die Antwort. «Nein, ich meinte nicht, dass Sie direkt für die Gewerkschaft arbeiten sollen oder die Gewerkschaft Sie einstellen würde. Es ist nur so, dass diese Menschen Strahlen ausgesetzt sind und ihre Kinder angeborene Krankheiten haben, und ich habe nicht die Expertise, um zu beurteilen, ob die Strahlenbelastung dafür verantwortlich ist», erklärte ich. «Nein, ich bin nicht daran interessiert, für eine Gewerkschaft zu arbeiten», wiederholte er.

Einer der Gewerkschaftsaktivisten, dessen Frau ein Kind mit Fehlbildungen auf die Welt gebracht hatte, wurde an einen Facharzt für Medizinische Genetik verwiesen, den ich hier «Dr. Tremblay» nennen werde.[2] Dr. Tremblay sagte zu ihm: «Diese Dinge passieren einfach, wir werden sie nie verstehen. Das hat überhaupt nichts mit ihrer Arbeit zu tun.» Als mir das zu Ohren kam, versuchte ich Dr. Tremblay zu erreichen, um herauszufinden, warum seiner Meinung nach kein Zusammenhang mit den Arbeitsbedingungen des Mannes bestand. Ich hinterließ Nachrichten für ihn und seine Kollegen, doch niemand reagierte auf meine Anrufe. Und obwohl ich bei späteren Telefonaten die Gewerkschaft nicht mehr erwähnte, ging es immer so weiter. Keine der zuständigen Personen, keiner der ForscherInnen mit der notwendigen Expertise erklärte sich bereit, die Arbeiter als Gruppe zu treffen oder ihre Arbeitsbedingungen zu untersuchen. Allein die Vorstellung eines möglichen Konflikts mit einem Unternehmen reichte aus, um meine KollegInnen abzuschrecken. Zu ihrer Verteidigung muss man sagen, dass sie die verzweifelten Väter nie persönlich getroffen haben. Vielleicht sollte man diesen Kontakt tatsächlich einfach vermeiden. Bis heute habe ich das Gesicht jenes Mannes nicht vergessen, der sagte: «Ich habe mein ganzes Leben lang in dieser schäbigen Fabrik gearbeitet, damit meine Familie sicher und gesund leben kann, und jetzt sagen Sie mir, dass die Herzprobleme meines Sohnes vielleicht meine Schuld sind?» Oder die Partnerin eines anderen Arbeiters, die trotz Kinderwunsch ihre Verlobung gelöst hat, aus Angst vor Strahlenschäden.

---

2 Nachdem die Reaktionen dieser WissenschafterInnen meines Erachtens eher auf systemische als auf persönliche Faktoren zurückzuführen sind, verwende ich hier Pseudonyme. Über die systemischen Faktoren stelle ich im Laufe des Buches Überlegungen an.

1. FabriksarbeiterInnen

Ich hatte kurz zuvor in unserem Institut für Biologie zu arbeiten begonnen, und mein Forschungsprogramm für Genetik zielte auf die Entwicklung und Stärkung eines Pilzes ab, der Moskitos abtöten sollte. Gemeinsam mit zwei Kollegen, die als Entomologen eine Ahnung davon hatten, wie man Moskitos erledigte, erhielten wir eine Förderung und das Projekt lief gut für uns. Ich hatte einige Studierende eingestellt, die damit beschäftigt waren, Pilze auf Plastikgeschirr zu züchten und ihre Sporen auf der Wasseroberfläche schweben zu lassen, wo Moskitolarven lebten. Meine Abteilung war froh darüber, mich eingestellt zu haben, weil ich unter Beweis gestellt hatte, dass ich Bundes- und Landesmitteln einwerben konnte.

Was sollte ich jedoch mit den Raffineriearbeitern machen? Ich sprach mit Micheline Cyr, Ana María Seifert und Claire Marien, drei sehr klugen Biologiestudentinnen, die auf der Suche nach einem Semesterprojekt waren. Sie boten an, mit mir zusammen der Strahlenbelastung auf den Grund zu gehen. Woche für Woche lasen wir über Strahlung und diskutierten, wie mit der Situation in der Fabrik wissenschaftlich und menschlich umzugehen sei. Wir fühlten uns schrecklich, weil wir nicht herausfinden konnten, ob die Probleme der Kinder tatsächlich auf die Arbeit ihrer Väter zurückzuführen waren, und niemand wollte uns unterstützen. Wir wussten nicht, ob wir die Verlobte beschwichtigen oder ihr Recht geben sollten.

Unsere Sorgen wuchsen weiter, als wir mehr über die Arbeitsbedingungen im Werk erfuhren. Wir trafen einen langjährigen Arbeiter, der von dem vielen Staub dort berichtete. Er erzählte uns, dass sie schon Wochen vor einem zahnärztlichen Eingriff ihre Tätigkeit einstellen mussten. Andernfalls war ihr Kiefer durch die Einwirkung des Phosphors im Staub zu porös, und der Zahnarzt befürchtete, es zu beschädigen. (Ein Jahr später, als der Arbeitgeber uns zum ersten Mal erlaubte, das Werk zu besichtigen, war jede Oberfläche staubig. Schon nach wenigen Minuten fühlten wir uns selber ganz eingestaubt.)

Die Gewerkschaft organisierte ein Sonntagsfrühstück mit den Männern und ihren Familien. Für diese Gelegenheit hatten wir einen Fragebogen über ihre Reproduktionsgeschichte vorbereitet, der uns einen Einblick darüber verschaffen sollte, ob es überdurchschnittlich viele Fehlgeburten, Totgeburten oder Fehlbildungen in ihren Familien gab. Micheline, Ana María, Claire und ich gingen in den Keller einer kleinen Kirche, wo uns die Frauen der Arbeiter Eier mit Speck und Palatschinken servierten. Ich hielt einen Vortrag über die gesundheitlichen Auswirkungen von Strahlenbelastung. Diesmal war ich etwas taktvoller, aber das Publikum war verständlicherweise sehr angespannt. Die Ehefrauen waren dennoch froh darüber, einen Raum zu haben, wo sie ihre vielen Fragen stellen konnten. Die meisten Arbeiter waren zu jung, um Kinder zu haben, und so füllten nur dreißig Frauen den Fragebogen aus. Ihre Antworten erhärteten den Verdacht, doch die Stichprobe, die uns zur Verfügung stand, war zu klein, um mit absoluter Sicherheit von einem Problem ausgehen zu können.

Die wissenschaftliche Literatur behandelte ausschließlich Strahlung und bot somit keine große Hilfe. Sie enthielt lauter Berechnungen über die Dosen an Gamma- oder Röntgenstrahlen, die man von einer externen Quelle erhält, doch ich konnte nichts darüber finden, welche Auswirkungen die Einnahme und Inhalation von radioaktivem Staub hatte. Wie lange würde der Staub im Körper bleiben? Würden sich die radioaktiven Elemente in bestimmten Organen konzentrieren? Da die Strahlungsquelle nicht außerhalb des Körpers lag, waren alle Berechnungen in der wissenschaftlichen Literatur über die Distanz des menschlichen Körpers von der radioaktiven Quelle nutzlos. Wir brauchten also einen anderen Weg, um herauszufinden, ob die Strahlung Schäden verursachte.

1. FabriksarbeiterInnen

Während meiner Ausbildung lernte ich Professor Abby Lippman von der McGill University kennen, die ihr Doktorat im Bereich Medizinische Genetik abgeschlossen hat. Sie stellte mir eine Ärztin vor, die mit der Untersuchung menschlicher Chromosomen vertraut war. Ich nahm Dr. Naomi Fitchs freundliches Angebot an, mich in ihrem Labor für die Untersuchung von Chromosomen einzuschulen. (Zur damaligen Zeit waren die wissenschaftlichen Einrichtungen weniger starr; heute würde keine Abteilung und kein Geldgeber einer neu eingestellten Professorin genügend Spielraum geben, um sich in fremde Forschungsbereiche einzuarbeiten.) Die Gewerkschaft hatte über die UQAM-Gewerkschaftsvertretung ein wenig Geld zur Verfügung, sodass ich Micheline, Ana María und Claire einstellen konnte, um bei der Chromosomenstudie zu helfen. Wir entnahmen einer kleinen Anzahl an Arbeitern Blutproben und bereiteten Objektträger mit speziellen Färbungen vor, um die Chromosomen sehen zu können. Die Studentinnen und ich untersuchten diese Dias (die mit Dias von anderen Testpersonen gemischt wurden, damit sie als «blind» galten), und wir alle waren der Meinung, wesentlich mehr Anzeichen von Schäden in den Proben der Arbeiter erkennen zu können, als bei nicht in der Raffinerie arbeitenden Personen.

Nachdem wir unseren Bericht an die Gewerkschaft und den Arbeitgeber geschickt hatten, interessierten sich endlich auch andere GenetikerInnen dafür. Tatsächlich erhielt ich einen Anruf vom Präsidenten der Canadian Genetics Society, der mich um meine Dias bat – der Arbeitgeber hatte ihn damit beauftragt, eine Gegenexpertise (also eine bezahlte Gegenmeinung) zu erstellen. Und nach mehr als einem Jahr Stille rief mich Dr. Tremblay, der Facharzt für Humangenetik, schließlich zurück. Der Arbeitgeber hatte auch ihn kontaktiert und ihn gebeten, mir mit einer Klage zu drohen. Er warnte mich davor, die Studie weiterzuverfolgen.

Ich verstand mehr und mehr, wie der nordamerikanische Wissenschaftsbetrieb funktioniert. Unsere mangelnde Erfahrung bei der Analyse menschlicher Zellen machte den Studentinnen und mir nach wie vor zu schaffen und wir wollten ein unabhängiges Gutachten von jemandem einholen, der weder mit der Gewerkschaft noch mit dem Arbeitgeber in Verbindung stand. Ein Bekannter war ein anerkannter Experte für Arbeitsmedizin in den USA, Professor an einer großen Hochschule für öffentliche Gesundheit. Er bot an, unsere Studie zu wiederholen. Wir freuten uns darüber, schließlich wollten wir ja herausfinden, ob die Chromosomen der Raffineriearbeiter tatsächlich beschädigt waren. «Professor Ivy» kam, nahm Blutproben und verschwand wieder von der Bildfläche. Wenige Monate später erhielten alle (französischsprachigen) Arbeiter einen englischsprachigen Brief mit dem Briefkopf seiner renommierten Universität, der das negative Ergebnis der Chromosomen-Tests attestierte: Es bestünde keine Beeinträchtigung. Wir erhielten zwar keine Kopie, doch die Gewerkschaft rief uns an, um uns mitzuteilen, dass unsere Ergebnisse falsch waren. Als ich Professor Ivy anrief, um mir das zu bestätigen, meinte er, die Sekretärin habe die Briefe versehentlich verschickt, er habe die Proben noch gar nicht angeschaut. Andere Dinge hatten ihn auf Trab gehalten; er verhandelte gerade über seine Anstellung. Er bot an, den ArbeiterInnen ein Korrekturschreiben zu schicken. Dies geschah jedoch niemals, was für weitere Verwirrung sorgte. In unserem Telefonat bat er mich um die Erlaubnis, das Foto einer der von den Arbeitern entnommenen Blutprobe in einem Lehrbuch verwenden zu dürfen, an dem er gerade arbeitete. Er hatte noch nie ein auf diese Art beschädigtes Chromosom gesehen.[3]

---

[3] Das Chromosom war trizentrisch, was relativ ungewöhnlich ist und mit einer Strahlenbelastung in Zusammenhang stehen kann. Um die Erlaubnis einzuholen, verwiesen wir Prof. Ivy an den Arbeiter, das Buch mit der Abbildung seines Chromosoms bekamen wir jedoch nie zu Gesicht.

1. FabriksarbeiterInnen

Wir erhielten niemals Informationen über seine Analyse dieser Proben und hatten somit keine Gewissheit, ob unsere Ergebnisse korrekt waren, wenngleich Professor Ivys Interesse an dem stark beschädigten Chromosom auf die Existenz eines gesundheitlichen Problems hindeutete. Noch entscheidender ist, dass die Arbeiter bis zum heutigen Tag – mehr als dreißig Jahre später – keine Bescheinigung über ihren Gesundheitszustand oder den ihrer Kinder und Enkelkinder erhielten. Aufgrund des Vorfalls mit Professor Ivy waren sie sich auch nie sicher, ob sie uns vertrauen konnten. Angesichts der widersprüchlichen Informationen erschien es der Gewerkschaft am besten, mit dem Arbeitgeber zu verhandeln und anzubieten, den Kontakt mit uns einzustellen, wenn sich die Unternehmensleitung dazu bereit erklärt, den radioaktiven Staub in der Anlage zu entfernen und eine neue Entlüftungsanlage zu installieren. Das Management nahm dieses Angebot dankend an, und wir waren somit draußen. Soweit wir wissen, wurden diese Chromosomen nie wieder wissenschaftlich untersucht. Nach der Schließung der Raffinerie im Mai 1992 blieben 1,2 Millionen Tonnen radioaktiver Abfälle zur Entsorgung für die Umweltbehörden zurück.[4] Professor Ivy leitete später eine Forschungsorganisation der US-Regierung für Gesundheit am Arbeitsplatz und genießt in Wissenschaftskreisen nach wie vor einen ausgezeichneten Ruf.

Meine Auseinandersetzung mit der Radiologie war damit noch nicht vorüber. Während unserer Beschäftigung mit den Raffineriearbeitern hatte ich viel über Strahlung und ihre Auswirkungen auf den Menschen gelesen und gelernt. Ich kam auch mit einem losen Forschungsnetzwerk auf dem neuen Gebiet der Arbeitsmedizin in Kontakt. In den 1970er und 1980er-Jahren entstand allmählich ein

---

4 Louis-Gilles Francoeur (1991) "Scorries radioactives sur la rive sud," Le Devoir, 5. 5. 1993, A1.

Bewusstsein über die Gefahr von Kontamination in bestimmten Branchen. Dr. Jeanne Stellman von der Oil, Chemical and Atomic Workers Union in den USA hatte kurz zuvor ihr Buch *Work is Dangerous for Your Health* publiziert, das ArbeiterInnen für chemische und physikalische Belastungen sensibilisierte.

Aufgrund meines steigenden Wissensstandes zum Thema Strahlenbelastung nahm ich zwei Jahre später das Angebot einer Gewerkschaft im Pflegebereich an, als Sachverständige für eine Radiologietechnologin tätig zu werden, die von ihrem Arbeitgeber bezahlten Urlaub für die Dauer ihrer Schwangerschaft einforderte. «Suzanne» hatte bereits ein Kind mit einer angeborenen Missbildung, und einige ihrer KollegInnen hatten kürzlich Fehlgeburten erlitten. Sie wollte diesen Fötus keiner Strahlenbelastung aussetzen und hatte ihren Job auf eigene Initiative verlassen. Sie forderte eine Gehaltsfortzahlung ein und berief sich dabei auf eine Vertragsklausel, die eine Karenz für Schwangere in Risikoberufen vorsieht.[5] Laut Arbeitgeber war sie keiner Gefahr ausgesetzt, da ihre Dosimeterwerte eine sehr geringe Belastung aufwiesen.[6] Die Gewerkschaft schätzte das Risiko einer zufälligen Exposition jedoch als inakzeptabel hoch ein, weil vorgeschriebene Vorsichtsmaßnahmen laut den Angestellten häufig ignoriert würden. Sie hatten gesehen, wie häufig MedizinstudentInnen das Röntgengerät einschalten, noch bevor die Technologin den Raum verlassen

---

5 Diese Vertragsklausel wurde in Quebec später gesetzlich verankert. Demnach haben Schwangere oder Stillende, die in ihrer Arbeit einem Risiko für sich selbst, ihren Fötus oder ihr Kind ausgesetzt sind, das Recht, mit gefahrenfreien Tätigkeiten betraut zu werden. Falls dies nicht möglich ist, besteht ein Anspruch auf Freistellung.

6 Damals wurden Filmdosimeter verwendet, um eine Strahlenbelastung zu messen. Der Film verdunkelte sich, wenn er Strahlung ausgesetzt wurde und spezialisierte Labore konnten das Ausmaß der Belastung ermitteln und dem Arbeitgeber mitteilen.

1. FabriksarbeiterInnen

konnte, und sie hatten gezählt, wie oft die Türen mit Bleischutz versehentlich offen blieben. Sie trauten den Dosimetern auch deswegen nicht, weil einige angestellte Technologinnen ihre Dosimeter probehalber über längere Zeiträume vor dem Röntgengerät stehen gelassen hatten, ohne jemals außergewöhnlich hohe Messwerte rückgemeldet zu bekommen.[7]

Meiner Meinung nach hatte die Gewerkschaft eine Chance, diesen Arbeitsprozess zu gewinnen, aber ich hatte keine realistische Einschätzung der Situation. 1980 war ich eine außerordentliche Professorin, ich war 37 Jahre alt. Gegenstand meiner einzigen Veröffentlichung waren Pilze. Obwohl ich viel gelesen und geforscht hatte, sollten noch fünf Jahre bis zur Veröffentlichung meines ersten Artikels über Humangenetik in einem Peer-Reviewed-Journal – dem wichtigsten Qualifikationsnachweis in der Wissenschaft – vergehen. Als ich mich auf die Anhörung vorbereitete, stellte ich zu meiner Überraschung fest, dass der Experte aufseiten des Arbeitgebers Professor Edward P. Radford war. Er war Vorsitzender einer internationalen Kommission über die Auswirkungen von Strahlung auf den Menschen und hatte hunderte von Peer-Reviewed-Artikeln und Studien zu diesem Thema veröffentlicht. In wissenschaftlichen Kreisen tobte gerade eine Debatte über die Auswirkungen einer geringen Exposition ionisierender Strahlung, und Radford vertrat die Meinung, diese Effekte seien als vernachlässigbar einzuschätzen. Ich fühlte mich eingeschüchtert und inkompetent. Vergeblich versuchte ich andere, besser qualifizierte WissenschafterInnen als Ersatz für mich zu finden, doch niemand

---

7 Das bedeutet nicht notwendigerweise, dass die Messergebnisse generell ungenau oder falsch waren. Ein Laborangestellter, der die Dosimeter bearbeitete, erklärte mir, dass sie dazu angehalten waren, mutmaßliche Fehlmessungen zu verwerfen. War beispielsweise der Film eines Angestellten im Gegensatz zu allen anderen schwarz, wurde dieser vermutlich außer Acht gelassen.

wollte gegen Radford antreten, auch nicht, als die Gewerkschaft einen angemessenen Satz für internationale Expertise anbot.

Der Prozess, der meiner Erinnerung nach in einem engen, dunklen Raum in Quebec City stattfand, war hart. Eine kleine Armee von Anwälten war bezahlt worden, um zu beweisen, dass ich falsch lag. Wenngleich eine oberflächliche Ähnlichkeit mit der Defensio bei meiner Dissertation bestand, bei der drei Professoren meine Ergebnisse angegriffen hatten, ging es bei dieser Anhörung um viel mehr. Naiv wie ich damals war, dachte ich, meine Kompetenz allein wäre ausschlaggebend für das Schicksal der Kinder der Radiologietechnologin, die ich kennengelernt hatte und die mir am Herzen lagen. Wenn ich meine Arbeit gut mache, dachte ich, würden ihre Föten in Zukunft keiner Strahlung ausgesetzt sein. Unsere Seite hatte keinen Anwalt, nur einen autodidaktischen Gewerkschaftsberater, und ich war nicht auf die Fragen der gegnerischen Anwälte vorbereitet. WissenschafterInnen haben keine Ausbildung oder Erfahrung im Umgang mit Rechtsfragen, und ich stellte in dieser Hinsicht keine Ausnahme dar. Ich hatte einige Veröffentlichungen recherchiert und zusammengefasst, die unser Argument stützten, dass die Technologinnen möglicherweise gefährlichen Strahlenmengen ausgesetzt sind. Ich wusste, dass Radford trotz seiner Rückkehr in die USA eine Übersetzung meiner Aussage bekommen hat und sie zerreißen würde, falls ich einen Fehler machte. Dennoch glaubte ich, Suzanne hätte eine Chance, da das Risiko einer unbeabsichtigten Exposition nachgewiesen war und die Gewerkschaft Zweifel an den Dosimetern geäußert hatte. Und selbst wenn WissenschafterInnen darin übereinkämen, dass die Strahlung keine Gefahr darstellte, wäre Suzanne während ihrer Schwangerschaft nicht dennoch einem gewissen Stress ausgesetzt, da sie von einer Gesundheitsschädigung ihres früheren Kindes durch ihre Arbeit ausging?

1. FabriksarbeiterInnen

Natürlich verloren wir den Fall. Wir haben keine Chance gehabt. Der Richter entschied, dass die Aussage der Gewerkschaft über die tatsächlichen Arbeitspraktiken nicht relevant sei, und kam zu dem Schluss, die Arbeit der Technologin sei «nicht gefährlicher als der Sonneneinstrahlung ausgesetzt zu sein».[8] Ich fühlte mich gedemütigt und schuldig, weil ich der Aufgabe nicht gewachsen gewesen bin. Glücklicherweise schien Suzannes Baby, das lange vor der Urteilsverkündung geboren wurde, vollkommen gesund zu sein. Suzanne, die auf eigene Kosten ihre Arbeit niedergelegt hatte, konnte – von den Lohneinbußen abgesehen – nach der Geburt ohne negative Konsequenzen an ihren Arbeitsplatz zurückkehren. Schwangeren Radiologietechnologinnen wurde jedoch kein Recht auf Karenz zugesprochen.

Heute denke ich, dass meine Erfahrung bei der Anhörung eine Menge darüber erklärt, warum meine erfahreneren, älteren KollegInnen die Raffineriearbeiter gemieden hatten. Um einen Doktortitel zu erhalten, müssen WissenschafterInnen von Grund auf lernen, wie man wissenschaftliche Forschung betreibt und wie man auf eine bestimmte Art der Kritik reagiert. Wir sind ExpertInnen in der Beantwortung von Fragen, die uns andere WissenschafterInnen stellen, wir können sie vorwegnehmen und unsere Arbeit sorgfältig machen, um Kritik zu vermeiden. Unser ganzer Selbstwert hängt davon ab, recht zu haben und kein Detail zu übersehen, keine Fragen offen gelassen zu haben. Wir lernen die Regeln des Wissenschaftsbetriebes und einige ausweichende Antworten, auf die wir zurückgreifen können, wenn wir uns nicht sicher sind. Die Unsicherheit, die wir dabei an den Tag legen, ist in Ordnung, ja

---

[8] Sonnenstrahlung ist eine völlig andere Strahlenform, die nicht in den menschlichen Körper eindringen kann. Deswegen werden Röntgenstrahlen verwendet, um das Innere des Körpers abzubilden.

sogar lobenswert, denn wir räumen ein, nicht alle Antworten zu kennen und immer noch auf der Suche nach der Wahrheit zu sein. Tatsächlich besagt die Norm für wissenschaftliche Artikel, dass wir nur dann eine Aussage machen dürfen, wenn die Chance, falsch zu liegen, unter 5% liegt. Auf die Missachtung der Regeln stehen harte Strafen: Unsere Abschlussarbeiten und Artikel werden nicht angenommen, unsere Forschungsanträge nicht finanziert, stattdessen bekommen wir böse und kritische Reviews von unseren KollegInnen, man macht sich auf Konferenzen über uns lustig, wir bekommen keine Jobs mehr, und Studierende wollen nicht mehr mit uns arbeiten. Unsere ganze sehr lange Ausbildungszeit über lernen wir, nichts mit Gewissheit zu behaupten. Uns wird beigebracht, Geringschätzung und sogar Verachtung gegenüber WissenschafterInnen zu empfinden, die unqualifizierte Behauptungen tätigen. Das ist nicht wissenschaftlich, heißt es dann.

Trifft die Wissenschaft jedoch auf das wirkliche Leben, ändern sich die Regeln. Vor Gericht und bei Regierungsverhandlungen müssen WissenschafterInnen Stellungnahmen abgeben. Ich erinnere mich an den spöttischen Kommentar von US-Senator Ed Muskie, nachdem er die Aussagen diverser WissenschafterInnen zu Umweltgefahren angehört hat: «Einerseits ist es so, andererseits so ... Wir brauchen mehr einseitig argumentierende Experten, die klar benennen können, was zu tun ist.» Der Richter bei Suzannes Anhörung musste eine Entscheidung treffen und Wankelmütigkeit war in dieser Situation nicht gefragt. Vor dem Gesetz muss sich eine Expertin für die wahrscheinlichste Interpretation entscheiden, und sie muss mit einer 49-prozentigen Chance, falsch zu liegen, leben können. Suzanne brauchte von mir eine klare Erklärung, warum ihr Fötus meiner Ansicht nach in Gefahr war. Die Absicherung meines wissenschaftlichen Rufes durch verklausulierte Ausflüchte stellte keine Option dar. So wurde ich bei der Anhörung wiederholt in die ungewohnte Position gebracht, nüchterne, undifferenzierte

1. FabriksarbeiterInnen

Aussagen zu treffen, die meine beste Einschätzung widerspiegelten. Und ich musste mich einer entschiedenen Opposition stellen, die kein Problem damit hatte, mir zu widersprechen. Ich fühlte mich, als hätte ich das Gleichgewicht verloren.

Andere WissenschafterInnen stehen der Angst und dem Leiden von ArbeiterInnen also nicht unbedingt gleichgültig gegenüber – sie fühlen sich bloß unwohl dabei, Aussagen zu treffen, die ihrer Ausbildung zuwiderlaufen, und sind verständlicherweise nicht bereit, Stress und Demütigung in einer aussichtslosen Angelegenheit in Kauf zu nehmen. Aus Angst, ihre «Objektivität» zu verlieren, zögern sie sogar den Menschen zu nahe zu kommen, deren Leben durch ihre Forschung beeinflusst wird.[9]

Wenn WissenschafterInnen in irgendeiner Sache aussagen, wo auf der gegnerischen Seite viel Geld im Spiel ist, können sie mit Sicherheit davon ausgehen, einer Flut von Fragen und Kritik ausgesetzt zu werden. Selbst wenn sie an die Sache glauben, die sie verteidigen, sind sie sich dessen bewusst, dass sie nicht jeden einzelnen Stein umdrehen können. Man stellt sie vor eine inakzeptable Wahl: entweder starke und eindeutige Aussagen zu machen und die Beweislage vielleicht überzubewerten, oder alles, was sie sagen, zu relativieren und ihre Aussage damit für den kranken oder gefährdeten Arbeiter zu entwerten. Ich hatte die Anfrage der Gewerkschaft, eine Aussage zu machen, nur aufgrund der einzigartigen Übereinkunft zwischen unserer Universität mit den Gewerkschaften und Community-Verbänden angenommen. Diese Zusammenarbeit ermöglichte mir einen direkten Zugang zu den ArbeiterInnen und Gewerkschaftsexperten. Ich erinnerte mich an die Ängste und Sorgen der Raffineriearbeiter. Als Mutter konnte ich mich sehr in Suzannes Angst einfühlen, ein weiteres Kind mit einer angebore-

---

9 Vgl. Kapitel 10 für eine Auseinandersetzung mit Objektivität.

nen Missbildung zu bekommen. Und ich schätzte die Hingabe der gewerkschaftlichen Gesundheits- und Sicherheitsexperten sehr. Aber die meisten WissenschafterInnen haben nicht die Möglichkeit, diese Menschen zu treffen und können ihre Erfahrungen nicht nachvollziehen. In den 32 Jahren seit diesem Prozess wurde mir bewusst, durch welche Kluft die ArbeiterInnen mit niedrigem Status von AkademikerInnen bzw. sozial privilegierten Schichten getrennt sind, ArbeiterInnen haben einfach keinen Zugang zu Medien, in denen ihre Erfahrungen veröffentlicht werden könnten.

Der Preis für diese Kluft in den Erfahrungen, dem sogenannten «Empathiemangel» (empathy gap), sind enorm – für die ArbeiterInnen, die Wissenschaft und die Gesellschaft. Wenn sich Richter die realen Arbeitsbedingungen am Fließband nicht vorstellen können, lehnen sie Entschädigungsforderungen der ArbeiterInnen im Fall von berufsbedingten Krankheiten ab.[10] Wenn WissenschafterInnen nicht verstehen können, warum den ArbeiterInnen die Füße wehtun, entwerfen sie Studien, die fälschlicherweise zu dem Resultat kommen, dass die Füße der ArbeiterInnen gar nicht schmerzen. Wenn ArbeitgeberInnen nicht erkennen können, dass das Reinigungspersonal im Krankenhaus tatsächlich viel über das Putzen weiß, dann wird dessen Meinung ignoriert, bevor Geräte und Möbel angeschafft werden, die ineffizient oder gar gesundheitsgefährdend sind.

Natürlich ist diese Kluft in den Erfahrungen nicht der einzige Grund, warum sich WissenschafterInnen vor ArbeiterInnen eher fürchten: Ich vermute, dass Professor Ivy mit unseren Dias nicht so nachlässig umgegangen wäre, wenn er einen Vertrag mit einem

---

[10] Stephanie Premji, Katherine Lippel, Karen Messing, "On travaille à la seconde! Rémunération à la pièce et santé et sécurité du travail dans une perspective qui tient compte de l'ethnicité et du genre," in: PISTES 10, Nr. 1/2008. www.pistes.uqam.ca/v10n1/articles/ v10n1a2.htm.

1. FabriksarbeiterInnen

internationalen Unternehmen gehabt hätte. Empathie ist bis zu einem gewissen Grad käuflich, und manche internationale Unternehmen haben sich darauf spezialisiert, bei WissenschafterInnen Empathie mit ihrem Standpunkt hervorzurufen. Es ist vermutlich einfacher, sich zu einem klar positionierten wissenschaftlichen Gutachten durchzuringen, wenn eine Armee hochkarätiger Anwälte auf deiner Seite steht, als wenn sie gegen dich ins Feld zu zieht.[11]

Dennoch hatten die der Strahlung ausgesetzten Arbeiter einige Argumente auf ihrer Seite: Sie waren angesehene Mitglieder einer kleinen Community, die hinter ihnen stand, sie konnten auf eine relativ starke Gewerkschaft mit aktiver Unterstützung durch ein technisch versiertes Personal zählen und sie waren tatsächlich einer Strahlenbelastung ausgesetzt – ein beängstigend klingendes Risiko, auf das die Öffentlichkeit aufmerksam geworden war und den Arbeitgeber auf den Prüfstand stellte.

Obwohl sie ihre Gesundheit nicht vollständig schützen konnten, erkämpften die Arbeiter zumindest eine neue Lüftungsanlage. Die nächsten sechs Kapitel drehen sich um Menschen, die eine viel geringere Chance haben, Unterstützung im Kampf für Veränderung zu gewinnen.

---

11 David Michaels, *Doubt is Their Product* (Don Mills: Oxford University Press 2008); Naomi Conway Oreskes, *Merchants of Doubt* (New York: Bloomsbury Press 2010, Kapitel 5).

2. Die unsichtbare Welt der Reinigungskräfte

*Gott wird sie dafür bestrafen,
weil sie das Schwarz gemacht haben.*
Eine Reinigungskraft in einem Spital in Quebec
beim Abstauben der glänzend schwarzen Möbel,
auf denen jedes Staubkorn zu erkennen ist.

Als ich Biologieprofessorin an der UQAM wurde, hatte ich keine Ahnung von Ergonomie. Der Grund für meinen Wechsel von der Genetik zur Ergonomie waren die zahlreichen Begegnungen mit Spitalsangestellten, darunter vor allem jene mit Reinigungskräften. (Auf die Ergonomie komme ich später genauer zu sprechen; fürs Erste definiere ich sie als Analyse der Arbeitsbedingungen, mit dem Anspruch diese angenehmer zu gestalten.)

Nach unseren Abenteuern mit den strahlenexponierten ArbeiterInnen kehrten meine Studierenden und ich desillusioniert zu dem Forschungsprojekt über die Genetik eines Moskito-abtötenden Pilzes zurück. Während eines Postdoc-Stipendiums setzte ich mich mit diesem Pilz auseinander, damals erschien mir die Entwicklung nicht-chemischer Ansätze zur Tilgung von Moskitos als umweltfreundlich und meinem Bedürfnis nach einer nützlichen Tätigkeit entsprechend. Zwei großartige Studentinnen führten für mich Experimente durch, um herauszufinden, wie der Pilz die Atemorgane der Moskitos angreift und wie diese Eigenschaft genetisch verstärkt werden konnte, um die Moskitos effizienter abzutöten. Der Vertrag zwischen der Gewerkschaft und der Universität sollte mich jedoch noch eine Weile beschäftigen.

Nachdem wir mit der Karenzierung für schwangere Arbeitnehmerin gescheitert waren, wollten meine Kontakte in der Gewerkschaft der RadiologietechnologInnen Gewissheit darüber erlangen, ob die Strahlenbelastung am Arbeitsplatz zu Fehlgeburten oder gesundheitlichen Problemen der Babys führt. Obwohl ihre Dosimeter sehr geringe Strahlungsmengen aufwiesen, hielt ich es für sinnvoll, der Frage nachzugehen, ob die Babys der TechnologInnen einem größeren Risiko ausgesetzt waren, als dies beispielsweise beim Pflegepersonal oder anderen Angestellten im Gesundheitswesen der Fall war. Professor Abby Lippman, eine befreundete Epidemiologin, half uns bei der Erstellung eines Fragebogens über Strahlenbelastung und Komplikationen während der Schwangerschaft. Ana María Seifert, eine aus Bolivien geflüchtete Kollegin, schloss sich dem Projekt als Forschungsassistentin an. Sie war bereits an der Untersuchung des Erbguts der Raffineriearbeiter beteiligt. Ich hatte Glück, Ana María in meinem Labor zu haben, da all die Plastikpipetten, Reagenzgläser und Flaschen, die wir nach einmaligem Gebrauch wegwerfen mussten, ihrer bolivianischen Seele missfielen. Im Jahr 1980 führte sie in unserer Einrichtung, lange vor allen anderen, umweltschonende Laborpraktiken ein, etwa die Verwendung von Glas anstelle von Kunststoff. Ihr warmherziger, freundlicher Charakter war bei unseren Treffen mit dem Gesundheitspersonal, bei denen wir einen Fragebogen zu Reproduktionsproblemen entwickelt hatten, eine große Hilfe.

Abby bestand darauf, den Fragebogen vorab zu testen. Deshalb luden wir einige Spitalsangestellte ein, die Fragen in unserer Anwesenheit zu beanworten. Wir luden eine Gruppe von Krankenpflegern und -schwestern sowie RadiologietechnologInnen an die Universität ein und verbrachten mehrere Stunden mit ihnen.[12] Je

---

12 Wir können uns glücklich schätzen, dass wir auf Abbys Unterstützung zählen konnten. Erstaunlicherweise wird dieser Schritt oft ausgelassen, wenn WissenschafterInnen Fragebögen entwickeln.

länger Ana María und ich zuhörten, desto klarer wurde uns, dass Spitalsangestellte abgesehen von der Strahlung auch verschiedenen anderen Bedingungen ausgesetzt waren, die potenziell schädlich für ihre Föten waren. Wir mussten auch Fragen zum Heben von schweren Lasten, Stress und Anspannung, unangenehmen Körperhaltungen, Keimen und gefährlichen Chemikalien aufnehmen. Der Fragebögen wurde dadurch ziemlich umfangreich, und die Gewerkschaft hatte Schwierigkeiten, Angestellte zu finden, die sich genug Zeit dafür nehmen konnten.

Da nicht alle Arbeitnehmerinnen schwanger werden (weniger als 2% der berufstätigen Frauen pro Jahr) und Problemschwangerschaften relativ selten vorkommen (3% bis 20% der Schwangerschaften, je nach Definition), benötigten wir eine hohe Anzahl ausgefüllter Fragebögen. Dadurch wollten wir feststellen, ob die Zahl der Reproduktionsprobleme bei Technologinnen tatsächlich höher war als vor ihrer Strahlenbelastung oder im Vergleich zu den Krankenschwestern, die wesentlich geringeren Strahlenmengen ausgesetzt waren, und zufällige Abweichungen ausschließen. Bei einer kleinen Anzahl an Befragten könnten wir nur wenige Schwangerschaften abdecken, und die Informationen wären daher statistisch nicht aussagekräftig. Letztendlich erhielten wir nicht genügend Fragebögen zurück. Unsere Ergebnisse wiesen keine Unterschiede zwischen Krankenschwestern und Radiologietechnologinnen auf, doch das konnte an der geringen Anzahl der Schwangerschaften liegen, über die wir Daten zur Verfügung hatten.[13]

Dass wir keinen Unterschied feststellen konnten, war womöglich auch dadurch bedingt, dass Krankenschwestern und Technologin-

---

13 Daniel Tierney, Patrizia Romito, Karen Messing, "She Ate Not the Bread of Idleness: Exhaustion is Related to Domestic and Salaried Work of Hospital Workers in Quebec," Women and Health 16 (1990): 21–42.

2. Unsichtbare Reinigungskräfte

nen anderen für die Föten gefährlichen Einflüssen ausgesetzt sind, die die Auswirkungen der Strahlenbelastung überlagern. Wir waren ziemlich überrascht, über die vielen Gesundheitsrisiken, die wir bei den Spitalsangestellten feststellen mussten. Zu dieser Zeit (Mitte der 1980er-Jahre) waren Hebewerkzeuge rar und schwer zugänglich. Ein Gewicht von 300 Pfund (ca. 136 kg) zu stemmen, gilt selbst für starke junge Männer als riskant, aber die vielen schweren PatientInnen wurden meist von weiblichen Spitalsangestellten bewegt. Sie hatten selten genügend Zeit, auf die Hilfe einer anderen Person zu warten, sodass sowohl Krankenschwestern und –pfleger, als auch TechnologInnen viele PatientInnen allein hoben und bewegten – eine Tätigkeit für die schwangere Frauen nicht gerade prädestiniert sind. Tatsächlich ist schweres Heben signifikant mit Schwangerschaftskomplikationen verbunden, ebenso wie andere Bedingungen, denen Spitalsangestellte ausgesetzt sind, etwa längeres Stehen.[14] Wir fragten uns, ob die größte Gefahr für schwangere Frauen in Krankenhäusern womöglich von den körperlichen Arbeitsbedingungen und nicht von der Strahlung herrührte, und auch die Angestellten selbst fragten uns, ob das intensive Arbeitstempo und der Stress ihre Schwangerschaft beeinträchtigen könnten.

Durch die Auswertung der Fragebögen erhielten wir Informationen über die hohe Geschwindigkeit, häufiges Heben, ungünstige Körperhaltungen und andere körperliche Aspekte der Arbeitsbedingungen sowie über die Risiken einer zufälligen Strahlenbelastung. Bei einer Reihe von Treffen mit RadiologietechnikerInnen in der ganzen Provinz teilten wir ihnen unsere Ergebnisse mit. Wir

---

14 Agathe Croteau, Sylvie Marcoux, Chantal Brisson, "Work Activity in Pregnancy, Preventive Measures, and the Risk of Delivering a Small-for-Gestational-Age Infant," American Journal of Public Health 96, no. 5 (2006): 846–55.

trafen sie in den Krankenhäusern und Gewerkschaftsbüros, berichteten ihnen über unsere Erkenntnisse und hörten ihren Darstellungen der Arbeitsbedingungen zu. Demnach wurden die physischen Belastungen immer intensiver. Mit dem Argument, es würde den meisten PatientInnen mit einer Heimbetreuung besser gehen, hatte die Regierung kürzlich beschlossen, dass PatientInnen nur im Falle einer schweren Erkrankung im Spital aufgenommen werden sollten. Die Aufenthalte sollten möglichst kurz bleiben und auf den Zeitraum einer akuten Erkrankung der PatientInnen beschränkt sein. Diese scheinbar im Interesse der Kranken liegende Politik hatte unerwartete Auswirkungen auf das Spitalspersonal. So stieg die Zahl der täglich abzuwickelnden neuen Spitalseinweisungen an. Die Anzahl der SachbearbeiterInnen blieb jedoch gleich, sodass ihr Arbeitsaufkommen deutlich anstieg.[15] Für die RadiologietechnologInnen bedeutete die neue Richtlinie, dass die von ihnen untersuchten PatientInnen im Durchschnitt schwerer erkrankt waren. Ein viel größerer Teil von ihnen saß im Rollstuhl oder brauchte Hilfe bei der Mobilität. Die TechnikerInnen mussten viel mehr heben, doch es wurde kein zusätzliches Personal eingestellt, und sie hatten wenig oder gar kein neues Hebewerkzeug zur Verfügung. Sie beschwerten sich, dass die Radiologieabteilung ihr Budget stattdessen für die neuesten Geräte auf dem Gebiet der bildgebenden Diagnostik ausgab, die nun die Untersuchungsräume füllten, und das Bewegen der PatientInnen zusätzlich erschwerten. All die Erkenntnisse aus dieser Studie ließen in mir die Überzeugung wachsen, dass jemand die gestiegenen Anforderungen aller Krankenhausbediensteten unter die Lupe nehmen sollte.

---

15 Ana María Seifert, Karen Messing, Diane Elabidi, "Analyse des communications et du travail des préposées à l'accueil d'un hôpital pendant la restructuration des services," Recherches féministes 12, no. 2 (1999): 85–108.

2. Unsichtbare Reinigungskräfte

Etwa zur gleichen Zeit fragte mich eine Gewerkschaft an, sie bei der Bildungsarbeit zu unterstützen. Inspiriert von einer wachsenden internationalen Bewegung wurden damals in Quebec gesetzliche Neuerungen im Bereich des Arbeitsschutzes eingeführt. Zum ersten Mal gab es spezielle Bestimmungen für Schwangere und Pflegekräfte, einen sogenannten «vorzeitigen Mutterschutz» (precautionary leave). Wer einer Gefahr für sich selbst oder seinem Fötus bzw. Säugling ausgesetzt war, konnte nun eine Versetzung an einen sichereren Arbeitsplatz beantragen oder, falls dies nicht möglich sein sollte, bei fast vollen Bezügen zu Hause bleiben.[16] Dabei trat das Problem auf, dass nur wenige Gewerkschafter wussten, welche Bedingungen für schwangere Frauen gefährlich sind. Sie brauchten jemanden, der die wissenschaftliche Literatur interpretierte und ihnen erklärte, in welchen Fällen sie um Mutterschutz ansuchen sollten.

Von 1980 bis 1985 nahm ich an über fünfzig Bildungsveranstaltungen mit Gewerkschaftsmitgliedern aus verschiedensten Branchen teil, von der Fabrikarbeit bis zur Lehrtätigkeit. Donna Mergler hat bei dieser Zusammenarbeit zwischen Gewerkschaften und Universitäten zum Thema Gesundheit und Sicherheit Pionierarbeit geleistet. Sie erklärte mir, sie gehe zu Beginn jedes Workshops durch den Raum, um die Anwesenden zu bitten, ihre Arbeit und ihre gesundheitlichen Probleme zu beschreiben. Dadurch könne sie ihre Ausführungen darüber, wie man gefährliche Bedingungen erkennt und verhindert, mithilfe der realen Arbeitsbedingungen veranschaulichen. Ich übernahm diese Praxis für die Veranstaltungen über Schwangerschaft, sodass ich schließlich an viele Informationen über die Arbeitsbedingungen von Frauen kam. Ich

---

16 *An Act Respecting Occupational Health and Safety*, R.S.Q., ch. S-2.1 (1979). www.publicationsduquebec.gouv.qc.ca.

war erstaunt darüber, was mir berichtet wurde. Wie die meisten Menschen hatte ich mir unter Frauenberufen «leichtere Arbeit» vorgestellt,[17] doch ich hörte von schwangeren Fabrikarbeiterinnen, die verkrampft über Nähmaschinen saßen und damit zu kämpfen hatten, ihre Produktionsquoten zu erfüllen, von schwangeren medizinischen Archivarinnen, deren Rücken sich vom Gewicht der Krankenakten bogen, und von schwangeren Wäschereiangestellten, die hitzebedingt in Ohnmacht fielen.

Als Biologin konnte ich die Auswirkungen der Arbeitsbelastung auf die Organe der Arbeitnehmer einschätzen, und ich hatte genug geforscht, um die ArbeitnehmerInnen und Gewerkschaften auf einige Gefahren aufmerksam zu machen. Doch ich wollte mehr tun und Lösungen vorschlagen können, meine Forschung zu Genetik half mir dabei jedoch nicht weiter. Tatsächlich enthielt die damals verfügbare wissenschaftliche Literatur nur sehr wenige Informationen über die Risiken für schwangere Frauen und noch weniger darüber, wie die konkreten Arbeitsplätze an die jeweilige Körpergröße der ArbeiterInnen angepasst werden konnten.

In den Jahren 1983 und 1984 hatte ich meine erste Forschungsfreistellung, um meine Kompetenzen auf dem Gebiet der Genetik zu erweitern. Ich wollte die Auswirkungen von Strahlung auf ArbeiterInnen besser erkennen können, um festzustellen, ob Präventionsmaßnahmen eine reale Verbesserung erzielen konnten. Ich erhielt eine Forschungsförderung und verbrachte das Jahr in einem Labor, das an ein großes Krankenhaus in Montreal angeschlossen war. Ich lernte, Zellen in Plastikschalen zu züchten und Mutationen beim Menschen zu beurteilen. Ich war nicht beson-

---

17 Melissa A. McDiarmid, Patricia Gucer, "The GRAS Status of Women's Work," Journal of Occupational and Environmental Medicine 43, no. 8 (2001): 665–69.

2. Unsichtbare Reinigungskräfte

ders gut darin, menschliche Zellen zu züchten, was viel Sorgfalt und Konzentration erfordert. Ana María und Micheline gelang ein viel besseres Zellwachstum. Doch ich erzielte Erfolge während der Meetings mit Ärzten und Patienten. Ich bekam die Erlaubnis für eine Untersuchung, ob Menschen während einer Strahlentherapie mehr Mutationen in ihren Blutzellen aufweisen, als Patienten ohne Strahlenbelastung (Die Antwort lautet: ja.).[18]

Ich verbrachte jeden Tag im Labor, fasziniert von den eintrudelnden Ergebnissen. Zum Mittagessen ging ich in die Spitalskantine, wo ich von Zeit zu Zeit auf Gewerkschaftsangehörige stieß. Die Präsidentin der Krankenhausgewerkschaft, Claudette Carbonneau, hatte von meinen Workshops mit schwangeren Arbeitnehmerinnen gehört, und als sie erfuhr, dass ich gerade in ihrem Spital forschte, bat sie mich um Hilfe bei einem ganz anderen Problem.

Unter dem Reinigungspersonal brodelte ein Konflikt. Das Arbeitspensum war in der jüngeren Vergangenheit durch die höhere PatientInnenfluktuation gestiegen: Nach jeder Entlassung mussten das Bett und das gesamte Zimmer desinfiziert werden, was fünfzehn bis dreißig Minuten pro Zimmer in Anspruch nahm. Wenn die Arbeitsbedingungen härter werden, wird der daraus resultierende Zorn der ArbeiterInnen manchmal in eine falsche Richtung gelenkt. Diesmal kam es zu einer Konfrontation zwischen den Frauen und den Männern im Reinigungsdienst.

Die Tätigkeiten waren zu diesem Zeitpunkt in «leichte» und «schwere» Reinigung unterteilt. Die «leichte» Reinigung (zuvor

---

[18] Karen Messing, W.E.C. Bradley, "In Vivo Mutant Frequency Rises Among Breast Canncer Patients After Exposure to High Doses of Gamma-Radiation," Mutation Research 152, no. 1 (1985): 107–12.

«Reinigung – Frauen» genannt)[19] wurde von Frauen bzw. mitunter von Männern durchgeführt, die bestimmte Tätigkeiten nicht verrichten konnten. Das Aufgabengebiet der «leichten» Reinigungskräfte umfasste Staubwischen, Möbelreinigung, die Säuberung der Toiletten und das Entleeren von Mistkübeln. Die «schwere» Reinigung bestand aus dem Waschen, Saugen und Polieren von Böden und wurde fast ausschließlich von Männern durchgeführt.[20] Jedem Abschnitt wurden eine «leichte» und eine «schwere» Reinigungskraft zugeteilt. Als Überbleibsel aus der Zeit, als die beiden Jobs offiziell nach Geschlecht getrennt waren, war die «leichte» Reinigung schlechter bezahlt.

Claudette und ihre Gewerkschaft bereiteten die Verhandlungen über den Kollektivvertrag vor. Einer der Vorschläge war die Abschaffung dieses Gehaltsunterschieds. Die Männer protestierten lautstark. Weil ihre Arbeit härter sei – zu hart für Frauen –, sollten sie auch besser verdienen. Die Frauen hatten aber den gleichen Eindruck, dass ihre Jobs viel schwieriger sind, im Vergleich zu den Tätigkeiten der Männer. Claudette bat mich, mit den Reinigungskräften über biologische Unterschiede zwischen Männern und Frauen in Bezug auf die Anforderungen der Reinigungsaufgaben zu diskutieren. Ich nahm das Angebot an, weil ich bereits in meiner Genetik-Lehrveranstaltung geschlechtsspezifische Unterschiede unterrichtete und eine Studie zu Geschlechtsunterschieden und

---

19 Ursprünglich wurden die Reinigungsarbeiten in «Reinigung – Männer» und «Reinigung – Frauen» eingeteilt, doch die geschlechtsspezifische Ausschreibung oder Zuteilung von Arbeitsplätzen wurde in den 1960er-Jahren verboten.

20 Karen Messing, Céline Chatigny, Julie Courville, "'Light' and 'Heavy' Work in the Housekeeping Service of a Hospital," Applied Ergonomics 29, no. 6 (1998): 451–59.

2. Unsichtbare Reinigungskräfte

Berufsanforderungen veröffentlicht hatte.[21] Obwohl ich die gesamte wissenschaftliche Literatur las, die ich finden konnte, war ich völlig unvorbereitet auf die Erfahrung, die auf mich zukommen sollte.

Mit der Begründung, unsere Sitzung würde die Arbeit der Reinigungskräfte stören, erhob das Management Einspruch gegen die Veranstaltung. Also mussten wir sie während der Mittagspause durchführen und bekamen keinen geeigneten Raum dafür. Ich erinnere mich daran, wie die TeilnehmerInnen dicht aneinander gedrängt und auf Sesseln standen, um sehen und mitdiskutieren zu können. Nach meiner Erfahrung mit Studierenden, deren Interesse an biologischen Ursachen für Größen- und Kraftunterschiede (wenn überhaupt) theoretischer Natur war, war es etwas vollkommen Neues, den stereotypen Vorstellungen von Menschen entgegenzuwirken, deren Selbstachtung auf dem Spiel stand. Ich versuchte zu erklären, dass Größen- und Kraftunterschiede zwischen den Geschlechtern nicht absolut sind, und es schwache Männer und starke Frauen gibt. Ich erklärte ihnen, dass die geschlechtsspezifischen Unterschiede in der Arbeitsleistung von der Aufgabe, der Ausrüstung und den verwendeten Techniken abhängig sind.[22] Sie hörten höflich zu, doch sowohl Männern als auch Frauen ging es vor allem darum, ihre schwierigen Arbeitsbedingungen darzustellen. Einige beklagten, dass die Unternehmensleitung körper-

---

21 Karen Messing, "Do Men and Women Have Different Jobs Because of Their Biological Differences?" International Journal of Health Services 12 (1982): 43–52.

22 WissenschafterInnen sprechen im Allgemeinen von «sex», um sich auf biologische Eigenschaften zu beziehen und verwenden «gender» für die Beschreibung sozialer Rollen. Auch wenn es unmöglich ist, reale Phänomene in soziale bzw. biologische einzuteilen, ist diese Terminologie gewinnbringend. Vgl. Anne Fausto-Sterling, "The Bare Bones of Sex: Part 1– Sex and Gender," Signs (Winter 2005): 1491–1527.

lich beeinträchtige männliche Angestellte bei der Reinigung für «leichte Arbeit» einteilte, welche jedoch zu schwer für sie war. Es folgte eine, gelinde gesagt, angeregte Diskussion. Die Frauen hatten gezählt, wie viele Mistkübel sie an einem Tag aufhoben, und ich erinnere mich an die beeindruckende Zahl von 150 Stück. Die Frauen argumentierten, dass den Männern zur Reinigung der Gänge Maschinen zur Verfügung standen, während sie selber auf die Knie gehen und die Badezimmer händisch wischen mussten. Die Männer konterten mit der Beschreibung der informellen Praxis den «Raumpflegern» fast jede Arbeit zuzuweisen, die körperliche Kraft erforderte, darunter das Bändigen psychotischer PatientInnen, das Bewegen schwerer Möbel bis hin zum Heben von stark adipösen PatientInnen ohne Hilfe. Ein fescher junger Mann mit durchdringenden blauen Augen rief: «Wir haben es satt, wie Ochsen behandelt zu werden!»[23] Jede Gruppe – Frauen und Männer – hatte eine Liste mit den hohen Anforderungen des Arbeitgebers vorzuweisen, die ein höheres Gehalt rechtfertigten.

Die Diskussion führte zu keinem unmittelbaren Ergebnis, doch ich lernte dort Ginette kennen, eine junge Reinigungskraft, die den Frauenausschuss der Gewerkschaft leitete. Wir verstanden uns gut und bei einem gelegentlichen Kaffee während meines Sabbaticals in ihrem Spital erfuhr ich, dass die Gewerkschaft endlich eine Lohnerhöhung für die Frauen verlangt hat und diese schließlich auch durchsetzen konnte. Einige Monate nach meiner Rückkehr an die Universität rief mich Ginette in einer Notsituation an und lud mich zum Mittagessen ein. Sie wollte mich darüber informieren, dass das Spital Geld einsparen wollte durch eine Vergrößerung der Fläche, die jeder und jede Angestellte reinigen musste. Aber niemand konnte 50% mehr Raum in derselben Zeit zu putzen, also mussten sie einige Bereiche und bestimmte Reinigungsarbeiten

---

23 «On est tanné d'être traité comme des taureaux!»

2. Unsichtbare Reinigungskräfte

auslassen. Sie waren verärgert, weil sie mit der Qualität ihrer Arbeit nicht mehr zufrieden sein konnten. Einige versuchten Zeit zu sparen, indem sie die Reinigungschemikalien direkt aus dem Behälter verwendeten, anstatt sie wie empfohlen zu verdünnen. Damit gingen sie ein gefährliches Risiko für ihre Gesundheit ein. Andere versuchten ohne Erfolg, sich an die alten Standards zu halten. Neuerdings drohte der Arbeitgeber sogar mit einer Auslagerung der Reinigung an eine Agentur, falls die Angestellten nicht schneller arbeiten könnten. Ginette und ihre KollegInnen waren zwischen diesen Drohungen und der Angst, dass Patienten durch schlechte Reinigung schaden nehmen, gefangen. In einer Ecke der Krankenhauskantine brach sie in Tränen aus und sagte: «Könnt ihr Universitätsprofessoren nichts tun?» Ich fühlte mich schlecht, konnte ihrer Hoffnung auf das akademische Personal jedoch nur enttäuschen. Ich verfügte über keine einschlägigen Fachkenntnisse hinsichtlich Arbeitsbelastung und Zumutbarkeitsgrenzen. Damals wusste ich noch nichts über Ergonomie.

Gleichzeitig ging mir die Welt der Molekulargenetik langsam auf die Nerven. Anfänglich waren meine MitarbeiterInnen im Spitalslabor und ich sehr begeistert über die Veröffentlichung der ersten Studie über genetische Mutationen in den Blutzellen von Menschen, die therapeutischer Strahlung ausgesetzt waren. Auch der erste Artikel zu strahlenverursachten Mutationen bei ArbeitnehmerInnen[24] freute uns sehr. Wir erhielten staatliche Subventionen, um unser Wissen zu vertiefen, und ich durfte unsere Ergebnisse auf wissenschaftlichen Konferenzen in Schweden und Finnland präsentieren. Bei den Treffen der Environmental Mutagenesis Society fühlte ich mich jedoch irgendwie fehl am Platz. Die meisten

---

24 Karen Messing, Ana María Seifert, Jocelyne Ferraris, Joel Swarz, W.E.C. Bradley, "Mutant Frequency of Radiotherapy Technicians Appears to Reflect Recent Dose of Ionizing Radiation," Health Physics 57 (1989): 537–44.

anderen WissenschafterInnen arbeiteten im Labor ausschließlich mit Zellen im Reagenzglas und fanden das Verhalten von Zellen im menschlichen Körper unberechenbar und mühsam. Sie fragten mich oft, warum wir an menschlichen Zellen arbeiteten und nicht an den kultivierten Zellen von chinesischen Hamstern, deren Untersuchung viel einfacher und kostengünstiger sei. Jedes Mal, wenn ich andere WissenschafterInnen traf, musste ich über die Empathielücke hinweg verhandeln, um ihnen die Bedeutung unserer Forschung für ArbeiterInnen klarzumachen. Und obwohl meine StudentInnen große Fortschritte bei der Züchtung menschlicher Zellen in Reagenzgläsern machten, waren wir immer langsamer als die US-Labors, denen viel größere Ressourcen zur Verfügung standen. Alleine die Ansuchen um die Finanzierung des teuren Materials, mit dem wir Zellen züchteten, nahm einen Großteil meiner Zeit in Anspruch.

Eines Abends im Jahre 1986 traf ich mich mit meiner Kollegin Donna Mergler und wir zählten all unsere Förderanträge zusammen. Sie hatte viele Anträge zur Untersuchung der Einflüsse von Chemikalien auf das Gehirn von ArbeiterInnen geschrieben, und ich zur Untersuchung der Wirkung von Strahlungsbelastung auf Genzellen. Wir stellten fest, dass die Chance auf Forschungsförderung anstieg, je weiter eine Studie von den ArbeitnehmerInnen entfernt war. So hatten beispielsweise Anträge für In-vitro-Studien an Zellen, insbesondere tierischen Zellen, viel höhere Erfolgschancen als Studien an ArbeiterInnen.[25] Das lag vermutlich daran, dass die Bedingungen in einer künstlichen Umgebung leichter zu

---

25 Vgl. Karen Messing, Donna Mergler, "Determinants of Success in Obtaining Grants for Action-Oriented Research in Occupational Health, Proceedings of the American Public Health Association held in Las Vegas," Nevada, September 28–October 2, 1986, 91. Ich bedanke mich bei Karla Pearce von APHA, für ihre Hilfe, das Abstract zu finden.

2. Unsichtbare Reinigungskräfte

kontrollieren sind. Es ist einfacher, die perfekte Studie über chinesische Hamsterzellen durchzuführen, die gesittet auf künstlichen Nährböden in Plastikboxen wachsen, als über ArbeiterInnen, deren Ernährung, Verhalten, Gesundheitszustand und Strahlenbelastung von Stunde zu Stunde variieren. Wir befürchteten aber, dass die Ergebnisse der Studien über Hamsterzellen nicht so viel über ArbeiterInnen aussagen können, wie deren eigene Zellen.

Zu wissenschaftlichen Treffen zu gehen, war beängstigend, da ich unsere Untersuchungsergebnisse gegen die Kritik von Menschen mit wesentlich schöneren Resultaten verteidigen musste. Wie viele andere medizinisch-wissenschaftliche Konferenzen auch, wurden die Treffen der Environmental Mutagenesis Society von Pharma- und Tabakunternehmen gesponsert und die kommerziellen Interessen waren sehr präsent. Als ich einige Ergebnisse präsentierte, die zeigten, dass wir unter bestimmten Bedingungen weniger Zellenmutationen unter RaucherInnen festgestellt hatten,[26] wurde mir Geld angeboten, um dies weiter zu verfolgen. Ich fühlte mich unwohl.

Die Idee, ArbeitnehmerInnen vor Schadstoffen zu schützen, schien dagegen kein Interesse zu wecken. Tatsächlich benutzte eine der US-amerikanischen Gruppen die gleichen Methoden wie wir, jedoch mit einem ganz anderen Ziel, das mir missfiel. Genau wie wir entnahmen sie ArbeitnehmerInnen, die toxischen Stoffen ausgesetzt waren, Blutzellen. Anstatt ihre Ergebnisse allerdings zur Senkung der Schadstoffwerte zu nutzen, schlugen sie vor, dadurch BewerberInnen herauszufiltern, die nicht eingestellt werden sollten. Ihre Idee, die ihnen eine Erwähnung in der renommierten Zeit-

---

26 Dies ist vermutlich auf die negativen Auswirkungen von Tabak auf das Zellwachstum zurückzuführen.

schrift *Science*[27] einbrachte, lässt sich folgendermaßen beschreiben: (1) Wählen Sie eine Fabrik aus, deren Angestellte bekannten Toxinen (etwa Methylchloroform) ausgesetzt sind, die zu Genmutationen führen (2) Entnehmen Sie den MitarbeiterInnen Blutproben und setzen Sie die Zellen im Labor dem gleichen Toxin aus. (3) Zählen Sie die Mutationen in den Zellproben der einzelnen Angestellten und bestimmen Sie, welche von ihnen die meisten und welche die wenigsten aufweisen. (4) Warten Sie mehrere Jahre, gehen Sie danach zurück in die Fabrik und überprüfen Sie, ob die Zellen jener Angestellten, die in der Zwischenzeit Krebs bekommen haben, tatsächlich die meisten Mutationen im Labor aufwiesen. Wenn ja, wäre das Zählen der Mutationen ein guter Weg, um BewerberInnen auszuwählen, die mit geringerer Wahrscheinlichkeit auf Toxine reagieren.

Ich fand diesen Vorschlag anstößig, da bereits erwiesen war, dass Methylchloroform beim Menschen Krebs verursacht. Warum konzentrieren wir uns nicht darauf, die Belastung durch das Gift zu verringern, anstatt ArbeiterInnen ihren Arbeitsplatz streitig zu machen? Das Ganze erinnerte mich an das berüchtigte Tuskegee-Experiment der 1940er-Jahre, bei dem an Syphilis erkrankten afroamerikanischen Männern absichtlich eine Behandlung verwehrt wurde, um den Krankheitsverlauf zu erforschen.[28] Ich fühlte mich jedoch wie eine Außenseiterin, weil mir unsere Forschungssubjekte tatsächlich am Herzen lagen. Meine Bedenken waren offensichtlich unangemessen. Unser Schreiben an *Science*, in dem wir in Frage stellten, ob die Beteiligung von WissenschafterInnen

---

27 Gina B. Kolata, "Testing for Cancer Risk," Science 207, no. 4434 (1980): 967–69.

28 Susan M. Reverby, "Invoking Tuskegee, Problems in Health Disparities, Genetic Assumptions, and History," Journal of Health Care of the Poor and Underserved 21, no. 3 Suppl. (2010): 26–34.

2. Unsichtbare Reinigungskräfte

daran, ArbeitnehmerInnen nachweislich krebserregenden Stoffen auszusetzen, ethisch vertretbar sei, wurde nicht veröffentlicht. Andererseits glaube ich nicht, dass die Studie tatsächlich durchgeführt wurde, da ich in den wissenschaftlichen Publikationen keine Spur davon finden konnte.[29]

Mein Mitarbeiter Ted Bradley und ich waren sehr stolz darauf, dass wir die ersten Informationen über strahleninduzierte Mutationen in realen Zellen bei lebenden Menschen (den KrebspatientInnen) erhielten. Wir sahen wichtige medizinische Maßnahmen voraus, um die toxischen Nebenwirkungen von Strahlentherapien zu verhindern und eine unnötige Belastung der MitarbeiterInnen zu vermeiden.[30] Da wir wussten, dass *Science* an diesem Thema interessiert war, weil es die von uns verwendeten Methoden veröffentlicht hatte, reichten wir unsere Arbeit bei dieser Zeitschrift ein. Per Antwortschreiben teilte uns das Journal mit, dass unsere Arbeit nicht einmal in eine weitere Auswahl für eine Veröffentlichung kommen würde; offensichtlich hielt man sie für weniger spannend als den Test, um neue MitarbeiterInnen auszuwählen. Das übliche Verfahren einschlägiger Zeitschriften besteht darin, vorgeschla-

---

29 Außerdem zeigte unsere eigene Arbeit später, dass die Tests vermutlich nicht in der Lage wären, Personen mit hohem Krebsrisiko zu identifizieren. Während die Zahl der mutierten Zellen in einer strahlenexponierten Gruppe auf die Strahlenbelastung zurückgeführt werden konnte, war die Zahl der mutierten Zellen bei jeder Person das Ergebnis einer Interaktion zwischen der Strahlenexposition und dem Zustand der Zelle, die damals zufällig getroffen wurde. Vgl. z.B. W.E.C. Bradley, Karen Messing, "Fluctuations in Mutant Frequency in CHO Cells Exposed to Very Low Doses of Ionizing Radiation are Due to Selection of Radioresistant Subpopulations," Carcinogenesis 7 (1986): 1451–55.

30 Ana María Seifert, Christian Demers, Hélène Dubeau, Karen Messing, "HPRT-Mutant Frequency and Lymphocyte Characteristics of Workers Exposed to Ionizing Radiation on a Sporadic Basis: A Comparison of Two Exposure Indicators, Job Title and Dose," Mutation Research 319, no. 1 (1993): 61–70.

ne Artikel an andere WissenschafterInnen zur Begutachtung zu senden, aber *Science* und andere hochkarätige Zeitschriften machen sich diese Mühe ausschließlich mit Artikeln, deren Thema die Redaktion als relevant erachtet. Sie sagten uns, dass sie unser Thema nicht interessant genug fanden, um es begutachten zu lassen. Wir veröffentlichen unseren Text schließlich in einem Journal mit deutlich niedrigerem Impact-Faktor.[31] Meine wissenschaftliche Community enttäuschte mich zunehmend.

Bei den Genetik-Konferenzen verbrachte ich immer mehr Zeit auf meinem Zimmer oder schwamm in den winzigen, viel zu warmen Hotelpools auf und ab. Ich fühlte mich entfremdet. Ich war nicht nur erstaunt über den Mangel an Empathie für die ArbeiterInnen, sondern auch entsetzt über die ForscherInnen, die umweltbedingte Mutagenese als Leistungssport sahen. Ich war an die vorderste Front der Mutationsforschung geraten, und es gab zwei kluge junge Forscher aus verschiedenen US-Labors, Dr. A. und Dr. B., die kurz vor mir dort angekommen waren. Dr. A. war mir im Rahmen seines eigenen Interesses behilflich, aber Dr. B. war ein hartnäckigeres Exemplar. Bei einem großen Treffen hielt er einen sehr technischen Vortrag über ein bestimmtes Verfahren, den ich nicht verstand, obwohl ich das Verfahren selbst anwendete. Während der Fragezeit bat ich um Klärung, aber die verbleibende Zeit füllte er mit einer langatmigen Antwort aus, die ich erst recht nicht nachvollziehen konnte.

Ich fragte die Leute um mich herum, doch auch sonst niemand konnte sich einen Reim darauf machen. Als ich ihn nach der Sitzung darauf ansprach und nach weiteren Details fragte, antwortete Dr. B. heiter: «Sie dachten doch nicht wirklich, dass ich allen

---

[31] Karen Messing, W.E.C. Bradley, "In Vivo Mutant Frequency Rises Among Breast Cancer Patients After Exposure to High Doses of Gamma-Radiation," Mutation Research 152, no. 1 (1985): 107–12.

2. Unsichtbare Reinigungskräfte

erzählen würde, wie ich es gemacht habe? Wir werden es zum Patent anmelden!» Seine hochtrabenden Erklärungen sollten uns also absichtlich im Unklaren halten. Er hatte unter den Anwesenden, einschließlich der Studierenden, die wir ausbilden sollten, Verwirrung und Selbstzweifel gestiftet. Als ich Einspruch erhob, erklärte er mir, er wolle seinen Vorteil gegenüber Dr. A. nicht einbüßen (Er machte sich offensichtlich keine Sorgen um mich, die ich jünger, weiblich und in Kanada außerhalb der Reichweite der üppigeren US-Finanzierungsquellen war). Geld war für uns alle von entscheidender Bedeutung, da die menschlichen Zellen lange genug überleben mussten, um auf Mutationen getestet werden zu können, was große Mengen an teuren Nährböden erforderlich machte. Mir wurde klar, dass ich ein Satellit entweder von Dr. A. oder Dr. B werden und an ihrem Konkurrenzkampf teilnehmen musste, wenn ich hinsichtlich der Erforschung von Mutationen beim Menschen am Ball bleiben wollte. Die Gesundheit der ArbeiterInnen und ihrer Kinder würde zweitrangig bleiben.

Andererseits wollte ich die Genforschung fortsetzen, weil ich sie für wichtig hielt und wir Fortschritte erzielten. Ich fühlte mich verantwortlich, da wir das einzige mir bekannte molekulargenetische Forschungsteam in Quebec waren, das sich vorrangig für das Wohlergehen der ArbeiterInnen interessierte. Aber unser Labor war sehr teuer und schwer zu erhalten, und konkrete Verbesserungen für die ArbeiterInnen als Resultat unserer Forschung lagen Jahre in der Zukunft.[32] Es war sehr schwierig, den Betroffenen

---

[32] Der Test, den wir verwendeten, wird noch immer von besorgten WissenschafterInnen benutzt, um umweltbedingte Zellmutationen bei Menschen festzustellen und vorzubeugen. Vgl. M.A. McDiarmid, S.M. Engelhardt, M. Oliver, P. Gucer, P.D. Wilson, R. Kane, A. Cernich, B. Kaup, L. Anderson, D. Hoover, L. Brown, R. Albertini, R. Gudi, D. Jacobson-Kram, K.S. Squibb, "Health Surveillance of Gulf War I Veterans Exposed to Depleted Uranium: Updating the Cohort," Health Physics 93, no. 1 (2007): 60–73.

unsere sehr technischen Ergebnisse zu erklären, damit sie an der Ausrichtung der Forschung mitwirken konnten, und ich war auch nicht besonders talentiert darin. Ein Wechsel in den Fachbereich Ergonomie, wo die Arbeit analysiert wird, um sofortige konkrete Veränderungen zu bewirken, erschien mir immer sinnvoller.

Damals schloss die CINBIOSE-Absolventin Nicole Vézina gerade in Frankreich ihr Ergonomie-Doktorat ab. Als Nicole wieder bei CINBIOSE arbeitete, faszinierte mich ihr innovativer Zugang zu den ArbeiterInnen. Sie verbrachte viele Stunden damit, zu beobachten und zu analysieren, wie die Menschen arbeiteten, warum sie so arbeiteten und welche Hindernisse sie in ihrem Arbeitsumfeld am meisten störten.[33] Wir arbeiteten im Rahmen eines Projekts zusammen, wo wir untersuchten, wie sich Laborangestellte vor Strahlung schützen.[34] Es war beeindruckend, welche unterschiedliche Phänomene ihr auffielen, die mir entgangen waren. Sie bemerkte, dass die ArbeiterInnen unterschiedlich mit radioaktiven Substanzen umgingen. Einige schlauere TechnikerInnen konnten sich die Verunreinigung ihrer Handschuhe abstrakt vorstellen. Daher zogen sie sie aus, bevor sie einen Telefonhörer abhoben. Andere betrachteten die Handschuhe als Strahlenbarriere und behielten sie den ganzen Tag über an, wodurch sie Telefone, Türen und andere Oberflächen kontaminierten. Einige glaubten, die Strahlung verschwindet, wenn man die radioaktiven Abfälle

---

[33] Für eine Beschreibung des ergonomischen Ansatzes, in dem Nicole und später ich ausgebildet wurde, vgl. Karen Messing, Ana María Seifert, Nicole Vézina, Ellen Balka, Céline Chatigny, "Qualitative Research Using Numbers: Analysis Developed in France and Used to Transform Work in North America," New Solutions: A Journal of Environmental and Occupational Health Policy 15, no. 3 (2005): 245–260.

[34] Christian Demers, Nicole Vézina, Karen Messing, "Le travail en présence de radiations ionisantes dans des laboratoires universitaires," Radioprotection 26 (1991): 387–95.

2. Unsichtbare Reinigungskräfte

in den Hausmüll wirft, während andere sehr vorsichtig mit dem Abfall umgingen.

Langsam bekam ich den Eindruck, dass ich mich – wenn ich die ArbeiterInnen vor Strahlung schützen wollte – während meines nächsten Forschungssabbatical besser der Ergonomie widmen sollte, als meine Genforschung fortzusetzen. Ergonomie schien eine Brücke über die Empathielücke zu sein, also ging ich 1990–91 nach Paris an das gleiche Zentrum, an dem Nicole ihre Ausbildung absolviert hat. Dort meldete ich mich für ein Ergonomiepraktikum mit Supervision an. Mein Partner Pierre begleitete mich und wir erinnern uns an dieses Jahr als eines der aufregendsten, die wir miteinander verbrachten. Pierre, ein Journalist, traf sich mit französischen JournalistInnen und SchriftstellerInnen, und ich konnte mit den AutorInnen all meiner Lieblingsartikel sprechen. So aßen wir eines Abends zusammen mit Christophe Dejours, einem Pionier der Arbeitspsychologie,[35] und ein paar Tage später mit Catherine Teiger, einer führenden Theoretikerin im Feld der Ergonomie.[36] Ich führte häufig Gespräche mit Danièle Kergoat, einer Soziologin, die als Erste in Frankreich darüber geschrieben hatte, wie körperliche Arbeitsanforderungen zwischen Frauen und Männer verteilt sind.[37] Von Marie-Josèphe Saurel-Cubizolles lernte ich, wie arbeits-

---

[35] Dejours begründete die Studie der Psychodynamiken am Arbeitsplatz: wie ArbeiterInnen kollektive Strategien verwenden, um sich selbst vor Risiken am Arbeitsplatz oder vor der Angst davor schützen. Dejours untersuchte beispielsweise, wie Angestellte in Atomkraftwerken gefährliche Spiele spielten, um mit ihrer Angst vor Strahlenexposition und davor, Fehler zu machen, umzugehen. Vgl. dazu Christophe Dejours, *Travail-Usure mentale*, 2nd ed. (Paris: Bayard, 1993).

[36] Catherine Teiger, Antoine Laville, Jeanne Boutin, Lucien Etxezaharreta, Leonardo Pinsky, Norbert See, Jacques Theureau, *Les rotativistes: Changer les conditions de travail* (Paris: Éditions de l'ANACT, 1982).

[37] Danièle Kergoat, *Les ouvrières* (Paris: Sycomore, 1982).

medizinische Daten computergestützt zu analysieren sind. Ihr Forschungsinstitut hat diesen Ansatz wesentlich weiterentwickelt. Nie zuvor hatte mich etwas derart inspiriert. Und all dies geschah in den historischen Gebäuden von Paris, wo die Forschungsinstitute in winzigen, unbequemen alten Räumen untergebracht waren, wo es nach Tradition und Schimmel roch. Wir lebten in einem überwiegend von Migranten bewohnten Stadtteil im 10. Arrondissement, in der Nähe des Bahnhofs Gare de l'Est, und ich fuhr jeden Abend mit dem Fahrrad nach Hause durch Straßen voller exotischer Kleidung und unbekannter Speisen. Nach dem Abendessen machten wir endlose Spaziergänge und Radtouren am Kanal Saint-Martin, die Seine entlang, durch die Parks und durch Montmartre und Montparnasse auf und ab.

Mein Ergonomieseminar war die letzte Stufe der französischen Ausbildung, denn meine bisherige Ausbildung, Forschung und Erfahrung hatten es mir ermöglicht, die Einführungskurse zu überspringen. In der ersten Einheit fragte der Professor, ob wir bereits eine Vorstellung davon hätten, an welchem Arbeitsplatz wir unser Praktikum durchführen wollen. Ich sagte, ich interessiere mich für Frauenarbeit und für die Reinigungsbranche. Nach dem Unterricht kam eine gut angezogene junge Frau auf mich zu und schlug mir vor, mit ihr zusammenzuarbeiten. «Anne» war als Arbeitsmedizinerin bei der Firma angestellt, die die Züge am Gare de l'Est reinigte, und viele der Arbeiterinnen dort litten an Störungen des Stütz- und Bewegungsapparates, vor allem an Rückenschmerzen. Sie befürchtete, dass sie einigen bald keine Arbeitsfähigkeit mehr attestieren könne. Sie nahm mich zu einer Exkursion zum Bahnhof mit, und zu meiner Freude befanden sich die ArbeiterInnen in einem eintägigen Streik und standen deswegen alle beim Eingang. Anne war nervös, weil ich in ihrer Abwesenheit verbotenerweise mit ihnen gesprochen hatte, aber ich spielte mit meinem Status als unwissende Ausländerin und plauderte eine Weile weiter. Sie

2. Unsichtbare Reinigungskräfte

erklärten mir einige ihre Streikforderungen und ich fragte, ob sie an einer ergonomischen Studie interessiert seien. Sie sagten zwar nicht nein, aber ich fand später heraus, dass sie gegenüber dieser fremden Frau, die herumstocherte, Misstrauen hegten und sich sofort mit ihren GewerkschaftsvertreterInnen in Verbindung gesetzt haben.

Ein paar Tage später, nachdem Anne sich um das gesamte Protokoll mit dem Arbeitgeber gekümmert hatte, ging ich zum Bahnhof, um meine ersten Beobachtungen anzustellen. Nina Khaled, eine quirlige junge Frau mit algerisch-berberischem Hintergrund, wollte, dass ich sie beobachte. Sie wollte mir unbedingt ihren großen blauen Kübel zeigen, der vollgefüllt mit nutzlosem, aber vom Arbeitgeber vorgeschriebenem Zeug war, und der ihr zu schwer war. Sie war verärgert, weil die staatliche Eisenbahngesellschaft es ihr verbietet, die effizientesten Putzmittel und Werkzeuge zu benutzen, aus Angst vor Beschädigungen der Oberflächen im Zug. Stattdessen war sie gezwungen, mit einem Kübel voller unzureichender Werkzeuge und Chemikalien zu arbeiten, den sie den ganzen Tag mit sich herumschleppen musste.

Nina und ich gingen zusammen in die Züge, und ich beobachtete ihre Arbeit ein paar Stunden lang. Sie war dafür zuständig, die Toiletten aller Nahverkehrszüge (und einiger anderer Züge) während ihres kurzen Aufenthalts im Bahnhof zu reinigen. Am Ende dieses Tages hatte sie etwa 200 Toiletten geputzt. Wie die meisten angehenden Ergonomen konnte ich mir am Anfang keinen Reim aus ihrer Putztechnik machen. Sie begann manchmal mit einem Teil der Toilette, dann wieder einem anderen, sie ließ manchmal eine Toilette oder einen Teil davon aus und übersprang mitunter sogar einen ganzen Zug. Doch als die Monate vergingen, in denen ich mindestens einen Arbeitstag pro Woche beobachtete, kristallisierte sich Ninas Strategie heraus: Die Art und Weise, wie sie jede Toilette sofort einstufte und entschied, was unbedingt getan werden musste. Diese Entscheidung machte sie von folgenden Faktoren abhängig: erstens von den Zeitressourcen, die ihr vor der Abfahrt des Zuges zur Verfügung standen; zweitens der Tatsache, dass sie die Toilette nur reinigen konnte, wenn der Kerl, der den Wassertank des Wagons füllen sollte, rechtzeitig da war; und drittens von dem Reinigungsstandard, der je nach Zugtyp variierte.

Ich erstellte schließlich ein Wegdiagramm, um alle Aktionen, Orte und Alternativen zu veranschaulichen. Auf zwei 40 x 70 cm großen Zetteln und mithilfe von Dreiecken, Kreisen, Rauten und Quadraten zeigte ich alle Entscheidungen, die sie auf ihrer Route traf. Ich befürchtete, dass sie zu technisch geworden sind, musste sie jedoch von den Reinigungskräften überprüfen lassen. In der Pause breitete ich die Diagramme auf dem Boden der Frauengarderobe aus. Nina kam herein, warf einen Blick darauf und sagte sofort: «Du hast die Kugeln vergessen» (Damit meinte sie ihre Aufgabe, kleine Duftkugeln in den fast unzugänglichen Deodorantcontainer in einer Einkerbung hinter dem WC zu legen). Aber sie stimmte zu, dass das Diagramm im Großen und Ganzen die Entscheidungen und kognitiven Anforderungen ihrer Arbeit darstellte. Ich war erleichtert, dass sie alles nachvollziehbar fand und freute mich, dass sie meine Darstellung ihres Jobs anerkannte – vielleicht konnte ich ja tatsächlich Ergonomin werden.

Ninas Job war sowohl körperlich als auch technisch extrem anstrengend. Ich maß die Strecke, die sie an einem Tag zurücklegte mit einem Schrittzähler und kam auf 23 km. Wir rasten von einem Geleis zum nächsten, während die Züge in den Bahnhof einfuhren und wieder ausfuhren. Pro Toilette standen ihr 60 bis 120 Sekunden zur Verfügung. Nina musste sich drehen und beugen, um in jede Ecke zu gelangen, und sie kniete am Boden, um die Klomuscheln zu säubern. Um Zeit zu sparen, wischte sie den Boden, indem sie einen in Seifenlauge getränkten Fetzen mit den Füßen hin und her bewegte, während sie mit einem Schwamm in

2. Unsichtbare Reinigungskräfte

den Händen Waschbecken und Spiegel reinigte. Das nannte sie ihren «Tanz».

Es war die Zeit des ersten Golfkriegs und vor allem am Wochenende füllten sich die Züge mit Soldaten, die auf Fronturlaub nach Paris zurückkehrten. Die stark alkoholisierten Männer hinterliessen häufig ihre Spuren in den Toiletten. Die Werkzeuge in Ninas Kübel reichten oft nicht aus, um mit dem verkrusteten Dreck in den Toilettenschüsseln fertig zu werden, und sie musste ihr geheimes Arsenal herausholen – von ihrem eigenen Geld bezahlte Chemikalien und einen Schaber. Dieses Arsenal musste sie vor den Inspektoren verstecken, die von der französischen Bahngesellschaft SNCF (Société nationale de chemins de fer) geschickt wurden, aufgrund der Gefahr, das Porzellan zu beschädigen.

Trotz dieser unangenehmen Aspekte machte es Spaß, Nina bei der Arbeit zu begleiten, denn ich hatte noch nie jemanden wie sie getroffen. Sie, ihre Schwester und eine Cousine hatten eines Tages ihre Schule abgebrochen und ihr kleines französisches Dorf verlassen, weil ihre Familien sie mit älteren Männern aus Algerien verheiraten wollten. Sie flüchteten mit dem Zug nach Paris und diskutierten gerade in einem Bahnhofscafé darüber, wie man Arbeit finden konnte, als sie ein Gewerkschaftsführer der SNCF ansprach. Er hatte ihr Gespräch mit angehört und sagte ihnen, dass die Reinigungsfirma neue Mitarbeiter suchte. Die Jobs stellten eine regelmäßige und relativ gut bezahlte Einkommensquelle dar, und Nina, ihre Schwester und die Cousine wurden sofort eingestellt. Die drei Cousinen konnten sich eine Einzimmerwohnung im Zentrum von Paris leisten und sie verbrachten acht wunderbare Jahre damit, das Stadtleben zu erkunden. Nina lud mich zum Abendessen ein und zeigte mir preiswerte Möglichkeiten, sich in Paris zu vergnügen.

Nina und ihre FreundInnen in der Reinigungsfirma hatten zu allem eine Meinung. In ihrer Pause lasen sie die Zeitung, während sie auf kalten Zementblöcken draußen auf den Bahnsteigen saßen. (Ihnen war es unter keinen Umständen gestattet, Sitzplätze zu belegen.) Sie diskutierten über den Krieg, das Aussehen der Ministergattinnen und das Verhalten von Politikern. Obwohl es in Frankreich, anders als in Nordamerika, weniger üblich ist, sich bei der Arbeit über private Angelegenheiten zu unterhalten, war es für die Frauen aufgrund meiner Anwesenheit wichtig, über ihre Schmerzen zu sprechen. Nina und ihre Schwester waren die Jüngsten, und es ging ihnen relativ gut, doch ihre älteren Kolleginnen hatten viele Probleme. «Madame Ayoub», eine Frau in ihren Vierzigern, hatte ein chronisches Rückenleiden und «Madame Amin», in ihren Sechzigern, hatte einen krummen Rücken und überall Schmerzen. Sie beklagten sich darüber, dass sie trotz des Attests ihrer Betriebsärztin (Anne), demzufolge sie nur leichtere Aufgaben ausführen sollten, immer noch für die Toilettenreinigung eingesetzt wurde. Es gab nicht genügend weibliche Mitarbeiterinnen, und da es undenkbar war, dass ihre männlichen Kollegen Toiletten putzen, sah sich die Betriebsleitung gezwungen, sie von Zeit zu Zeit für die Toilettenreinigung einzuteilen.[38]

Trotz unserer Freundschaft waren sich die Frauen nie wirklich sicher, ob sie mir vertrauen konnten. Ein Vorfall verdeutlicht, dass sie womöglich recht hatten. Für unser Seminar brauchten Anne und ich Fotos von den körperlichen Haltungen, die die Reinigungskräfte einnahmen, während sie ihre Arbeit ausführten. Wir mussten die gebogenen Rücken und Verdrehungen dokumentieren, die für den Zugang zu Teilen der Toiletten und Eisenbahnwagons erforderlich waren. Wir wollten zeigen, dass die Ingenieure nicht darüber nachgedacht hatten, wie die Wagons gereinigt werden sollten. Während

---

[38] Die Männer erzählten mir, dass sie einen eintägigen Arbeitsstreik abhielten, als einer von ihnen für die Toilettenreinigung eingeteilt wurde.

2. Unsichtbare Reinigungskräfte

vereinbart war, dass Anne die Erlaubnis für die Fotos einholt, sollte ich die Kamera an einem Montag im Februar, der zufällig mein Geburtstag war, zum Bahnhof mitnehmen. Ich kam direkt von meinem Geburtstagsessen und stellte fest, dass Anne vergessen hatte, den Arbeiterinnen mitzuteilen, dass sie fotografiert werden sollten. Ich fragte Madame Amin trotzdem, ob ich Fotos von ihr machen dürfe, während sie unter den Sitzen säuberte und sie antwortete: «Ich lasse mich doch nicht mit meinem Hintern in der Höhe verewigen!». Dann bat ich Madame Ayoub um ein Foto, während sie zusammenkehrte, und sie antwortete kurz: «Wenn du mir deine Bluse gibst, kannst du mich darin fotografieren». Da wurde mir plötzlich bewusst, dass mir die elementarste Sensibilität gefehlt hat. Man konnte auf die Idee kommen, dass ich meine elegante 50-Dollar Geburtstagsbluse mit den goldenen Fäden absichtlich ausgesucht hatte, um Madame Amin und Madame Ayoub ihren untergeordneten Status vor Augen zu führen und ihnen zu zeigen, wie unförmig sie in ihren Uniformen aussahen. Es war, als hätte ich geplant, sie zu demütigen, und das war mir gelungen. Ich entschuldigte mich und ging nach Hause. Ich dachte den ganzen Abend zähneknirschend darüber nach, was ich getan hatte. Gegen Mitternacht rief ich Nicole Vézina in Montreal an, um mich zu beruhigen, aber sie bestätigte mir nur sanft, dass ich mich wie ein Idiot verhalten habe.

Nach ein paar Tagen konnte ich mich mithilfe meiner Freundinnen jedoch überwinden, zum Bahnhof zurückzukehren. Die goldene Bluse trug ich diesmal nicht mehr. Durch eine entsprechende Vorankündigung posierte Nina nun gerne in ihrer neuen Lederjacke, und ich bekam meine Bilder. Anne und ich schrieben einen Bericht, der die Tätigkeit analysierte, die Arbeitshaltungen zeigte und eine Reihe von Empfehlungen abgab. Wir vermuteten, dass die Rückenprobleme von Madame Amin etwas mit ihrer Hauptaufgabe zu tun hatten, die seit über zwanzig Jahren darin bestand, unter die Sitze der Wagons zu kriechen und zu putzen. In Erinnerung an den klassischen anthropologischen Text über das Dorf Rióvrisi,[39] in dem alle Frauen krumme Rücken hatten, weil ihre Besen zu kurz waren, schlugen wir die Verwendung einer ausziehbaren Bürste vor. Wir dachten, der SNCF sollte Nina effizientere Werkzeuge kaufen und das Gewicht ihres Kübels reduzieren. Wir stellten sogar die geschlechtsspezifische Aufgabenverteilung infrage, die einige sehr einfache Tätigkeiten für ältere Männer vorsah, aber für ältere Frauen keine Erleichterung bot. Abschließend schlugen wir vor, dass schon bei der Planung und dem Bau der Züge dafür Sorge getragen wird, dass alle Komponenten leicht zu reinigen sind. Wir schickten Kopien unseres Berichts an das Reinigungsunternehmen, an die Gewerkschaft und an den SNCF. Auch Nina und ihre FreundInnen bekamen unseren Report und sie waren mit unseren Empfehlungen sehr zufrieden. Der Gewerkschaftsführer, der den ArbeiterInnen davon abgeraten hatte uns zu vertrauen, traf sich schließlich persönlich mit uns und diskutierte über mögliche weitere Schritte.

Anne und ich bekamen die höchste Note, die je in diesem Kurs vergeben wurde, und unsere Präsentation im Unterricht wurde sehr gut aufgenommen. Bald brachten wir Auszüge aus unserer Studie in der akademischen Literatur zu Gesundheit und Sicherheit am Arbeitsplatz unter,[40] einer davon wurde in die Leseliste für DoktorandInnen des Ergonomieprogramms aufgenommen, das ich absolviert hatte.[41] Ich ging nach Kanada zurück und wurde von der

---

39 Muriel Dimen, "Servants and Sentries – Women, Power, and Social Reproduction in Rióvrisi," Journal of Modern Greek Studies 1, no. 1 (1983): 225–42.

40 Karen Messing, Ghislaine Doniol-Shaw, Chantal Haëntjens, "Sugar and Spice: Health Effects of the Sexual Division of Labour Among Train Cleaners," International Journal of Health Services 23, no. 1 (1993): 133–46.

41 Karen Messing, Chantal Haëntjens, Ghislaine Doniol-Shaw, "L'invisible nécessaire: l'activité de nettoyage des toilettes sur les trains de voyageurs en gare," Le travail humain 55 (1992): 353–70.

2. Unsichtbare Reinigungskräfte

Association of Canadian Ergonomists als vollwertiges Mitglied aufgenommen. Drei Jahre später erhielt ich die höchste Auszeichnung für interdisziplinäre Forschung unserer Provinz.[42] Die Reinigungskräfte im Gare de l'Est hatten somit einen wesentlichen Beitrag zu meiner beruflichen Karriere geleistet.

Trotz all dieser Anerkennungen winkte mir Nina zwei Jahre später, als ich sie am Pariser Bahnhof wiedersehen wollte, mit ihrem Kübel zur Begrüßung zu – es war der gleiche große blaue Kübel mit dem gleichen vorgeschriebenen Inhalt wie damals. Er war genauso schwer wie eh und je und musste die gleichen 23 Kilometer täglich transportiert werden. Nichts, absolut nichts hatte sich geändert, außer dass Madame Amin ausgemustert worden war. Ich hatte noch immer meine Goldbluse und Nina hatte noch immer ihren blauen Kübel.

Entsetzt und beschämt rief ich den Verantwortlichen für Ergonomie beim SNCF an, der mit einem meiner Lektoren befreundet war. Wir trafen uns und ich präsentierte ihm unsere Schlussfolgerungen und sprach darüber, wie wenig Geld es kosten würde, einen leichteren Kübel und einige bessere Putzmittel und -werkzeuge anzuschaffen. Freundlich hörte er mir zu, aber aus seiner Art und Weise wurde deutlich, dass es nicht zu seinen obersten Prioritäten gehörte, die Anweisungen des SNCF an die Reinigungsfirma zu ändern, um einem Haufen algerischer MigrantInnen das Leben zu vereinfachen. Als ich auf meiner nächsten Reise nach Frankreich den Gare de l'Est besuchte, traf ich Nina nicht mehr an, aber der blaue Kübel war noch immer da.

Mir wurde klar, dass Veränderungen in der Reinigungsbranche mehr erfordern, als nur die «Wahrheit» über die Arbeitsbedingun-

---

42 Den Jacques Rousseau-Preis, vergeben von der Association francophone pour le savoir.

gen zu veröffentlichen. In Frankreich fehlte mir jedoch der Zugang zum System. Ich hoffte, dass es in Quebec besser laufen würde. Nach meiner Rückkehr beauftragte mich die Bildungsabteilung der Gewerkschaft Confédération des syndicats nationaux (CSN)[43] auf Basis meiner Erfahrungen, Workshops mit zehn Gruppen von Reinigungskräften aus Quebec zum Thema Gesundheit und Sicherheit abzuhalten. Ich bat sie zunächst, mir über die körperlichen und psychischen Gesundheitsrisiken in ihrer Arbeit zu berichten.

Das Thema Infektionsgefahr machte den Reinigungskräften, die im Krankenhaus arbeiteten, Sorgen. Sie wurden auch nie darüber aufgeklärt, wie Infektionen zu vermeiden sind. Zu ihrer Verunsicherung trug bei, dass sie keinen Zugang zu den Krankenakten hatten, und daher die Ansteckungsgefahr der verschiedenen PatientInnen überhaupt nicht abschätzen konnten. Mehrere von ihnen erwähnten, dass sie ein Krankenzimmer gesehen hätten, das mit einem «Quarantäne»-Schild versehen wurde, nachdem sie dort mehrere Wochen lang geputzt hatten. Obwohl sie einer Infektionsgefahr ausgesetzt waren, hinderte der Datenschutz das Pflegepersonal daran, darüber zu informieren, an welcher Krankheit die PatientInnen litten. Dass ihnen das Personal versicherte, dass keine Gefahr bestünde, war keine große Hilfe für sie. Schließlich haben sie gesehen, dass die Person schon länger unter den gleichen Symptomen litt: Wenn jetzt eine Quarantäne ausgesprochen wurde, warum sollte dann zuvor keine Infektionsgefahr bestanden haben? Der von Ana María vorgetragene Teil über Infektionsprävention war bei Weitem der beliebteste.

---

43 Lucie Dagenais war damals für die Veranstaltungen zu Gesundheit und Sicherheit am Arbeitsplatz verantwortlich und hat einen großartigen Beitrag zur Vermittlung aktueller wissenschaftlicher Erkenntnisse an ArbeiterInnen geleistet.

2. Unsichtbare Reinigungskräfte

Die Reinigungskräfte beklagten sich ausführlich über ihre schweren Wägen, ihre schlechte Ausrüstung und die stark riechenden Chemikalien, aber das größte Thema waren ihre verletzten Gefühle. Sie erzählten, dass sie auf vielen Stationen von Weihnachtsfeiern und Geburtstagsfeiern ausgeschlossen wurden. Wenn ein Patient oder eine Patientin verstarb, brachten die Familien oft Geschenke für das Pflegepersonal der Station mit, um sich persönlich zu bedanken. An die Reinigungskräfte dachte niemand, obwohl sie die meiste Zeit im Zimmer der PatientInnen verbracht hatten.

Stille füllte den Raum nach der Aufzählung einer Reihe von demütigenden Momenten: als Idiot behandelt zu werden, vor den PatientInnen beleidigt oder ganz vergessen zu werden. Ich fragte: «Mit welchen Strategien gehen Sie mit diesen Verhaltensweisen um?» Eine gut gekleidete Frau in den Fünfzigern erklärte: «Wenn sie mich nicht respektieren, respektiere ich mich eben selbst.» Sie trug immer Strümpfe und Stöckelschuhe, auch wenn sie ihre Arbeit erschwerten. Ein jüngerer Mann reagierte genau andersherum: «Ich zeige ihnen mit meiner Kleidung, dass ich keinen Respekt vor ihnen habe» – in Jeans und alten T-Shirts. Einige beschrieben mit Stolz, dass sie einige Scharmützel rund um die Reinigung menschlicher Exkremente für sich entschieden haben. Meist waren dabei KrankenpflegerInnen die Gegenspieler. In einer solchen Anekdote, die während einer Veranstaltung in Quebec City erzählt wurde, hatte eine Krankenschwester einen Urinbeutel am Boden verschüttet und einer Reinigungskraft befohlen, ihre Mittagspause sofort zu unterbrechen, um alles wieder aufzuwischen. Die Geschichte endete mit einer Entschuldigung der Krankenschwester für ihre präpotente Art.

Die Reinigungskräfte bekamen ihren niedrigen Status deutlich zu spüren: «Wir sind die Arschlöcher»; «Wir sind unten»; «Wir sind eine Kaste für sich»; «Wir sind der Spitalsabfall.» Jeder, von der

Oberschwester über den Pflegehelfer bis hin zu den Angehörigen der PatientInnen, nahm sich das Recht heraus, sie zu kritisieren. Häufig wurden Beschwerden nicht direkt an die Reinigungskräfte gerichtet, sondern in ihrer Anwesenheit lautstark geäußert. Es wurde der Zeitpunkt der Reinigung kritisiert, weil dabei eine andere Tätigkeit gestört wurde, oder die Durchführung der Reinigung an sich, weil ein gereinigter Bereich sowieso schnell wieder verschmutzt. Zimmer mit schlafenden PatientInnen stellten für die Reinigungskräfte eine Zwickmühle dar: Wurden sie durch das Putzen geweckt, beschwerten sie sich. Wenn sie einen Raum ausließen, gingen die PatientInnen jedoch davon aus, dass ihr Zimmer gar nicht mehr gereinigt wurde. Auch wenn gerade ein Gespräch zwischen Pflegekräften und einem Patienten oder einer Patientin stattfand, behielten sie den Raum für einen späteren Zeitpunkt auf, aus Respekt vor der Privatsphäre. Doch bei PatientInnen und dem Pflegepersonal konnte der Eindruck entstehen, dass der Raum einfach ausgelassen wurde.

Reinigungskräfte kompensieren den mangelnden Respekt, mit dem sie konfrontiert sind, manchmal mit Stolz auf ihre Arbeit. Sie fühlen sich kompetent, wenn sie alle Oberflächen zum Glänzen bringen. Auf die Frage, was am wichtigsten sei («Was würden Sie zuerst tun, wenn Ihre Zeit auf eine Stunde begrenzt wäre?»), antworteten die Reinigungskräfte fast einstimmig mit «le look» (der erste Eindruck). Sie fanden verschiedene Wege, um ihre Arbeit sichtbar zu machen. Eine ließ immer das Licht im Badezimmer eingeschaltet, wenn sie fertig war. Ein anderer hinterließ den Geruch von Bleichmittel in den Badezimmern. Andere schoben Vorhänge zur Seite, wenn die Stange gereinigt wurde, stellten den Mistkübel immer an eine bestimmte Stelle, oder sorgten dafür, dass der Boden nach Bohnerwachs roch. Eine Gruppe von Reinigungskräften tat sich einmal zusammen und markierte einen Bereich in der Nähe des Spitalseinganges, wo sie mehrere Tage lang nicht putzten, so-

2. Unsichtbare Reinigungskräfte

dass sich sichtbarer Schmutz ansammelte damit die Öffentlichkeit und die Arbeitgeber die Notwendigkeit ihrer Arbeit nachvollziehen konnten. Trotz all dieser Tricks konnten die Reinigungskräfte aber keinen großartigen Anstieg an Prestige oder Macht verzeichnen. Wir machten uns Sorgen darüber, dass einige der Strategien, um ihre Arbeit sichtbarer zu machen, damit einhergingen, sich verstärkt gesundheitsschädlichen Chemikalien auszusetzen.

Nachdem die Schulungen beendet waren, halfen mir Céline Chatigny und Julie Courville, die ihr Doktorat im Bereich Ergonomie machten, bei meiner Forschung zur Reinigungsbranche. Wir verbrachten Monate damit, das Reinigungspersonal im Spital zu beobachten und die physischen und kognitiven Anforderungen ihrer Arbeit zu dokumentieren.[44] Wir zeigten auf, wie schwer die Arbeit der Männer und Frauen eigentlich war. Unsere 84 Empfehlungen wurden vom Krankenhaus Montreal wesentlich positiver aufgenommen als vom französischen Reinigungsunternehmen. Wir bekamen die Gelegenheit zu einem Treffen mit dem Chef der Personalabteilung und er leitete auf Grundlage unseres Berichts eine Reihe von Schritten ein. Tatsächlich wurde unser Vorschlag, die Aufgabenverteilung zwischen Frauen und Männern abzuschaffen, von den meisten Krankenhäusern in Quebec übernommen.[45]

Als wir jedoch zwölf Jahre später eine Folgestudie im selben Krankenhaus durchführten, waren wir enttäuscht: Die meisten unserer Änderungen waren verschwunden. Eine der Aufgaben der Frauen in den Jahren 1994–95 war beispielsweise die Entleerung

---

[44] Karen Messing, Céline Chatigny, Julie Courville, "'Light' and 'Heavy' Work in the Housekeeping Service of a Hospital," Applied Ergonomics 29, no. 6 (1998): 451–59.

[45] Der Vorschlag wurde teilweise wahrscheinlich deswegen so schnell angenommen, weil durch das Lohngleichheitsgesetz die Vergütung für Frauentätigkeiten angehoben wurde.

der Mistkübel. Sie taten dies, indem sie einen vollen Plastiksack entfernten und ihn durch einen leeren ersetzten. Da die Mistkübeln alle unterschiedlich groß waren, es aber nur einen einheitlichen Beutel gab, mussten sie einen Knopf an dessen Oberseite binden, damit er am Kübelrand festhielt; andernfalls fiel er hinein, und der Müll spritzte an die Außenseite des Beutels. Nach über hundert Knöpfen pro Tag berichteten einige von Problemen in der Hand bzw. dem Handgelenk. Wir empfahlen daher den Kauf unterschiedlich großer Plastiksäcke für die verschiedenen Mistkübel – und das wurde auch umgesetzt. Als wir 2006 zurückkamen, gab es jedoch nur eine einzige Größe von Plastiksäcken, und das Personal machte wieder Knöpfe. Niemand erinnerte sich daran, was passiert war, denn die Dienstleitung hatte sich seither mehrmals geändert.

Eine weitere, noch wichtigere Empfehlung hatte ebenfalls keinerlei Spuren hinterlassen: 1995 kommunizierten wir der Leitung der Personalabteilung, dass die Reinigungskräfte von einer verächtlichen Haltung ihnen gegenüber berichteten, dass sie von der Weihnachtsfeier ausgeschlossen und im Keller des Krankenhauses untergebracht wurden. Der Leiter organisierte sofort eine Reihe von Gesprächen zwischen den Reinigungskräften und allen anderen Berufsgruppen des Krankenhauses, für die er verantwortlich war, um die Krankenschwestern, Pfleger und Pflegehelfer für die Bedürfnisse und Fähigkeiten der Reinigungskräfte zu sensibilisieren. Doch davon war im Jahr 2006 nichts mehr zu bemerken und der fürsorgliche Personalleiter war längst verschwunden. Wir zählten nach, und nur mehr etwa ein Drittel unserer empfohlenen Änderungen war noch in Kraft.[46]

---

[46] Bénédicte Calvet, Vanessa Couture, Jessica Riel, Karen Messing, "Work Organization and Gender Among Hospital Cleaners in Quebec After the Merger of 'Light' and 'Heavy' Work Classifications," Ergonomics 55, no. 2 (2012): 160–72.

2. Unsichtbare Reinigungskräfte

Warum war das so? Wodurch waren alle Änderungen verschwunden? Warum hatten sie keine Spuren hinterlassen? Einen Hinweis darauf könnte einer meiner peinlichsten Momente während der Studie von 1994–95 geben. Zu Beginn der Studie traf ich mich im Krankenhaus mit den Reinigungskräften, um das Forschungsprojekt vorzustellen und um ihre Mitarbeit zu bitten. Die Betriebsleitung führte mich in den Hörsaal und wir hatten eine Diskussion darüber, wie man die Aufnahmegeräte anordnet. Wir waren schon seit einigen Minuten dort, bevor ich mit einer Frau sprach, die gerade die Sitze im Auditorium abstaubte. Mir wurde klar, dass ich an ihr und ihrem Wagen (der sich im Gang befand) wortlos vorbeigerauscht war, ohne von ihrer Anwesenheit Notiz zu nehmen.

Während ich eine andere Reinigungskraft auf ihren Runden begleitete, ging ein Pärchen vorbei und warf etwas in den Mistsack, den sie schob, und sie verpassten sie dabei nur knapp. Ich fühlte mich für sie angegriffen, doch das Paar ging einfach weiter und die Reinigungskraft registrierte es scheinbar nicht. Für mich und andere um mich herum waren die Reinigungskräfte unsichtbar. Tatsächlich erklärten uns die Reinigungskräfte später, dass es zu ihrer Aufgabe gehörte, unsichtbar zu sein. Es wurde erwartet, dass sie «verschwinden», wenn BesucherInnen oder medizinisches Personal ihre Visiten durch die Zimmer machten. Die Resultate ihrer Arbeit waren nur dann sichtbar, wenn die Arbeit schlecht ausgeführt wurde.

Diese Unsichtbarkeit führt dazu, dass Arbeitgeber Entscheidungen treffen, die die Arbeitsbedingungen von Reinigungskräften grundlegend verändern, ohne an sie zu denken. Als die Reinigungskräfte eines Montrealer Spitals eines Tages in die Arbeit kamen, stellten sie fest, dass im Eingangsbereich Spiegel an den Wänden angebracht worden waren. Ein Designer oder eine Designerin hatte vorgeschlagen, dass der Bereich dadurch größer und schöner aussehen würde, und niemand auf der langen Liste der EntscheidungsträgerInnen in der Krankenhausbürokratie hatte über die Auswirkungen auf die Reinigungskräfte nachgedacht. Niemand hatte daran gedacht, dass Schmutz auf Spiegeln deutlicher zu erkennen ist als auf den meisten anderen Oberflächen und die Reinigung viel Zeit in Anspruch nimmt. Das Ergebnis war, dass die Reinigungskräfte, die für den Eingangsbereich verantwortlich waren, nun weniger Zeit für andere Oberflächen zur Verfügung hatten. Da es fast unmöglich ist, einen Spiegel in einem Eingangsbereich während eines Montrealer Winters permanent sauber zu halten, büßten die Reinigungskräfte etwas Stolz auf ihre Arbeit ein.

Das war kein Einzelfall. Reinigungskräfte und sogar ihre Vorgesetzten wurden bei der Wahl von Bodenbelägen, Wand- und Möbeloberflächen fast nie zurate gezogen. Wenn die neuen schwarzen, mit grob strukturiertem Stoff bezogenen Büromöbel immer staubig aussahen, wurden sie jedoch dafür verantwortlich gemacht.

Meiner Erfahrung nach ist die Reinigungsbranche ein Zufluchtsort für alle möglichen RebellInnen, die sich von der relativen Autonomie des Berufsstandes und der fehlenden Kontrollmöglichkeit angezogen fühlen. Da sich die Reinigungskräfte von einem Bereich zum anderen bewegen, können ihre Vorgesetzten sie nicht immer überwachen. Daher ermöglicht die Reinigungsbranche viel mehr Freiraum und Initiative als eine Arbeit am Fließband einer Fabrik oder sogar das Kellnern. Es wird jedoch erwartet, dass Reinigungskräfte auf einem niedrigen Niveau funktionieren, technisches Fachwissen wird nicht vorausgesetzt. So bekam beispielsweise ein Spital einen Zuschuss für die Integration mental beeinträchtigter Personen. Diese Jugendlichen wurden dem Reinigungspersonal mit folgenden Worte zugeteilt: «Da habt ihr ein paar Helfer für euch». Die bereits überlasteten Reinigungskräfte, die über keine sonderpädagogische Ausbildung verfügten, wussten nicht, wie sie die Zeit finden sollten, die Neuankömmlinge zu beaufsichtigen. Sie empfanden es als Angriff, dass die Unternehmensleitung da-

2. Unsichtbare Reinigungskräfte

von ausging, dass es keine Zeit oder Energie in Anspruch nehmen würde, AnfängerInnen einzuschulen, noch dazu, wo es sich um Menschen mit kognitiven Herausforderungen handelte.

Es ist nicht verwunderlich, dass das Gesundheitsministerium auf der Suche nach Kostensenkungen im Gesundheitssystem bei der Reinigung einsparte. In den Jahren 1994 bis 2002 sank die Zahl der im Ministerium beschäftigten Krankenhausreinigungskräfte um 21%. Dann passierte etwas Seltsames. Eine Welle von Infektionskrankheiten überflutete die Spitäler: Während eines Zeitraumes von zehn Wochen im Jahr 2004 wurden in Spitälern in Quebec 1.411 Fälle von Clostridium difficile-assoziiertem Durchfall und 311 damit verbundene Todesfälle im Folgejahr registriert.[47] Clostridium difficile, antibiotikaresistente Staphylokokken und ihre Mutationen konnten jemanden im Ministerium von der Wichtigkeit der Reinigungsarbeit überzeugen. Die Behörden sahen, dass das mangelnde Interesse an der Hygiene Geld und Leben kostete, und die Zahl der für die Reinigung eingesetzten Angestellten stieg in den nächsten beiden Jahren um 5%.

Als einige junge StudentInnen und ich 2006 mit einer Folgestudie begannen, war die Bedeutung der Reinigung anerkannt, und der Betriebsleiter teilte uns mit, dass sein Personal gestiegen sei. Es gab sogar einen Bericht über die Gestaltung der Innenarchitektur von Spitälern mit vielen Überlegungen zur Gestaltung von Räumen, mit Empfehlungen die Oberflächen für Reinigungskräfte zugänglicher zu machen und vielen anderen Tipps, um die Arbeit

---

[47] Élise Fortin, Charles Frenette, Suzanne Gingras, Marie Gourdeau, Bruno Hubert, "Surveillance des diarrhées associées à Clostridium difficile au Québec" (Québec: Institut national de santé publique du Québec, 2005). www.inspq.qc.ca; Presentation by Alain Poirier, Director of the Institut national de santé publique du Québec, November 2006. www.msss.gouv.qc.ca/sujets/prob_sante/nosocomiales/index.php?presentation.

von Reinigungskräften zu erleichtern. Obwohl die Verantwortlichen im Gesundheitswesen erkannt hatten, dass Reinigung ein wichtiger Aspekt der Krankheitsprävention ist, erkannten sie die Reinigungskräfte nicht als ExpertInnen an. In dem 12-köpfigen Ausschuss, der den Bericht erstellte, fand sich keine einzige Reinigungskraft, kein Repräsentant der Branche und nicht einmal eine Reinigungsbeauftragte.[48] Ich denke, dass jemand mit praktischen Kenntnissen wichtige Informationen über die Wahl der Materialien für Wände und Böden beigesteuert und vorgeschlagen hätte, ein Kapitel über die Gestaltung von Toiletten hinzuzufügen. Eine Reinigungskraft hätte wahrscheinlich auch noch anderes zum Thema Infektionsprävention beitragen können, etwa hinsichtlich der Gestaltung von Zimmern, sodass sie gereinigt werden können, während die Privatsphäre der PatientInnen gewahrt bleibt, oder wie man die Passantenströme im Krankenhaus so leitet, damit die Gänge sinnvoll gereinigt werden können.

Was müsste passieren, damit Reinigungskräfte in einen solchen Ausschuss aufgenommen werden? Es wäre nicht einfach, weder für die Reinigungskräfte noch für die anderen Mitglieder. Die Reinigungskräfte müssten eine Ausbildung erhalten, um alle Wege der Krankheitsübertragungen zu verstehen, damit sie sich voll an den Diskussionen beteiligen können. Auch die kulturellen Unterschiede zwischen Reinigungskräften und anderen Ausschussmitgliedern müssten berücksichtigt werden, im Idealfall durch die Einbeziehung von DolmetscherInnen. Zur Bereitstellung der notwen-

---

48 Es gab drei ArchitektInnen und jeweils zwei VertreterInnen aus den Bereichen Krankenpflege, Technik, Mikrobiologie und öffentliche Gesundheitswissenschaft und eine «administrative Verwaltungsanalystin». Vgl. Ministère de la santé et des services sociaux du Québec, Prévention et contrôle des infections nosocomiales. Principes généraux d'aménagement (Québec: Ministère de la santé et des services sociaux, 2009). http://publications.msss.gouv.qc.ca.

2. Unsichtbare Reinigungskräfte

digen Ressourcen müsste das Ministerium jedoch davon überzeugt werden, dass Reinigungskräfte einen entscheidenden Blickwinkel haben. Es wäre nicht einfach, das Ministerium davon zu überzeugen, diese Empathielücke zu überwinden – ich hatte schon erlebt, wie schwer es war, die französische Eisenbahngesellschaft von der Wichtigkeit der Reinigungskräfte zu überzeugen.

Ich denke jedoch, es wäre die Mühe wert. Die Reinigung in Gesundheitseinrichtungen ist eine hoch spezialisierte Aufgabe; sie erfordert den Umgang mit Chemikalien, die Wahl der Techniken und Materialien zur Reinigung verschiedener Arten von Oberflächen, gewisse organisatorische Kompetenzen, damit die Reinigungskraft mit der sehr hohen Anzahl von Unterbrechungen umgehen kann, ohne Bereiche zu vergessen oder auszulassen, ein Grundverständnis über Infektionen und deren Verbreitung sowie ein Taktgefühl im Umgang mit Menschen, die gerade im Wege stehen.

Allerdings sehen ArbeitgeberInnen und die Öffentlichkeit die Reinigungskräfte nicht als ExpertInnen, sowohl zu ihrem eigenen Nachteil als auch zu dem der Reinigungskräfte. Und wenn Reinigungskräfte bezüglich der Veränderungen, die sich direkt auf ihren eigenen Arbeitsplatz auswirken, nicht zurate gezogen werden, denkt man nicht einmal im Traum an sie, wenn es um die Gesundheitsversorgung geht. In Pensionistenheimen, wo ÄrztInnen und Krankenschwestern selten vorbeikommen und sich die Schichten des Pflegepersonals ständig ändern, ist die Reinigungskraft oft die Person, die am meisten Zeit mit den vielen vereinsamten, kranken BewohnerInnen verbringt. Sie könnten geschult werden, wie sie ihre Zeit in den Krankenzimmern produktiv und unterhaltsam für beide Seiten gestalten können. Davon habe ich jedoch noch nie gehört. Tatsächlich erzählte mir eine Reinigungskraft namens «Jeanne» mit gedämpfter Stimme von einer schrecklichen Erfahrung. Sie war zufrieden mit ihrem Job in einer Langzeitpflegeeinrichtung, in der sie viele Jahre arbeitete. Sie lernte die PatientInnen näher kennen und hatte sich mit vielen angefreundet. Doch eines Tages entschied ihre Vorgesetzte, dass sie schneller arbeiten würde, wenn sie nicht mehr mit den PatientInnen sprechen würde. Nicht nur, dass diese Vorgesetzte Jeanne anwies, Gespräche zu unterlassen: Sie verkündete das Verbot, mit Jeanne zu sprechen, auch über Lautsprecher – mit dem Argument, es würde ihre Arbeit stören. Jeanne war nicht nur gedemütigt und befremdet, sondern auch traurig, dass «ihre» PatientInnen jetzt niemanden mehr zum Reden hatten. Sie alle wurden zu Opfern der Empathielücke.

3. Still stehen

> *Er wird mir nicht den Rücken massieren,*
> *also beschwere ich mich nicht.*
> Eine Angestellte mit Rücken- und Fußschmerzen,
> die für eine Tankstellenkette in Quebec arbeitet,
> wo sämtliche Sitzplätze im Auftrag der Zentrale
> über Nacht entfernt wurden.

Als Ergonomin verbringe ich viel Zeit damit, Menschen bei der Arbeit zu beobachten, um ihre Probleme verstehen zu können. Vor einigen Jahren beobachtete ich Bankbeamte, weil ihre Gewerkschaft einen neuen Dienstvertrag aushandeln und wissen wollte, welche Änderungen sie verlangen sollen. Das Management hatte kürzlich die Hocker hinter dem Schalter entfernen lassen, um «die Bankfiliale professioneller aussehen zu lassen». Renée, eine hochgewachsene, sympathische Frau in ihren Vierzigern, stand an ihrem Schalter, und ich stand genau hinter ihr, kritzelte auf meinen Block und dokumentierte ihre Bewegungen und Handlungen. Es dauerte nur etwa eine Stunde, bis ich (damals war ich 52) intensive Rückenschmerzen hatte. Aus Mitleid brachte der Chef einen Sessel für mich, und meine Rückenschmerzen waren bald verschwunden. Aber Renée musste den ganzen Tag durchhalten, mit nur kurzen Pausen am Vormittag und zu Mittag. Sie sagte mir, dass am Ende des Arbeitstages auch bei ihr die Rückenschmerzen kamen. Und ich konnte sehen, dass Renée im Laufe des Tages immer mehr Zeit damit verbrachte, sich gegen den Schalter zu lehnen, um ihren Rücken zu entlasten. Also fragte ich mich, warum der Arbeitgeber kein Mitleid mit ihr hatte? Warum ließ eine sitzende Professorin die Bank nicht unprofessionell aussehen? Hatte der Chef das Gefühl, dass Renée fürs Stehen bezahlt wurde? Doch das traf auch auf mich zu. Tatsächlich erhielt ich viel mehr bezahlt. Kann es sein, dass sich der Vorgesetzte mehr mit einer Hochschullehrerin, als mit einer Kassiererin identifizieren kann? Oder gab es einen anderen Grund?

Wie dem auch sei. Ich hatte die Vermutung, dass diese Unterscheidung etwas mit Respekt zu tun hat, und das verärgerte mich. Es bereitet mir großes Unbehagen, aufgrund meiner Zugehörigkeit zur oberen Mittelschicht besondere Privilegien zu genießen. Meine Eltern sind beide sehr arm aufgewachsen. Mein Großvater war Schneider, der an einer Gehirnhautentzündung erkrankte (wahrscheinlich als Folge der Spanischen Grippe von 1918), als mein Vater zwölf Jahre alt war. Er konnte nicht mehr arbeiten, und meine Großmutter musste alle drei mit Gelegenheitsjobs durchbringen. Die meiste Zeit arbeitete sie als Rezeptionistin in einem Hotel in New Jersey, das ihrem Vater gehörte, bis es die Mafia in den 1920er-Jahren übernahm. Die Verwandten und ein Stipendium ermöglichten meinem Vater das Ingenieursstudium. Er machte 1929 seinen Abschluss, gerade rechtzeitig zur Weltwirtschaftskrise. Sein erster Job bestand darin, auf dem Dach einer Fabrik zu sitzen und zu überprüfen, ob der Rauch nicht zu dunkel wurde. Meine Großmutter mütterlicherseits war eine selbstständige Näherin. Meine Mutter wurde Künstlerin in der Tradition der progressiven Strömungen der 1930er-Jahre, etwa wie Diego Rivera. Sie musste ihren Lebensunterhalt jedoch mit Werbelayouts verdienen, die sie hasste. Als meine Eltern sich kennenlernten, waren sie beide arm. Obwohl mein Vater sich schließlich als Führungskraft nach oben arbeitete und meine Mutter Kunstunterricht in den Vororten gab, stand meine Familie ihrer Mittelschichtszugehörigkeit nie ganz ungezwungen gegenüber. Die Dinge hätten leicht anders ausgehen können. Besonders meine Mutter war bei Klassenfragen sehr sensibel.

3. Still stehen

Wenn ich also sehe, dass die Anstrengungen von ArbeitnehmerInnen unterbewertet, ihre Schwierigkeiten unterschätzt werden oder ihre Schmerzen keine Beachtung finden, dann bereitet mir das Unbehagen. Ich glaube nicht, dass Renées Rückenschmerzen für ihren Vorgesetzten unsichtbar hätten sein sollen; tatsächlich denke ich, dass er ihr den Hocker zurückgeben hätte sollen. Gleiches gilt für VerkäuferInnen im Lebensmitteleinzelhandel und das Verkaufspersonal im Allgemeinen. Ich habe Angestellte in dieser Branche in Griechenland, Frankreich, Italien, China, Schweden, Peru, Brasilien, Thailand und Kamerun sitzen gesehen. Für mich ist die Tatsache, dass so viele nordamerikanische ArbeitnehmerInnen gezwungen sind, unnötig bei der Arbeit zu stehen, der Auswuchs einer Empathielücke zwischen Arbeitgebern, der Öffentlichkeit und den WissenschafterInnen.

Der Versuch zu sitzen

Es ist allgemein anerkannt, dass langes Stehen ungesund ist. Viele Gerichte, einschließlich des zuständigen Gerichts in Quebec, haben dauerhaftes Stehen am Arbeitsplatz per Gesetz eingeschränkt. Der Artikel 11.7.1 der Regulation respecting industrial and commercial establishments von Quebec sieht vor, dass den ArbeitnehmerInnen ein Sitzplatz zur Verfügung gestellt wird, «wenn es die Natur des Arbeitsprozesses zulässt». 1989 bat Madame Girard, eine Supermarktkassiererin mittleren Alters, die unter Rückenschmerzen litt, unter Berufung auf diesen Artikel um ihren Sessel. Ihr Arbeitgeber weigerte sich mit der Begründung, dass es die Natur ihrer Arbeit nicht zulasse zu sitzen und der Fall ging an ein Schiedsgericht. Die Gewerkschaft bat meine CINBIOSE-Kollegin Nicole Vézina als Sachverständige darüber auszusagen, ob KassiererInnen ihre Arbeit im Sitzen verrichten können. Nicole, meine Mentorin in der Ergonomieforschung, ist eine zurückhaltende Frau mit brillantem Verstand, einer scharfen Beobachtungsgabe und großem Engagement bezüglich der Verbesserung der Gesundheit der ArbeitnehmerInnen. Sie hatte die Arbeit der KassiererInnen mehrere Jahre lang beobachtet und dokumentiert, wie mit schweren Gewichten wie Waschmitteln und sperrigen Bierkisten umgegangen wurde und sie hatte den Arbeitgebern bereits viele Anregungen für Arbeitserleichterungen erteilt.[49] Mitten im Winter zog Nicole ihr Baby warm an und fuhr mit einem hilfsbereiten Studenten mehrere hundert Kilometer zum Ort der Anhörung. Sie erklärte dem Richter, wie einfach es wäre einen Sitz für Frau Girard zur Verfügung zu stellen. 1991 entschied das Berufungsgericht zugunsten von Frau Girard und ihrer Gewerkschaft. Als die Entscheidung fiel, war ich gerade in Frankreich, aber es drang bis zu mir durch, dass es bei CINBIOSE eine ziemlich große Party gab.

Ich schreibe dieses Buch 22 Jahre danach. Aus meinem Fenster kann ich den Supermarkt an der Ecke sehen, in dem ich etwa einmal pro Woche einkaufe. Wenn ich das Geschäft betrete, sehe ich auf der Tür einen blauen Aufkleber mit dem Gewerkschaftslogo, und viele der KassiererInnen tragen tatsächlich ein Gewerkschaftsabzeichen auf ihren Uniformen. Ich kenne die Gesundheits- und Sicherheitsbeauftragte dieser Gewerkschaft ziemlich gut – sie ist aktiv und engagiert sich für die Gesundheit ihrer Mitglieder. Aber jeder und jede dieser KassiererInnen arbeitet immer noch im Stehen, und viele haben mir gesagt, dass ihre Rücken und Füße schmerzen, besonders wenn sie an den kleineren Kassen arbei-

---

49 Nicole Vézina, Céline Chatigny, Karen Messing, "A Manual Materials Handling Job: Symptoms and Working Conditions Among Supermarket Cashiers," Chronic Diseases in Canada/Maladies chroniques au Canada 15 (1994): 17–22.

ten, wo sie nicht so viel Bewegungsfreiheit haben. Warum hat sich nach dem Sieg von Frau Girard nichts verändert? Der Druck in diese Richtung hätte von der Québec Workplace Health and Safety Commission, den Gesundheitsbehörden, den Arbeitgebern oder den Arbeitnehmern selbst ausgehen können. Warum ist das nicht geschehen?

Die Kommission

Die Beweggründe der Kommission sind am leichtesten nachzuvollziehen. Im Gegensatz zu einigen anderen Institutionen ist die allein durch Arbeitgeberbeiträge finanzierte Quebec's Commission sowohl Kontrolleur als auch Versicherung. Sie hat die Aufgabe Verletzungen am Arbeitsplatz durch Aktivitäten wie Arbeitsplatzinspektionen, Sicherheitskampagnen und die Unterstützung von Sicherheitstrainings und -forschung zu vermeiden. Doch sie agiert auch als Versicherungsgesellschaft, um Schadensfälle zu kompensieren, wenn ArbeitnehmerInnen sich aufgrund ihrer Arbeit verletzen oder erkranken. Daher ist es nicht verwunderlich, dass sich ein Großteil der Präventionsmaßnahmen auf die Gesundheits- und Sicherheitsprobleme konzentriert, die die Kommission am meisten Geld kosten.[50] Kosten entstehen vor allem durch gesundheitliche Probleme der ArbeitnehmerInnen, die eindeutig mit ihrem Arbeitsplatz zusammenhängen und zu längeren Krankenständen führen. Längeres Stehen verursacht jedoch keine isolierten, leicht erkennbaren Gesundheitsprobleme mit

---

50 Karen Messing, Sophie Boutin, "La reconnaissance des conditions difficiles dans les em- plois des femmes et les instances gouvernementales en santé et en sécurité du travail," Relations industrielles/Industrial Relations 52 (1997): 333–62.

einem klaren Bezug zum Arbeitsprozess. Im Gegenteil, es verursacht eine Vielzahl von verschiedenen Problemen, die im Laufe der Zeit auftreten, manchmal schwer zu diagnostizieren sind und mit dem Alterungsprozess, mit Übergewicht oder Erschöpfung verwechselt werden können.

Prävention könnte auch von InspektorInnen ausgehen, die den Arbeitsplatz besuchen und eine Verbesserung vorschreiben, aber wenn InspektorInnen stehende ArbeitnehmerInnen sehen, läuten bei ihnen nicht dieselben Alarmglocken, wie etwa beim Anblick einer wackeligen Leiter oder einem dampfenden Behälter voller Chemikalien. Um die starken Beschwerden zu erkennen, die durch langes Stehen verursacht werden, ist es sehr hilfreich, diese Erfahrung selbst gemacht zu haben. Doch die Mehrheit der ArbeitnehmerInnen, die längerem Stehen am Arbeitsplatz ausgesetzt sind, sind jung, einkommensschwach und unterqualifiziert – ganz im Gegenteil zum typischen Arbeitsinspektor oder Richter.[51]

Die Wissenschaft

Auch die ExpertInnen im Gesundheitswesen schlagen nicht Alarm, weil wissenschaftliche Studien sie nicht dafür sensibilisiert haben. WissenschafterInnen fanden es nicht naheliegend, Gesundheitsproblemen auf langes Stehen zurückzuführen, denn die Gesundheitsschäden durch Stehen sind nicht mit einem Beinbruch bei der Arbeit zu vergleichen, bei dem jeder sofort einen

---

[51] France Tissot, Karen Messing, Susan Stock, "Standing, Sitting and Associated Working Conditions in the Quebec Population in 1998," Ergonomics 48 (2005): 249–69.

3. Still stehen

Arbeitsunfall erkennen kann. Die Symptome entwickeln sich erst im Laufe der Zeit, schleichend und unbemerkt. Es ist nicht einfach, die Auswirkungen des Stehens vom normalen Alterungsprozess zu unterscheiden. Wenn eine fünfzigjährige Verkäuferin chronische Rückenschmerzen, geschwollene Beine oder Krampfadern hat, wird niemand viel Zeit darauf verwenden, nach einem Schuldigen zu suchen.

Andererseits stellen viele VerkäuferInnen, KellnerInnen und KassiererInnen, mit denen ich im Laufe der Jahre gesprochen habe, einen klaren Zusammenhang zwischen ihrer Arbeitshaltung und ihren schmerzenden Rücken und Füßen her. Außerdem können viele ganz genau sagen, welche Kassa für ihren Rücken und ihre Füße die schlechteste ist – normalerweise diejenige, mit der geringsten Bewegungsfreiheit. Andere sagten mir, dass ihre Schmerzen am schlimmsten waren, als sie in dem schmalen Raum hinter der Bar arbeiteten (Die Art von Schuhen, die sie bei der Arbeit in der Bar tragen mussten, waren natürlich auch nicht gerade hilfreich). Wie kann es sein, dass ArbeiterInnen ein so umfangreiches Wissen darüber haben, dass der Platzmangel mit diesem Schmerz verbunden ist, nicht jedoch die Wissenschaft?

Im Jahr 1998 ging ich auf Forschungssabbatical in ein renommiertes schwedisches Zentrum für Ergonomieforschung, wo mir sachkundige BibliothekarInnen halfen, die wissenschaftliche Literatur nach den gesundheitlichen Auswirkungen des Stehens am Arbeitsplatz zu durchforsten. Damals hatte ich bereits ziemlich viel Erfahrung in der Ergonomieforschung gesammelt, fand jedoch sehr wenig zum Stehen und fast nichts, was die Probleme von SupermarktkassiererInnen behandelte. Als ich versuchte, mit anderen WissenschafterInnen im Forschungszentrum darüber zu sprechen, konnten sie mein Interesse nicht nachvollziehen. Gemäß der schwedischen Tradition der gesunden Bewegung im Freien waren sie viel mehr besorgt über die Auswirkungen von langem Sitzen auf die Büroangestellten.[52] Tatsächlich haben sich viele WissenschafterInnen der Aufgabe verschrieben, die ArbeiterInnen dazu zu bringen, öfter zu stehen.[53] Als ich mit einem der schwedischen Wissenschafter, dem Chefredakteur einer wichtigen Fachzeitschrift, in ein Gespräch über langjähriges Stehen kam, erzählte er mir, dass er einen Steharbeitsplatz für sein Büropersonal eingerichtet habe. Er war ein leidenschaftlicher Jogger und dachte, Menschen sollten so wenig wie möglich sitzen.

Es ist wahr, dass ArbeitnehmerInnen in Europa häufiger Platz nehmen können und einige bei der Arbeit zu viel sitzen. EuropäerInnen sitzen an Arbeitsplätzen in Fabriken und bei Dienstleistungen, wo sie in Nordamerika stehen müssten. In Hotelrezeptionen, in Hühnerfabriken ebenso wie bei der Post, und selbst Verkäuferinnen können oft irgendwo einen Sitzplatz finden, so ist es jedenfalls in Europa.

Doch in Ländern wie in den USA und Kanada, in denen die ArbeiterInnen häufiger stehen, gibt es keine groß angelegte ergonomische Studie über die Auswirkungen von längerem Stehen. Als ich mich entschied, dieses Problem selbst zu erforschen, erkannte ich langsam, dass der Mangel an wissenschaftlichem Interesse nur ein Teil der Erklärung war. Es gab eine frühe Forschungswelle von ErgonomInnen, aber sie fanden schnell heraus, dass es schwer zu definieren war, wann ArbeiterInnen einer längeren Stehphase aus-

---

[52] Tatsächlich ist langes Sitzen auch nicht gut. Am besten ist es, wenn die ArbeiterInnen Kontrolle darüber haben, wie viel sie stehen bzw. sitzen.

[53] Ronald C. Plotnikoff, Nandini Karunamuni, "Reducing Sitting Time: The New Workplace Health Priority" (Editorial), Archives of Environmental and Occupational Health 67 (2012): 125–27.

3. Still stehen

gesetzt waren.[54] Was bedeutet Stehen? Stehst du, wenn du geduckt bist? Vorgebeugt? Läufst? Kletterst? Lehnst? Sind professionelle Basketballspieler einem längeren Stehen bei der Arbeit ausgesetzt? Würden wir bei ihnen die gleichen gesundheitlichen Auswirkungen erwarten wie bei Sicherheitskräften oder Nachtclubtänzerinnen? Wahrscheinlich hat jede Haltung ihre eigenen Auswirkungen auf die Körper der ArbeiterInnen. Zum Beispiel würden wir erwarten, dass Gehen, Laufen oder Tanzen, bei dem die Beinmuskulatur kontrahiert wird, die Durchblutung anregt, während Stehen oder Hocken das Blut staut und die Beine anschwellen lässt.

Glücklicherweise sind ErgonomInnen darin geschult, Arbeitsprozesse zu beobachten und aufzuschreiben, was sie sehen. Theoretisch bräuchten wir nur die ArbeiterInnen beobachten, um festzustellen, wie und über welchen Zeitraum sie stehen. Aber wie können wir in der Praxis zwischen Stehen und Gehen unterscheiden? Das scheint einfach zu sein, ist es aber nicht, denn niemand kann länger als ein paar Minuten stehen, ohne einen Fuß zu bewegen. Geht die Arbeiterin also, wenn sie einen Schritt macht? Oder zwei? Wenn sie sehr langsam geht? Und wie können wir entscheiden, wie lange ArbeitnehmerInnen bereits stehen? Müssen wir sie ein Jahr lang beobachten? Eine Stunde?[55] WissenschafterInnen müssten

---

54 David Baty, Peter W. Buckle, David A. Stubbs, "Posture Recording by Direct Observation, Questionnaire Assessment and Instrumentation: A Comparison Based on a Recent Field Study." In *The Ergonomics of Working Postures: Models, Methods and Cases*, ed. Nigel Corlett, John R. Wilson, Ilija Manenica (London: Taylor & Francis, 1986), 283–92; Christina Wiktorin, Lena Karlqvist, Jorgen Winkel, "Validity of Self-Reported Exposures to Work Postures and Manual Materials Handling." Stockholm MUSIC I Study Group, Scandinavian Journal of Work Environment & Health 19 (1993): 208–14.

55 Sven Erik Mathiassen, "Diversity and Variation in Biomechanical Exposure: What Is It, and Why Would We Like to Know?" Applied Ergonomics 37 (2006): 419–27.

wirklich Interesse am Thema haben, um bereit zu sein, viel Zeit zu investieren, um die jeweiligen Auswirkungen verschiedener Stehhaltungen zu untersuchen.

Während meines Aufenthalts in Schweden machte ich mir darüber Gedanken und fragte schließlich Åsa Kilbom, die wohl beste Ergonomieforscherin der Welt und einer der nettesten Menschen überhaupt.[56] Åsa schrieb ihre Dissertation über die physiologischen Anforderungen als Verkäuferin in einem Stockholmer Kaufhaus zu einer Zeit, als die meisten ErgonomInnen schweres Heben und andere sichtbarere körperliche Tätigkeiten erforschten.[57] Ihre Laufbahn basiert auf der Forschung über unspektakuläre Jobs im Niedriglohnsektor, sodass es nicht schwer war, ihr Interesse für KassiererInnen zu wecken. Sie glaubte, es wäre schwierig die Auswirkungen von langem Stehen in Schweden zu studieren, wo es Vorschrift ist, dass Beschäftigte mit einer Tätigkeit im Stehen mehrere Minuten pro Stunde pausieren müssen. Sie schlug vor, in das Kaufhaus zurückzukehren, in dem sie 25 Jahre zuvor ihre Forschungen durchgeführt hat, da sie wusste, dass die dortigen Angestellten für die Bedeutung der Ergonomie sensibilisiert worden waren. Vielleicht gäbe es dort eine Position, in der die ArbeitnehmerInnen lange genug standen, um beforscht werden zu können.

Ich ging in die Innenstadt und fand das riesige Kaufhaus. Ohne mich zu erkennen zu geben verbrachte ich dort einen Vormittag, um herauszufinden, ob es sich von nordamerikanischen Kaufhäusern unterschied. Nicht sehr. Seltsamerweise sah ich nie, dass sich einer der ArbeitnehmerInnen Zeit nahm, um sich hinzusetzen. Tat-

---

56 Karen Messing, Laura Punnett, Eira Viikari-Juntura, Åsa Kilbom, 1938–2005, Applied Ergonomics 37 (2006): 681–82.

57 Åsa Kilbom, "Physical Training With Submaximal Intensities in Women. III. Effect on Adaptation to Professional Work," Scandinavian Journal of Clinical and Laboratory Investigation 28 (1971): 331–43.

3. Still stehen

sächlich entdeckte ich nirgendwo Sessel, und alle arbeiteten im Stehen. Eine Frau mittleren Alters in der Kosmetikabteilung fiel mir besonders auf, da sie einen winzigen, engen Arbeitsbereich hatte und ausgefallene, unbequem aussehende Schuhe trug.

Als Åsa zu mir kam, trafen wir uns mit der Managerin, die sagte, dass alle stehenden ArbeitnehmerInnen laut Geschäftspolitik zehn Minuten pro Stunde sitzen müssen. Da ich nicht aus dem Geschäft geworfen werden wollte, bevor wir unsere Studie machen konnten, fragte ich sie nicht nach den Sesseln. Sie gab uns die Erlaubnis, unsere Forschungen durchzuführen, und ich beobachtete acht VerkäuferInnen für jeweils einen ganzen Arbeitstag. Ich fand keinen einzigen Sessel. Tatsächlich sah ich sie nie außerhalb der Pausenzeit sitzen, und ich erkannte bei ihnen die gleichen Taktiken zur Schmerzvermeidung wie bei den Bankangestellten, die ich in Montreal beobachtet hatte: auf den Schalter lehnen, einen Fuß auf die Rückseite des anderen Beines legen, sich den Rücken reiben, einen Fuß heben. Fünf von acht hatten Schmerzen in den Beinen, und die Kosmetikerin hatte schreckliche Fußschmerzen.[58] Ich fragte diejenigen, die Englisch sprachen, nach der stündlichen Sitzpause, aber niemand hatte davon etwas gehört. Åsa und ich fragten uns, ob Angestellte in Schweden vielleicht tatsächlich den gleichen Bedingungen ausgesetzt waren wie in Nordamerika. Vielleicht waren die Arbeitsbedingungen im Laufe der Jahre schlechter geworden. Trotz der Bedeutung, die der Ergonomie in Schweden beigemessen wurde, konnten wir mühelos mehrere Gruppen von ArbeitnehmerInnen finden, die längerem Stehen ausgesetzt waren. Wir gingen zurück zum Forschungsinstitut und beobachteten zum

---

58 Karen Messing, Åsa Kilbom, "Standing and Very Slow Walking: Foot Pain-Pressure Threshold, Subjective Pain Experience and Work Activity," Applied Ergonomics 32 (2001): 81–90.

Vergleich Forschungspersonal ähnlichen Alters. Die einzige, die Fußschmerzen hatte, war diejenige, deren Chef der Jogger war. Sie war auch die Einzige, die normalerweise im Stehen arbeitete.

Mit anderen Kolleginnen und Studierenden konnten wir schliesslich Begriffsdefinitionen vornehmen und zeigen, dass Menschen, die bei der Arbeit standen, insbesondere solche, die gar nie sitzen durften, Schmerzen im Rücken und in den Unterschenkeln hatten. Eine meiner Studentinnen in Montreal, Ève Laperrière, arbeitete Teilzeit als Kellnerin. Sie konnte schließlich eine Masterarbeit darüber verfassen, wie die Stehhaltung von ArbeiterInnen in Fabriken, Restaurants und Geschäften ihre Füße schmerzanfälliger machen. Eine weitere Studentin, Suzy Ngomo, zeigte, dass Personen, die ruhig stehen mussten, an Kopfschmerzen, Schwindel und anderen mit Durchblutungsstörungen verbundenen Symptomen litten. In der Zwischenzeit führte Nicole Vézina, die als Erste diesen Fragen nachgegangen war, eine Studie durch, wie man die Arbeit an der Kassa am besten organisieren könnte. Sie empfahl einen sogenannten Sitz-Steh-Sessel, einen Kompromiss zwischen Sitzen und Stehen.[59]

---

[59] Ève Laperrière, Suzy Ngomo, Marie-Christine Thibault, Karen Messing, "Indicators for Choosing an Optimal Mix of Major Working Postures," Applied Ergonomics 37 (2006): 349–57; Suzy Ngomo, Karen Messing, Hélène Perreault, Alain-Steve Comtois, "Orthostatic Symptoms, Blood Pressure and Working Postures of Factory and Service Workers Over an Observed Work Day," Applied Ergonomics 39 (2008): 729–36; Marie Laberge, Nicole Vézina, "Un banc assis-debout pour les caissières: une solution pour réduire les contraintes de la position debout?" Travail et santé 14, no. 2 (1998): 42–48.

3. Still stehen

Eine Zwickmühle: die Finanzierung der Forschung über die Gesundheit von Arbeitern

Mein Forschungssabbatical war teils von meiner Universität und teils von der schwedischen Regierung bezahlt worden, die von mir wollte, dass ich Åsa bei der Entwicklung eines Forschungsprogramms zur Gesundheit von Frauen am Arbeitsplatz unterstützte. Im Gegenzug gewährte mir Schweden Zugang zu den technischen Dienstleistungen, die ich für unser Studium im Kaufhaus benötigte, und Åsa beriet mich bei der Durchführung der Studie. Als ich aus Schweden zurückkehrte, beantragte ich mit Åsa Mittel von der kanadischen Regierung. Da mich interessierte, wie sich längeres Stehen auf die Gesundheit der ArbeitnehmerInnen auswirkt, bewarb ich mich beim Medical Research Council (MRC). Wir wollten die physiologischen Auswirkungen des Stehens unter realen Arbeitsbedingungen untersuchen und dabei Arbeitshaltungen und Schmerzwahrnehmungen der ArbeitnehmerInnen sorgfältig dokumentieren.

Unser Projekt wurde vom öffentlichen Gesundheitskomitee abgelehnt. Tatsächlich erhielt es von allen eingereichten Projekten die niedrigste Bewertung. Die WissenschafterInnen, denen es zur Bewertung vorgelegt wurde, sagten Sachen wie: «So ein Projekt ist mir noch nie untergekommen» und «Dieses Projekt sollte nicht in diesem Komitee sein.» Ich war überrascht, dass sie eine so geringe Meinung über das Projekt hatten, weil die Expertise unseres Teams zum Thema Gesundheit am Arbeitsplatz international anerkannt war.

Ich fragte mich, ob wir uns womöglich einfach beim falschen Ausschuss beworben hatten, und rief beim MRC an. Tatsächlich befassten sich nur wenige Projekte des öffentlichen Gesundheitskomitees mit der Arbeitsmedizin, die meisten davon waren statistische Analysen von Arbeitsunfällen und Berufskrankheiten. Die

Frau am Telefon sagte, dass wir schon bei der richtigen Stelle seien, aber dass die Zuteilung zum Ausschuss getroffen worden ist, bevor das Projekt offiziell eingereicht wurde. Nach einer halbstündigen Diskussion konnten wir auch keinen geeigneteren Ausschuss beim MRC finden. Es gab bei diesem Amt zur Förderung der Forschung über die öffentliche Gesundheit einfach keine Ressourcen für ein Projekt, dass ArbeiterInnen beobachtet und ihnen zuhört.

Eine weitere Finanzierungsquelle wäre das Institut de recherché Robert-Sauvé en santé et en sécurité du travail (IRSST) in der Provinz gewesen, dort werden jedoch Projekte bevorzugt, die über Entschädigungszahlungen an ArbeiterInnen forschen.[60] Da noch niemand für gesundheitliche Folgen entschädigt wurde, die mit längerem Stehen in Zusammenhang standen, fiel dieses Projekt nicht darunter.[61] Eine Art Zwickmühle also, da niemand entschädigt werden konnte, bis die Wissenschaft die Zusammenhänge zwischen Stehen und Gesundheitsproblemen festgestellt hatte. Der Workers' Compensation Board unterstützte Nicoles Forschungsprojekt über die Sitz-Steh-Sessel auf Grundlage des Artikels 11.7.1 (demzufolge ArbeitnehmerInnen Sesseln zur Verfügung stehen müssen), um die technische Entwicklung besserer Sessel zu fördern, nicht um Zusammenhänge zwischen dem Stehen und gesundheitlichen Problemen im Stütz- und Bewegungsapparat aufzuzeigen.

Deshalb schrieben wir unseren Antrag in ein sozialwissenschaftliches Projekt um. Ich schloss mich mit einem Soziologen

---

60 Karen Messing, "La place des femmes dans les priorités de recherche en santé au travail au Québec," Relations industrielles/Industrial Relations 57 (2002): 660–86.

61 Karen Messing, Katherine Lippel, Ève Laperrière, Marie-Christine Thibault, "Pain Associated with Prolonged Constrained Standing: The Invisible Epidemic." In *Occupational Health and Safety: International Influences and the «New» Epidemics*, ed. Chris L. Peterson, Claire Mayhew (Baywood: Amityville, New York, 2005), 139–57.

3. Still stehen

zusammen, um ein Programm zum Thema Gender und Gesundheit einzureichen, wo das Projekt über Stehen inkludiert war. Wir begründeten unser Interesse damit, dass sich Männer, die am Arbeitsplatz stehen müssen, in der Regel recht viel bewegen, während die stehenden Tätigkeiten von Frauen relativ immobil sind. Dieses Projekt hat ein Peer-Review bestanden und wurde finanziert, aber auf einem viel niedrigeren Niveau, da für die Sozialwissenschaften viel weniger Geld zur Verfügung steht, als für die Gesundheitswissenschaften. Als Pointe verlieh mir das MRC (das in Canadian Institute for Health Research umbenannt wurde) zwei Jahre später einen Senior Scientist Award in der Höhe exakt jenes Betrags, um den wir ursprünglich beim MRC angesucht hatten. Dieses Geld ermöglichte es uns, weiterhin Forschung über das Stehen zu betreiben.

Etwa zur gleichen Zeit, als wir uns mit Fußschmerzen und Kopfschmerzen beschäftigten, wiesen Niklas Krause in Kalifornien und Finn Tuchsen in Dänemark Auswirkungen von längerem Stehen auf die Halsschlagader und auf Krampfadern nach.[62] Mit den Kollegen konnten wir einen Zusammenhang zwischen verlängertem, bewegungseingeschränktem Stehen und Schmerzen im Rücken und in den Beinen nachweisen. Wir haben festgestellt, dass arbeitsbedingte Rückenschmerzen bei stehenden Personen etwa doppelt so häufig sind wie bei jenen, die normalerweise im Sitzen arbeiten, selbst unter Berücksichtigung des Alters der Arbeitneh-

---

[62] Niklas Krause, John W. Lynch, George A. Kaplan, Richard D. Cohen, Riitta Salonen, Jukka T. Salonen, "Standing at Work and Progression of Carotid Atherosclerosis," Scandinavian Journal of Work, Environment and Health 26 (2000): 227–36; Finn Tüchsen, Harald Hannerz, Hermann Burr, Niklas Krause, "Prolonged Standing at Work and Hospitalisation due to Varicose Veins: A 12 Year Prospective Study of the Danish Population," Occupational and Environmental Medicine 62 (2005): 847–50.

mer und ob sie bei der Arbeit Lasten heben mussten.[63] Aber als Niklas, Finn und ich auf dem Internationalen Kongress für Arbeit und Gesundheit 2006 in Mailand eine Sitzung über gesundheitliche Auswirkungen von langem Stehen organisierten, nahmen nur sehr wenige WissenschafterInnen teil.

Obwohl wir immer noch nicht alle biologischen Zusammenhänge verstehen, erscheint es als erwiesen, dass langes Stehen, ohne im Bedarfsfall sitzen zu können, gesundheitliche Probleme bei ArbeiterInnen verursacht. Wir haben eine gute Idee, dass ein Sitz-Steh-Sessel helfen würde. Die Kosten wären nicht unerschwinglich, aber niemand hat Interesse – wo liegt das Problem?

Eine Antwort erhielt ich im Gespräch mit dem Redakteur eines Journals, nämlich dem Jogger, dessen Sekretärin im Stehen arbeiten musste. Ich traf mich mit ihm, weil er über fachliche Expertise zu Arbeitshaltungen verfügte, und ich hoffte, ihn für eine Beteiligung an unseren Studien gewinnen zu können. Er war ein sehr kluger Mann mit einer langen Geschichte interessanter Forschungsprojekte. Aber während unseres gemeinsamen Mittagessens konnte ich überhaupt kein Interesse für das Problem der stehenden ArbeiterInnen bei ihm wecken. Ich wies auf den Kellner hinter der Bar hin, der die WissenschafterInnen in der Cafeteria seines Instituts bediente. Es wäre doch interessant die Veränderungen in seinen Beinen während des zweistündigen Andrangs in der Mittagspause zu messen. Der Redakteur antwortete bloß, ich solle dem Mann sagen, dass er Stützstrümpfe und hochwertige Schuhe

---

63 France Tissot, Karen Messing, Susan Stock, "Studying Relations Between Low Back Pain and Working Postures Among Those Who Stand and Those Who Sit Most of the Work Day," Ergonomics 52 (2009): 1402–18.

kaufen soll.[64] Verzweifelt nach einer gemeinsamen Basis ringend, kam ich auf Museumsbesucher zu sprechen, die durch das langsame Gehen und viele Stehen unangenehme Empfindungen in ihren Beinen und im Rücken bekamen. Das funktionierte. «Ah, die Museumsmüdigkeit!», rief er plötzlich etwas motivierter. Er hielt dies für eine vielversprechende Forschungsfrage, tatsächlich habe er bereits darüber nachgedacht, Museumsmüdigkeit zu untersuchen.

Es ist nicht verwunderlich, dass sich WissenschafterInnen, wie andere Angehörige ihrer sozialen Klasse, leichter mit MuseumsbesucherInnen identifizieren können als mit Angestellten einer Cafeteria. Sie, ihre Familien und FreundInnen verbringen Zeit in Museen und haben die «Museumsmüdigkeit» schon erlebt. Aber wer wird dann Forschungsprojekte durchführen, die den MitarbeiterInnen der Cafeteria zu Sesseln verhelfen?

Arbeitgeber und Manager

Nicole partizipierte zehn Jahre lang an einem Regierungskomitee, das sich mit VertreterInnen der drei großen Supermarktketten zum Thema langes Stehen zusammensetzte. Diese gewährten ihr jedoch nie genug Zeit in ihren Filialen, um ihre Ideen zur Gestaltung von Sitz-Steh-Sesseln zu testen. Meine eigene Forschung über die Auswirkungen des Stehens kam nur schleppend voran, weil kaum ArbeitgeberInnen zu finden waren, die überhaupt einen Zugang zu ihren Einrichtungen gewähren.

---

64 Auf die Frage nach den Schuhen antwortete der Mann, dass er nicht genug verdiente, um sich gute Schuhe leisten zu können und dies insofern ein Problem darstellte, als diese alle paar Monate aufgrund ihrer starken Belastung ersetzt werden mussten.

Eines Tages gab es einen Lichtblick, weil eine enge Verwandte von mir Kontakt zu einem großen Einzelhändler hatte. Dank ihrer Intervention erlaubte uns die Geschäftsleitung einer Filiale, KassiererInnen mehrere Monate lang zu beobachten. Der Personalabteilung gefiel unsere Studie sogar. Darin machten wir Vorschläge, wie die Arbeit an der Kassa neu organisiert werden kann, um sie effizienter, jedoch weniger monoton und schmerzhaft zu gestalten. Kurz darauf planten wir eine weitere Studie, die sich darauf konzentrierte, es den KassiererInnen zu ermöglichen im Sitzen zu arbeiten. Diesmal verwehrte uns die Firma jedoch den Zugang, obwohl wiederum keine Kosten für den Arbeitgeber angefallen wären. Ähnliche Antworten erhielten wir auch von anderen Unternehmen (ein Baumarkt, ein Bekleidungshändler, viele Supermärkte, ein Skizentrum). Mehr als einmal bekamen wir zu hören, dass eine Studie über das Stehen bei den ArbeiterInnen die Erwartung auslösen könnte, in Zukunft bei der Arbeit sitzen zu können. Diese «unrealistischen» Hoffnungen wollen sie aber bei ihren ArbeiterInnen nicht wecken und deshalb sollten wir ihren Betrieben lieber fern bleiben.

Als die Ergebnisse unserer Studie über die schmerzvollen Auswirkungen des Stehens bei der Arbeit veröffentlicht wurden, wollte uns ein regionaler TV-Sender interviewen. Aber für das Fernsehen braucht man Bilder. Die JournalistInnen konnten jedoch keine einzige Firma finden, die ihnen die Zustimmung erteilte, stehende ArbeiterInnen zu filmen. Sogar jene Unternehmen, die von unseren Empfehlungen profitiert hatten, lehnten ab: die Fabrik, über die Ève ihre Masterarbeit geschrieben hatte, die Einzelhandelsfilialen, in denen wir ArbeiterInnen beobachtet hatten und die kleinen Lebensmittelgeschäfte. «Ich glaube nicht, dass wir mit dem Bild, dass die Arbeit bei uns schlecht für die Gesundheit ist, ins Fernsehen gehen wollen», sagte ein Personalchef. Selbst den Unternehmen ist also klar, dass ein gesundheitliches Problem

3. Still stehen

besteht. Bei einem Treffen mit einem der größten Arbeitgeber im Einzelhandel erklärte uns ein Unternehmensvertreter, dass die Zeiteinteilung (siehe Kapitel 6) durch die Tatsache eingeschränkt wird, dass die Arbeitnehmer nicht mehr als acht Stunden pro Tag auf Schicht verbringen könnten, «weil Stehen sehr schmerzhaft ist. Nach einer Weile tun dir deine Füße weh.» Diese Arbeitgeber sind sich also sehr bewusst darüber, dass ihre Arbeitsbedingungen Schmerzen verursachen – warum wollen sie nichts dagegen tun? Was ist ihre Begründung? Hat es etwas mit sozialer Klasse zu tun?

Soziale Klasse

Nicole erzählt eine eher traurige Geschichte über einen Besuch in einem Supermarkt, um sich mit dem zuständigen Filialleiter zu treffen. Als sie alleine im Büro waren, erklärte der Filialleiter Nicole, dass ein Sitz-/Stehplatz keine gute Idee sei. Die KassiererInnen mussten die KundInnen im Stehen bedienen, weil es als unhöflich galt, dabei zu sitzen. «Wenn du zu jemandem nach Hause kommst, dann steht der Gastgeber zur Begrüßung auch auf», sagte er von seinem Platz hinter dem Schreibtisch. Aber er selbst stand dabei gar nicht auf und bot Nicole nicht einmal einen Sessel an.

Nicht nur FilialleiterInnen dürfen sitzen bleiben, wenn sie Besuch bekommen. Niemand verlangt, dass Ärzte aufstehen, um ihre PatientInnen zu begrüßen, oder dass Könige aufstehen, um ihre Untertanen zu empfangen. Stehen wird als eine Geste der Höflichkeit wahrgenommen, die Menschen mit höherem sozialen Status entgegengebracht wird. Die französische Kassiererin Anna Sam hat einmal darauf hingewiesen,[65] dass ihr Beruf so schlecht ange-

---

[65] Anna Sam, *Checkout Girl: A Life Behind the Register* (New York: Sterling, 2008).

sehen ist, dass Mütter sogar ihre Kinder mitbringen, um ihnen mit diesem Job Angst zu machen: «Siehst du, wenn du in der Schule nichts lernst, dann wirst du eine Kassiererin wie diese Dame da», sagte eine französische Kundin zu ihrer Tochter vor der Kassiererin, die sie bediente.[66] In Nordamerika ist es dieser subalterne soziale Status, der es legitim, ja sogar zwingend erforderlich macht, dass KassiererInnen bei der Arbeit stehen müssen.

Die Forscherinnen France Tissot, Susan Stock und ich haben uns die Ergebnisse der Gesundheits- und Sozialumfrage von 1998 in Québec unter 10.000 ArbeitnehmerInnen angesehen, um herauszufinden, wer bei der Arbeit ohne Sitzgelegenheit auskommen muss. Wir fanden heraus, dass ArbeiterInnen, die zum Stehen gezwungen waren, meist jung und arm waren: 76% der ArbeiterInnen mit niedrigem Einkommen standen am Arbeitsplatz. Dieselbe Gruppe hatte insgesamt nur sehr wenig Einfluss auf ihre Arbeitsbedingungen.[67] Mit anderen Worten, diejenigen, die stehen, nehmen die unteren Ränge der Arbeiterklasse ein.

Man würde erwarten, dass sich ForscherInnen im Gesundheitswesen für die Einführung von Sesseln für ArbeitnehmerInnen einsetzen, aber ich habe festgestellt, dass auch sie von der Empathielücke betroffen sind. Vor einigen Jahren wurde ich nach Kalifornien eingeladen, um den Hauptvortrag auf einer internationalen Konferenz über Frauengesundheit zu halten. Am Tag vor meiner Rede entdeckte ich, dass ich meine Strumpfhosen vergessen hatte. Der Nachmittag neigte sich dem Ende zu und ich marschierte in ein Kaufhaus in der Nähe meines Hotels. Eine junge afroamerikanische Frau bearbeitete gerade meine Transaktion und sah da-

---

66 Im Original «Tu vois, si tu ne travailles pas bien à l'école, tu deviendras caissière comme la dame.» Sam, *Checkout Girl*, 108.

67 France Tissot, Karen Messing, Susan Stock, "Standing, Sitting and Associated Working Conditions."

3. Still stehen

bei ziemlich fertig aus. Ich sagte zu ihr: «Ich hoffe, Ihre Schicht ist bald aus, Sie müssen sehr müde sein.» Sie antwortete, dass ihr Rücken und ihre Beine schmerzten. Immer zu einer subversiven Bemerkung bereit, sagte ich: «Ich wette, dass hinter Ihren Verkaufstisch genug Platz für einen Sessel wäre.» Sie antwortete, dass der Chef es nicht zulassen würde. Ich fragte: «Wäre Ihr Chef nicht besser dran, wenn seine Mitarbeiter zufriedener wären und die Kunden mehr anlächeln würden?» Sie antwortete mit Nachdruck: «Ich glaube meinem Chef ist es ziemlich egal, ob ich bei der Arbeit lächle oder nicht.»

Am nächsten Morgen erzählte ich die Geschichte über diese Kassiererin als Einführung in meinen Vortrag über die Arbeitsmedizin von Frauen. Ich wollte herausarbeiten, dass die Probleme weiblicher Arbeitskräfte vielen Entscheidungsträgern trivial erscheinen und die Frauen deswegen am Arbeitsplatz leiden. Tatsächlich habe ich mehr Kommentare zu dieser Anekdote erhalten, als zum Rest des Vortrags, in dem es um den Bias in wissenschaftlichen Arbeiten ging.[68] Ich habe diese Geschichte erzählt, weil ich damit rechnete, dass die teilnehmenden nordamerikanischen GesundheitswissenschafterInnen Sympathie für die Kassiererin empfinden und sich Sorgen um ihren schmerzenden Rücken und ihre Füße machen. Stattdessen reagierte das Publikum aus der Kundenperspektive. Die meisten derjenigen, die sich zu Wort meldeten, sagten, dass es ihnen unangenehm sein würde, von einer sitzenden Kassiererin bedient zu werden.

Ist es möglich, dass diese Reaktion zumindest teilweise für die Rücken- und Beinschmerzen von KassiererInnen und anderen stehenden Angestellten verantwortlich ist? In Nordamerika ist es für

---

68 Karen Messing, *One-Eyed Science: Occupational Health and Women Workers* (Philadelphia: Temple University Press, 1998).

Menschen mit einem bestimmten sozialen Status legitim, Arbeitnehmern Schmerzen zu verursachen, nur damit die Kunden bei ihrem Einkauf kein emotionales Unwohlsein verspüren. Desinteressierte WissenschafterInnen und MedizinerInnen sind nicht böse, aber sie haben einfach kein Mitgefühl mit den KassiererInnen.

Diese Empathielücke verursacht nicht nur Nachteile für ArbeitnehmerInnen, die stehen müssen, sondern führt auch zu Qualitätsmängeln in der Forschung. Es gibt große Lücken im Verständnis der physiologischen Phänomene im Zusammenhang mit dem Stehen. Das haben wir bei einem Vortrag in unserer Biologieabteilung gesehen. Ein junger Physiologe schloss seine Untersuchung von Studien über Müdigkeit mit den Worten: «Man sollte sich nicht auf subjektive Empfindungen konzentrieren, sondern objektive Daten sammeln». Obwohl Schmerz und Müdigkeit als solche keine definierte «objektive» Existenz außerhalb der Empfindungen derjenigen haben, die sie fühlen, gibt es einige Phänomene wie das Verhalten von Sauerstoff im Blut, das mit dem Gefühl der Müdigkeit einhergeht. Dennoch gab der Vortragende keine Erklärung für die Müdigkeit und den Schmerz der ArbeiterInnen, die wir getroffen hatten. Auf die Frage nach der mit dem Stehen verbundenen Müdigkeit antwortete er: «Das sind emotionale Fragen.»

Eine der Studierenden, Vanessa Couture, die als Verkäuferin tätig gewesen war, beschrieb dem Vortragenden geduldig, wie sie in zwei Betrieben gearbeitet hatte. Wie bei fast allen, waren ihre Rücken- und Beinschmerzen größer, wenn ihr Arbeitsplatz auf engen Raum beschränkt war, als wenn sie Mitten im Geschäft Kunden bediente, wo sie mehr Bewegungsspielraum hatte. Der Forscher führte ihre Schmerzen auf eine «Nervenanspannung» zurück, konnte aber nicht erklären, warum die Schmerzen weniger wurden, wenn mehr Bewegungsraum zur Verfügung stand. Vanessa war enttäuscht, dass er nicht zuhörte, vor allem, weil sie bereits in ihrer Masterarbeit einen Zusammenhang zwischen langem Stehen,

Unbehagen und Auswirkungen auf das Kreislaufsystem nachgewiesen hat. [69]

WissenschafterInnen forschen zu Themen, die ihre Neugierde wecken. Sie stützen ihre Artikel dabei auf Daten, die ihnen glaubwürdig erscheinen. Leider bieten PhD-Programme nicht viele Möglichkeiten, sich über Themen zu informieren, die das Leben von ArbeiterInnen betreffen, sodass die Neugierde dieses Vortragenden nie geweckt wurde. WissenschafterInnen stoßen eigentlich während ihrer gesamten Ausbildung kaum auf Situationen, bei denen sie lernen, ArbeiterInnen als glaubwürdige Quelle zu behandeln.

Warum die ArbeiterInnen nicht revoltieren

Theoretisch sollte jemand, der in stehender Position arbeiten muss, durch kleine Umgestaltungen des Arbeitsplatzes in der Lage sein, dieselbe Arbeit auch im Sitzen zu erledigen. Nordamerikanische Angestellte haben es durch ihre gewerkschaftliche Organisierung geschafft, das Ausmaß an Giftstoffen denen sie ausgesetzt sind zu verringern, ihre Arbeitszeiten zu verkürzen, Gehaltserhöhungen zu bewirken und ihr Gehalt im Allgemeinen zu verbessern. Nahezu alle ArbeiterInnen, mit denen ich jemals über das Stehen gesprochen habe, finden es anstrengend und würden gerne sitzen. Warum haben sie nicht auf die gleiche Weise gegen langes Stehen mobilisiert? Warum haben sie nicht einfach auf Sitzmöglichkeiten bestanden?

---

69 Vanessa Couture, Adaptations cardiovasculaires et inconfort lors du maintien d'une posture debout prolongée, (master's thesis, Université du Québec à Montréal, 2008).

In Zusammenarbeit mit zwei Sozialwissenschaftern und einem Rechtswissenschafter befragten wir 30 Angestellte aus Quebec, die alle im Stehen arbeiteten. 29 von ihnen sagten, dass sie Schmerzen hatten, die sie mit ihrer Stehhaltung in Verbindung brachten.[70] Auf die Frage, warum sie standen, gaben sie drei Hauptgründe an. Erstens war es wichtig durch Stehen zu zeigen, dass sie im Dienst des Kunden stehen. Das galt vor allem für diejenigen, die im Service arbeiteten. Als zweiter Grund wurde angegeben, dass ihre Vorgesetzten sonst denken würden, dass sie nicht hart arbeiten, wenn sie sitzen. Und drittens war es üblich, dass ihre Arbeitsbereiche nicht so organisiert waren, dass sie sitzen konnten. Es gab keinen Platz für einen Sessel oder die Arbeitsoberfläche war zu hoch. Keine der drei Situationen stellt ein echtes Hindernis für das Sitzen dar: Kunden auf der ganzen Welt haben sich daran gewöhnt, ServicemitarbeiterInnen sitzen zu sehen, Vorgesetzte von Büroangestellten denken nicht, dass sie faul sind, wenn sie an der Tastatur sitzen, und viele Arbeitsbereiche sind in anderen Ländern als Sitzplätze konzipiert.

Nur wenige der Befragten hatten jemals etwas unternommen, um eine Sitzmöglichkeit durchzusetzen. Sie gaben mehrere Gründe für ihre Untätigkeit an, aber das Hauptargument schien zu sein, dass sie sich bereits um zu viele andere Dinge kümmern mussten. Das Recht auf einen Sitzplatz war nur eine von vielen Schutzmassnahmen am Arbeitsplatz, die sie nicht durchsetzen konnten. Viele der Befragten hatten schon Schwierigkeiten, für alle geleisteten Arbeitsstunden bezahlt zu werden. Sehr häufig wurden die gesetzlich vorgeschriebenen Erholungspausen nicht eingehalten. Es war

---

70 Karen Messing, Sylvie Fortin, Geneviève Rail, Maude Randoin, "Standing Still: Why North American Workers are Not Insisting on Seats Despite Known Health Benefits," International Journal of Health Services 35 (2005): 745–63.

3. Still stehen

überraschend, wie viele Leute uns erzählten, dass die einzigen Angestellten in ihren Geschäften, die eine Pause einlegen konnten, die RaucherInnen waren. ManagerInnen, insbesondere diejenigen, die selber rauchten, konnten die Notwendigkeit einer Zigarette besser verstehen als die Notwendigkeit, einen Sitzplatz zu organisieren.

ArbeitnehmerInnen mit niedrigem Status sind auch in hohem Maße willkürlichen Aktionen und überzogenen Forderungen ihrer ArbeitgeberInnen ausgesetzt – längeres Stehen ist nur eine von vielen. «Corinne», eine Barkeeperin, sagte uns, dass sie mit ihrer Arbeitsposition einverstanden sei. «Hier habe ich immer noch viel mehr Freiheiten, es ist nicht so schlimm wie bei diesem Hostessenjob, wo ich nicht einmal meine Hände in die Taschen stecken durfte. ... Ich kann mich vorne auf der Bar abstützen oder mich hinten anlehnen.»

Tatsächlich bestand die Hauptpriorität dieser Kassiererinnen, Verkäuferinnen, Rezeptionisten und Tankwärtern darin, genügend Stunden zu schaffen, um genug Geld für ihren Lebensunterhalt zu bekommen. Die Stunden mussten ihnen angeboten werden, und sie mussten zu einer Tageszeit sein, in der sie Zeit hatten. Außerdem mussten sie in der Lage sein sich frei zu nehmen, falls ein familiärer Notfall eintritt. Sie wollten auch weniger verpflichtende Überstunden, weniger Abenddienste und an weniger Wochenenden arbeiten. Wenn sie für eine Veränderung kämpfen würden, standen die Arbeitszeiten an erster Stelle.[71] Und deshalb wollten sie die Vorgesetzten, die über ihre Stunden entschieden, nicht verärgern, indem sie um Sessel baten.

---

71 Karen Messing, France Tissot, Vanessa Couture, Stephanie Bernstein, "Strategies for Work/Life Balance of Women and Men with Variable and Unpredictable Work Hours in the Retail Sales Sector in Québec, Canada," New Solutions: A Journal of Environmental and Occupational Health Policy (in press).

Ihr niedriger Status bedeutete, dass sie wahrscheinlich nichts erreichen würden, auch wenn sie versuchen würden, Sitzgelegenheiten durchzusetzen. «Carole», eine Bankangestellte mit Bein- und Fußschmerzen, beschrieb einigermaßen verbittert ihre vergeblichen Versuche, eine Tätigkeit im Sitzen zu bekommen. Sie ärgerte sich sehr darüber, dass ihre Vorgesetzten den ganzen Tag sitzen konnten: «Für sie ist es in Ordnung, aber für uns nicht.» So bleibt eine große Anzahl nordamerikanischer ArbeiterInnen jeden Tag dazu gezwungen, bei der Arbeit zu stehen und leidet deshalb ohne Grund und vor aller Augen unter Rücken- und Fußschmerzen, und es gibt kaum Anteilnahme oder gar Proteste von KundInnen, in deren Namen dieses Leiden verursacht wird.

4. Viel Verstand, aber schlecht bezahlt

Als Kellnerin brauchst du ganz schön Köpfchen.
Christine Gagnon, Kellnerin

Eine Ergonomin zu sein bedeutet, viele Stunden mit den ArbeiterInnen vor Ort zu verbringen, um den Betrieb mit ihren Augen zu sehen. Es bedeutet auch, zwischen Produktion und Büros hin und her zu pendeln, um die eigenen Beobachtungen mit der Leitungsebene – dem Management – zu teilen.

Als Ergonomin hat man also den idealen Beruf, um den sogenannten Empathiemangel genauer unter die Lupe zu nehmen. Die Forschungsrichtung Ergonomie, die meine Kollegen und mich beeindruckte und der wir uns anschlossen, entstand im Frankreich der 1970er Jahren. Eine Gruppe von Forschern, die sich mit Gesundheit und Sicherheit am Arbeitsplatz beschäftigten, hatte sich damals in den Dienst der französischen Gewerkschaften gestellt.[72] Die ForscherInnen wurden zu einem Unternehmen eingeladen, wo es ein spezifisches Problem gab. Die Mitarbeiter litten etwa unter Schmerzen im Stütz- und Bewegungsapparat, es gab Probleme mit der Arbeitsorganisation oder der Betriebshygiene. In solchen Fällen sprachen die Forscher zunächst sowohl mit den Vertretern der Arbeitgeberseite, als auch mit den Arbeitnehmern, um herauszufinden, wie die jeweiligen Gruppen das Problem wahrnahmen und ob sich beide Seiten überhaupt auf die Existenz eines Problems einigen konnten. Anschließend beobachteten sie einzelne Arbeiter

---

[72] Catherine Teiger, Antoine Laville, *Les rotativistes: Changer les conditions de travail* (Montrouge, France: Agence pour l'Amélioration des Conditions de Travail, 1982).

über einen Zeitraum von mehreren Stunden oder sie verglichen mehrere Personen, die die gleiche Arbeit verrichteten, um den Arbeitsprozess bestmöglich zu analysieren. Wenn ihnen etwas nicht klar war, stellten sie den Arbeitern Fragen, etwa «Warum sitzen Sie in dieser Position, während Sie elektronische Teile zusammenbauen?», oder «Warum verwenden Sie den Kunden gegenüber diese Phrase?» Das Ziel war, den gesamte Arbeitsprozess in einzelne Schritte zu zergliedern, um jene Faktoren zu finden und zu eliminieren, die das Problem verursachen.

Wenn zum Beispiel eine Gruppe von Näherinnen über Schulterprobleme klagte, beobachteten die Ergonomen sie bei ihrer Arbeit an den Nähmaschinen und identifizierten sämtliche Bewegungen, die schlecht für die Schultern waren. Dann fanden sie durch Beobachten und Nachfragen heraus, warum die ArbeiterInnen diese Bewegungen ausführten.[73] War möglicherweise ein Regal zu hoch? War eine Maschine falsch eingestellt? War die Weitergabe der Werkstücke von einer Person zur nächsten schlecht synchronisiert? Wenn die unmittelbaren Ursachen für riskante Bewegungen in einem ausreichenden Maß identifiziert waren, gingen die Ergonomen sozusagen den Ursachen der Ursachen auf den Grund. War die Arbeitsfläche zu hoch, oder der Sessel des Arbeitnehmers zu niedrig eingestellt? Oder sollte ein Arbeitsschritt in einer anderen Abteilung erledigt werden? Gab es ein Problem, weil der Vorarbeiter nicht auf die Arbeiter, nicht auf die Arbeiterinnen oder nicht auf die ArbeiterInnen mit Migrationshintergrund hörte? Durch diese Einladungen zu verschiedenen Betrieben konnten die Ergonomen Gestaltung und Organisation der Arbeit in einem umfassenderen

---

73 Nicole Vézina, Daniel Tierney, Karen Messing, "When is Light Work Heavy? Components of the Physical Workload of Sewing Machine Operators Which May Lead to Health Problems ," Applied Ergonomics 23 (1992): 268–76.

4. Schlecht bezahlt

Sinn analysieren. Sowohl Gewerkschaften als auch Unternehmen stellten fest, dass diese Art von Analysen sinnvolle Vorschläge hervorbrachte.[74]

Mein persönliches Vorbild unter den Ergonomen war Catherine Teiger. Sie gehörte zu den Gründungsmitgliedern dieser Gruppe. 1983 organisierte CSN (Confédération des syndicats nationaux), das Frauenkomitee einer der Gewerkschaften, eine Konferenz zum Thema Arbeitsmedizin für Frauen mit dem Ziel Forscherinnen zu vernetzen, die mit unterschiedlichen kommunalen Einrichtungen kooperierten. Dabei lernte ich die Arbeit von Catherine Teiger kennen und schätzen. Diese Konferenz war für Donna Mergler und mich sehr wichtig, weil wir uns innerhalb unserer BiologInnen-Bubble ziemlich isoliert fühlten. Es war motivierend zu hören, dass man als kompetente Forscherin mit Gruppen aus den Communities zusammenarbeiten konnte, also brachten wir uns bei der Organisation der Konferenz ein.

Die vielen WissenschafterInnen und ArbeitnehmervertreterInnen überall in der Welt zu finden und ihr Interesse zu wecken war eine ziemliche Herausforderung, genauso, wie das nötige Geld aufzutreiben, um die TeilnehmerInnen nach Montreal zu bringen. Schließlich gelang es uns, WissenschafterInnen und GewerkschafterInnen aus Finnland, Frankreich, Italien, Honduras, Nicaragua, USA, Thailand und Südafrika als ReferentInnen zu gewinnen, sowie Hunderte von Gewerkschaftsmitgliedern als Publikum zu mobilisieren. An einem wunderbaren Morgen im Mai waren wir nun alle versammelt, zufrieden, dass alles funktioniert hat und wir nun all diese Vorträge hören konnten.

---

74 F. Guérin, A. Laville, F. Daniellou, J. Durrafourg, A. Kerguelen, *Understanding and Transforming Work: The Practice of Ergonomics* (Lyon: ANACT Network Editions, 2007).

Jede Präsentation wurde von zwei Teilnehmer gemeinsam gehalten, einem Arbeitervertreter und einer Forscherin. Beide präsentierten ihren Anteil an der jeweiligen Studie. Catherine Teiger kam gemeinsam mit der französischen Gewerkschafterin Marie-Claude Plaisintin angereist, und sie referierten über ein Projekt mit Näherinnen.[75] Sie präsentierten Fotos von Frauen, die über Nähmaschinen gebeugt da saßen. Es handelte sich um die gleiche Arbeit, die schon meine Großmutter verrichtet hatte, allerdings nähten diese Frauen keine Kleider, sondern Schutzhandschuhe für die Industrie. Marie-Claude sprach darüber, dass die Gewerkschaftsfunktionäre über die Beschwerden der Frauen, sie seien überarbeitet und nervlich erschöpft, erstaunt waren, wo doch ihre Arbeitsbedingungen von Gesundheits- und Sicherheitsexperten kontrolliert wurden und für Außenstehende erträglich wirkten. Die Frauen durften ja schließlich bei der Arbeit sitzen, mussten keine schweren Gewichte heben, nicht bei hohen Temperaturen schwitzen und auch keine giftigen Chemikalien einatmen – im Unterschied zu den Männern, mit denen die besagten Experten Erfahrung hatten. Die Gewerkschaftsfunktionäre hatten Catherine also wissen lassen, dass es an diesem Job nichts zu beanstanden gab. Die Frauen sollten in der Lage sein, ihre einfachen, repetitiven Aufgaben zu erledigen, und nebenbei darüber Nachdenken, was sie zum Abendessen kochen oder wie sie ihren Kindern bei den Mathematik-Hausübungen helfen könnten.

Als Catherine sich mit den Arbeiterinnen der Handschuhfabrik traf, fand sie diese jedoch in einem bedauernswerten Zustand vor. Die Frauen waren keineswegs in der Lage, sich während der Arbeit

---

[75] Marie-Claude Plaisintin, Catherine Teiger, "Les contraintes du travail dans les travaux répétitifs de masse et leurs conséquences pour les travailleuses." In Les effets des conditions de travail sur la santé des travailleuses, ed. Jeanne-Anne Bouchard (Montréal: Confédération des Syndicats Nationaux, 1984).

4. Schlecht bezahlt

irgendwelchen Tagträumen hinzugeben. Sie fühlten sich gestresst und ausgebrannt. Die meisten von ihnen begannen im Alter von 17 oder 18 Jahren in der Fabrik, aber schon nach wenigen Jahren waren sie nicht mehr imstande weiterzuarbeiten und wurden gekündigt. Catherine überprüfte die Aufzeichnungen der Fabrik und fand heraus, dass keine einzige Näherin beschäftigt war, die älter als 25 war.

Marie-Claude und ihre Gewerkschaft versuchten zu verstehen, was so anstrengend daran war, die zwei Hälften eines Handschuhs zusammenzunähen, also nahm Catherine die Arbeit in der Fabrik genauer unter die Lupe. Der Arbeitsprozess begann bei den Zuschneidern – durchwegs Männer –, die dafür zuständig waren, die Umrisse der Handschuhe sorgfältig auszuschneiden. Anschließend schichteten sie die Vorderseiten und die Rückseiten der Handschuhe aufeinander. Dann waren die jungen Frauen dran: Sie sollten diese beiden Hälften zusammennähen. Die Frauen, die pro Stück bezahlt wurden, arbeiteten sehr schnell und produzierten ca. alle 40 Sekunden einen Handschuh. Das ist nicht gerade viel Zeit, sogar wenn alles perfekt ablief. Aber Catherine beobachtete, dass bei der Hälfte der Handschuhe irgendetwas schief ging. Die Zuschneider standen ebenfalls unter Zeitdruck, und so rutschten sie häufig mit der Schere aus – und schon waren die beiden Hälften eines Handschuhs nicht mehr ganz deckungsgleich. Somit gehörte es zur Arbeit der Näherinnen, die Fehler der Zuschneider zu kompensieren. Sie mussten die beiden Hälften beim Nähen zusammenschieben, um die Diskrepanz optimal auszugleichen. All das hatte innerhalb von 40 Sekunden zu erfolgen. Weitere Problem traten auf, wenn ein Faden abriss oder wenn ein Stoff von minderer Qualität oder zerknittert war. Die Frauen mussten also den Handschuh von Neuem zusammennähen, und zwar im bereits genannten Zeitraum von 40 Sekunden. Bei bis zu 900 pro Tag produzierten Handschuhe immer wieder diese Probleme zu korrigieren, noch dazu in einer unangenehmen Sitzposition – das war der Grund für den Stress, der die Arbeiterinnen belastete. Waren die Frauen noch jung und im Lernprozess, konnten sie mit dem Druck zunächst leichter fertigwerden, aber im Laufe der Zeit machten sich die Folgen der mentalen und körperlichen Anforderungen zunehmend bemerkbar.

Bis Catherines Studie wurden die technischen Anforderungen der Arbeit der Näherinnen komplett verkannt. Catherine thematisierte auch erstmalig das Problem mit den Zuschneidern. Die Ergebnisse dieser Studie halfen der Gewerkschaft, die Bezahlung nach Akkord in dieser Branche in Frankreich abzuschaffen. Die unsichtbaren Aufgaben und Herausforderungen der Arbeiter zu erkennen, wurde zu einem wichtigen Punkt im Mandat der Ergonomen.

Catherine Teiger bildete später Nicole Vézina aus und sie gaben gemeinsam ihre Erfahrungen auch an mich weiter.[76] Ich orientierte mich an Catherines Arbeitsweise. Über die Jahre hinweg entdeckten wir einige Beispiele für die «verborgenen Fähigkeiten»[77] der Arbeiter. Eines Tages im Jahr 1991 beobachtete ich, wie in einer Industriebäckerei Cupcakes produziert und verpackt wurden. Ich ging von einem Arbeiter zum nächsten, von dem kräftigen Mann, der 40 kg schwere Säcke aus Zucker und Mehl in einen riesigen Mischbehälter schüttete, zum jungen Studenten, der die schweren Bleche mit den Cupcakes darauf in den Ofen schob und später, wenn sie fertig waren, wieder herausholte, bis hin zu den älteren Frauen, die die fertigen Cupcakes aufstellten, sodass sie anschließend eingefroren werden konnten. Und ich ging noch weiter, bis ich zu den Frauen kam, die die nunmehr eingefro-

---

76 Mit Ghislaine Doniol Shaw, Alain Garrigou, und François Daniellou.

77 Catherine Teiger, C. Bernier, "Ergonomic Analysis of Work Activity of Data Entry Clerks in the Computerized Service Sector can Reveal Unrecognized Skills," Women and Health 18, no. 3 (1992): 67–77.

4. Schlecht bezahlt

renen Cupcakes verpackten. Eine von ihnen, etwa 35 Jahre alt, arbeitete folgendermaßen: Sie nahm jeweils zwei Cupcakes von einem Fließband und legte diese auf einen rechteckigen Karton. Dann wickelte sie sie in Zellophan ein und legte die verpackten Cupcakes wieder auf das Fließband, sodass sie zu den anderen Frauen weiterliefen, die sie schließlich in Schachteln verpackten. Am Ende kamen Männer, holten die Schachteln ab und verluden sie in den Lastwagen.

Die Arbeit der Verpackerinnen wirkte für mich einfach und erinnerte mich sehr an das, was ich für gewöhnlich selbst mit den Speisen in meiner eigenen Küche tat. Ich beschloss also, eine von Catherines Lieblingsfragen zu stellen, um herauszufinden, ob die Verpackerinnen über verborgene Fähigkeiten verfügten. «Wie lange haben Sie gebraucht, um zu lernen, wie man diesen Job richtig macht?» «Ein paar Tage», lautete die Antwort. «Und wie lange hat es gedauert, bis Sie diese Arbeit richtig gut machen konnten?» «Einige Wochen», lautete die erste Antwort. Und in der Tat, die Verpackerin hatte nur wenige Wochen gebraucht, um herauszufinden, wie sie dasitzen und ihre Hände halten sollte, in welcher Reihenfolge sie die Cupcakes aufheben und das Zellophan holen sollte, und sie die Cupcakes richtig auf dem Karton abstellen musste. Aber als ich nach Details fragte, stellte sich heraus, dass sie manchmal die Maschine, aus der das Verpackungsmaterial kam, richten oder gewisse Mängel am Zellophan oder am Karton beheben musste. Häufig musste sie die Cupcakes so drehen, dass keine Mängel zu erkennen waren, oder jene Cupcakes wegwerfen, die zu stark beschädigt waren. Manchmal half sie noch anderen Kollegen aus, die einen Fehler gemacht hatten, oder sie musste Probleme aus anderen Abteilungen antizipieren. Schliesslich fanden wir gemeinsam heraus, dass sie in Wirklichkeit zwei Jahre gebraucht hatte, um ihre Arbeit wirklich kompetent zu erledigen. Diese Arbeit war also überhaupt nicht mit dem Einpacken von einem Backhendel in meiner eigenen Küche zu vergleichen. Wir zählten ihren Output und kamen auf 1.320 Verpackungen pro Stunde, oder 2,7 Sekunden pro Verpackung. Sofern alles griffbereit ist, benötige ich selbst aber mindestens 15 Sekunden, um eine Portion in Folie einzupacken und bereit zu sein, um eine weitere einzupacken.

Wenn ein Arbeitgeber unterschätzt, welche Fähigkeiten und Anstrengungen die Erledigung einer Arbeit erfordern, kann das zu gravierenden Problemen für die Arbeiter führen. Nicole Vézina erzählte eine traurige Geschichte über eine Stiefelfabrik, in der eine umfassende Modernisierung der Produktionsweise in Angriff genommen wurde.[78] Die Werksleitung hatte vom so genannten Toyotismus gehört, der die Fließbandarbeit weiterentwickelt hat. Anstatt die Arbeit aufzuteilen, so dass jeder Arbeiter ein möglichst kleines Segment der Produktion eines Autos oder eines Stiefels zu erledigen hat, arbeiteten nun Gruppen von Arbeitern zusammengeschlossen zu «Modulen». Jeder Arbeiter durchlief die verschiedenen Phasen der Produktherstellung nach einem Rotationsprinzip. Die Theorie klang verlockend: Die Arbeit würde weniger langweilig sein, und mit der Zeit würde sich ein Arbeitskollektiv herausbilden und kreative Energien entfalten. Die Bewegungen jedes einzelnen Arbeiters würden weniger repetitiv sein, weil die Aufgaben diversifiziert wären. Die Arbeitnehmer würden auch nicht mehr nach individuellem Akkordlohn bezahlt werden – eine Entlohnungsmethode, die Wissenschafter zunehmend mit Gesund-

---

[78] Nicole Vézina, Susan R . Stock, Yves Saint-Jacques, Micheline Boucher, Jacques Lemaire, Conrad Trudel, *Problèmes musculo-squelettiques et organisation modulaire du travail dans une usine de fabrication de bottes ou "Travailler en groupe, c'est de l'ouvrage"* (Montréal: Direction de la santé publique, Régie Régionale de la Santé et des Services Sociaux de Montréal-Centre, 1998).

4. Schlecht bezahlt

heitsproblemen und Stressbelastung in Verbindung brachten.[79] Im Gegenteil, die gesamte Gruppe wäre dann kollektiv für die Produktionsquote verantwortlich, was den einzelnen Personen einen Puffer für «schlechte» Tage verschaffen würde.

Doch als Nicole diese Produktionsweise beobachtete, musste sie feststellen, dass die Zustände katastrophal waren. Da die Arbeiter nun nacheinander an mehreren Maschinen und nicht mehr nur an «ihren» Maschinen arbeiten mussten, wurden ihre Sitze entfernt, damit sie genug Platz haben, sich zu bewegen. So mussten sie nun den ganzen Tag im Stehen arbeiten und litten häufiger unter Beinschmerzen. Außerdem war jede Arbeitnehmerin nicht mehr nur für «ihre eigene» Arbeit verantwortlich, die sie zehn bis zwanzig Jahre lang ausgeübt hatte, sondern zusätzlich auch für die Arbeit «anderer Leute», über die sie nicht gut Bescheid wusste. Die Änderung der Arbeitsorganisation war übereilt eingeführt worden, und den Arbeitern wurden nur wenige Tage Zeit gelassen, um die neuen Aufgaben zu erlernen, bevor für die einzelnen Gruppen Produktionsquoten eingeführt wurden. Das Gehalt jedes einzelnen Mitglieds hing nun von der Gesamtproduktion der Gruppe ab.

Die Belegschaft hatte zwei Möglichkeiten: Die Arbeiter konnten der neuen Organisierung folgen und an mehreren Maschinen hintereinander arbeiten. Aber wenn «Annie» an «Rose-Maries» früherer Maschine arbeitete, ärgerte sich Rose-Marie. Warum hielt Annie den Stiefel falsch in der Hand? – Sowas kostete Zeit, senkte die Gruppenproduktion und damit Rose-Maries Lohn. Warum soll Rose-Marie nun die Zeit von ihrer eigenen Produktion abzwacken, um Annie zu helfen rechtzeitig fertig zu werden? Aber wenn sie

---

79 Chantal Brisson, Alain Vinet, Michel Vézina, Suzanne Gingras, "Effect of Duration of Employment in Piecework on Severe Disability among Female Garment Workers," Scandinavian Journal of Work, Environment and Health 15 (1989): 329–34.

Annie nicht hilft, würden sich sehr bald neben Annie unfertige Stiefel stapeln, und dann würde die gesamte Produktion ins Stocken kommen. Was passierte außerdem, wenn Annie krank oder einfach müde war? Oder wenn Rose-Marie ihre Tage hatte und daher nicht in der Lage war, den ganzen Tag im Stehen zu arbeiten? Zuvor entschied jede Mitarbeiterin für sich, ob sie zu Hause bleibt und auf den Lohn verzichtet oder ob sie die Zähne zusammenbeißt und zur Arbeit geht. Jetzt schaut es so aus: Wenn eine Mitarbeiterin zur Arbeit erscheint, muss sie sich dem Druck stellen, ihr Produktionslimit durchzuhalten, sodass kein Schaden für ihre Kollegen daraus erwächst. Falls sie daheim bleibt, wird sie durch eine unerfahrene Mitarbeiterin ersetzt, was zur Folge hätte, dass der Lohn für alle Beteiligten sinken würde. Diese Kombination aus Hektik, Vorwürfen und Unmut wurde schnell toxisch.

Schließlich wurden die ArbeiterInnen dazu gedrängt, wieder genau so zu arbeiten wie früher, weil sie so schneller waren. Für die Gruppe als Ganzes war es offensichtlich günstiger, wenn jeder genau den Job machte, für den er die meiste Erfahrung mitbrachte. Als Nicole in die Fabrik kam, waren die meisten Arbeitskollektive nacheinander zu ihrem jeweiligen früheren Zustand zurückgekehrt, allerdings berichteten die Arbeiter, dass sie unter den gegebenen Bedingungen nun stärker unter Schmerzen litten, da sie den ganzen Tag im Stehen arbeiten mussten.

Mit Hilfe der ArbeiterInnen der Schuhfabrik gelang es Nicole, den Produktionsprozess umzugestalten; ihr Team formulierte 78 Empfehlungen, von denen die Hälfte akzeptiert wurde.[80] Durch eine Verbesserung der eingesetzten Werkzeuge und der angewand-

---

80 Einiges aus der Stiefelfabrik ist im folgenden Film zu sehen: *Asking Different Questions*, Regie von Gwynne Basen, Erna Buffie (Canada: National Film Board of Canada, 1996).

4. Schlecht bezahlt

ten Methoden fand Nicoles Team Wege und Mittel, die Arbeitsabläufe zu optimieren. Das Team empfahl eine längere Einschulungsperiode, bei der die erworbenen Kenntnisse der erfahreneren Mitarbeiter genutzt werden sollten. Jede Arbeiterin sollte alle anderen instruieren, wie man «ihren» Job richtig machte. Nicoles Team gelang es auch, den Arbeitsplatz und den Arbeitsprozess zu optimieren; obwohl die Arbeiterinnen weiterhin im Stehen arbeiten mussten, konnten sie sich danach freier bewegen.

Wenn schon die Fließbandarbeit verborgene technische Fähigkeiten erforderte, obwohl die Arbeiter am Fließband die gleichen Aufgaben nur repetitiv wiederholen mussten (wenn auch mit teilweise sehr unterschiedlichen Rohmaterialien), wie ist es dann erst um die Dienstleistungen bestellt, wo man sich immer wieder an eine neue Klientel anzupassen hat? Die meisten Menschen glauben nicht, dass Kellner und Kellnerinnen einen intellektuell herausfordernden Job ausüben, aber wie ich zu Beginn dieses Buches bereits festgestellt habe, steckte der Job einer Angestellten in einem Fast Food Restaurant in den 1960er-Jahren voller kognitiver Herausforderungen. Wenn wir mit Dutzenden von Gästen, die alle nur eine kurze Mittagspause hatten, gleichzeitig fertigwerden mussten, konnte das zu emotionalen Spannungen führen. Wir versuchten zu verhindern, dass sich die Gäste über das Essen oder über lange Wartezeiten beschweren, manchmal erfolglos.

Aus solchen Gründen beauftragte uns die Gewerkschaft der Gastronomiebediensteten im Jahr 2005, eine Studie durchzuführen. Die Gewerkschafter wollten durch eine Studie zeigen, wie anstrengend diese Arbeit war, in der Hoffnung, dass die Arbeitgeber wie auch die Öffentlichkeit endlich anerkennen würden, welchen physischen, mentalen und emotionalen Herausforderungen die Kellnerinnen und Kellner in ihrem Job ausgesetzt waren. Aber das wichtigste Anliegen an die Wissenschaft lautete: «Lasst die Öffentlichkeit wissen, dass wir intelligent sind.»

Ève Laperrière, eine Doktorandin im Bereich Ergonomie, die sich ihr Studium mit Kellnern finanziert hatte, war überglücklich, dieser Aufforderung der Gastronomiegewerkschafter nachzukommen. Sie hatte für ihre Masterarbeit eine kleine Studie über Fußschmerzen durchgeführt und war begierig darauf, ihre Forschungen fortzusetzen. Das Québec Institut für Forschung über Gesundheit und Sicherheit am Arbeitsplatz (The Québec Institute for Research on Occupational Health and Safety, IRSST) lieferte Statistiken, die darauf hindeuteten, dass Mitarbeiter in Restaurants häufig von Arbeitsunfällen betroffen waren und sie über zahlreiche Probleme im Stütz- und Bewegungsapparat klagten. Ève sichtete die einschlägige wissenschaftliche und medizinische Literatur und fand nur wenig über die Gesundheit und die Sicherheit von KellnerInnen – lediglich drei Artikel über muskuloskelettale Probleme, also Störungen des Stütz- und Bewegungsapparats, während es zugleich Dutzende Beiträge über die Gesundheitsprobleme von Büroangestellten gab.[81] In einigen wenigen Artikeln wurde angemerkt, dass KellnerInnen bei der Arbeit dem Tabakrauch ausgesetzt waren, aber da seit einigen Jahre das Rauchen in Restaurants und Lokalen in Quebec verboten ist, war dieser Umstand nicht mehr so wichtig.

Viele Arbeitgeber finden die Vorstellung, ein Ergonom könnte zu ihnen kommen und ihre ArbeitnehmerInnen direkt am Arbeitsplatz beobachten, einigermaßen erschreckend. Sie fürchten, jemand könnte die zuständigen Behörden darüber informieren, dass die von ihnen geschaffenen Jobs nicht den geltenden Sicher-

---

81 Patrick G. Dempsey, Alfred J. Filiaggi, "Cross-Sectional Investigation of Task Demands and Musculoskeletal Discomfort among Restaurant Wait Staff," Ergonomics 49 (2006): 93–106; Chyuan Jong-Yu, Chung-Li Du, Wen-Yu Yeh, Chung-Yi Li, "Musculoskeletal Disorders in Hotel Restaurant Workers," Occupational Medicine 54 (2004): 55–57; Hermann Hannerz, Finn Tüchsen, Tage S. Kristensen, "Hospitalizations among Employees in the Danish Hotel and Restaurant Industry," European Journal of Public Health 12 (2002): 192–97.

4. Schlecht bezahlt

heitsstandards entsprechen. Daher schickte die Gewerkschaft Ève zunächst zu dem einen einzigen Unternehmen, wo der Arbeitgeber sein Einverständnis gegeben hatte. Es handelte sich um ein Restaurant der gehobenen Preisklasse, in dem sämtliche Kellner männlich waren. Das Arbeitstempo war geringer als das, was Ève in ihrer eigenen Zeit als Kellnerin in einem weniger gehobenen Ambiente gewohnt war, aber das Gewicht des Geschirrs war dennoch beeindruckend. Ève fand heraus, dass nur das Geschirr, ohne Speisen darin, bereits 7,5 – 30,6 kg pro Bestellung wog. Die Männer bestätigten Èves Beobachtung. Sie erzählten, der Restaurantbesitzer hätte kürzlich neues, wesentlich schwereres Geschirr angeschafft und diese Neuanschaffung hätte ihre Arme, Schultern und Rücken ziemlich in Mitleidenschaft gezogen. Das ähnelte dem Phänomen, das wir bereits beim Reinigungspersonal beobachtet hatten – die Chefs hatten mit einer gedankenlosen Aktion die Arbeitsbedingungen ihrer Kellner verschlechtert. Die Männer mussten außerdem recht viel gehen; Ève stoppte die Zeit und kam auf etwa 8 km pro Abend. Und wieder stellte sich heraus: Der Arbeitsraum und die Arbeitsanweisungen waren nicht mit dem Ziel konzipiert worden, die Anzahl der Schritte zu minimieren – das Restaurant war auf zwei Etagen aufgeteilt, und viele Tische befanden sich weit weg von der Küche. Ève formulierte eine Reihe von Verbesserungsvorschlägen.

Ausgerüstet mit diesen vorläufigen Resultaten und jeder Menge Charme, gelang es Ève, die Erlaubnis auszuverhandeln, zwei familienfreundliche Restaurants zu beobachten, in denen sowohl Männer als auch Frauen beschäftigt waren. Die Verhandlungen hatten sich schwierig gestaltet, da die Versicherungsgesellschaft der jeweiligen Arbeitgeber protestierte. Als wir den Versicherungsagenten und den Arbeitgeber trafen, sprach sich letzterer für die Durchführung der Studie aus, weil er dadurch herauszufinden hoffte, wie er seine Mitarbeiter besser vor Arbeitsunfällen schützen könnte. Der Versicherungsagent hingegen befürchtete, Ève könnte etwas herausfinden, was den bereits verunfallten Kellnern zu höheren Entschädigungen durch die Versicherung verhelfen würde. Er wollte immer wieder wissen, welchen Raster wir verwenden wollten, um die Arbeit zu evaluieren – offenbar fürchtete er sich insbesondere vor einem Raster, der von den Nationalen Instituten für Sicherheit und Gesundheit am Arbeitsplatz in den USA verwendet wurde. Ève erklärte wiederholt, dass wir keine solchen Raster verwendeten und dass wir auch keine Arbeitsevaluierung vornehmen wollten, sondern lediglich daran interessiert seien, die Arbeitsprozesse kennenzulernen und besser zu verstehen. Schließlich erhielt sie die Erlaubnis, ihre Beobachtungen anzustellen.

Sie fand heraus, dass die KellnerInnen in beiden Restaurants zahlreiche nützliche Strategien entwickelt haben. Da sie pro Schicht ca. 20 Kilometer zurücklegen mussten, also viel mehr als in den nobleren Restaurants mit langsamerem Tempo, mussten sie Schritte einsparen. Aus ökonomischen Gründen war die gesamte Fläche für Gästetische reserviert. Es gab keinen Platz, um das Tablett abzustellen, also mussten die Kellner bis zu drei Teller auf jedem Arm balancieren, auf jede erdenkliche Weise. Die Kellner synchronisierten ihre Tätigkeiten, um die Anzahl der Gerichte, die sie gleichzeitig transportierten, auf ein Maximum zu steigern. Wenn sie beispielsweise eine Runde machten, um schmutziges Geschirr einzusammeln, verbanden sie diese Tätigkeit mit dem Nachfragen, ob jemand von den Gästen etwas aus der Küche benötigte, was sie dann auf dem Rückweg gleich mitnehmen könnten. Sie erfanden mit viel Fantasie Möglichkeiten, Kaffeekannen gleichzeitig mit der Milch zu tragen. Sie waren sich dessen bewusst, ihren Körper zu überlasten, aber: «Ich möchte so gerne alles gleichzeitig bringen.» Die Furcht vor Langzeitfolgen blieb daneben bestehen: «Wir werden uns noch ganz krumm und buckelig arbeiten.»

Die körperliche Belastung der Arbeit Gewichte zu tragen, hin und her zu eilen und dazwischen lange Stehzeiten, forderte ih-

4. Schlecht bezahlt

ren Tribut. Die KellnerInnen hatten keinen Platz zum Sitzen, selbst wenn Zeit dafür wäre. Sie sollten an keinem der Gästetische sitzen, weil sich Gäste, die auf Bedienung warten, dadurch beleidigt fühlen könnten. Aber der kognitive Aspekt des Jobs stellte die größte Herausforderung dar. Die KellnerInnen mussten Bestellungen, Bedienung, Kommunikation mit der Küche und Rechnungslegung koordinieren, zugleich mussten sie alle ihre Gäste im Auge behalten, um zu sehen, ob jemand etwas brauchte. Sie mussten aus unentschlossenen Gästen eine Bestellung herausholen und jene Gäste besänftigen, die darauf bestanden, ein Gericht zu bestellen, das nicht auf der Karte stand. Sie mussten im Gedächtnis behalten, wer was bestellt hatte und ob die Bestellung irgendwelche speziellen Details enthielt. Sie mussten sich an Details aus ihren anfänglichen Interaktionen mit den Kunden erinnern, falls die Kunden später darauf zurückkommen sollten. Das Timing stellte ebenfalls ein großes Problem dar. Die KellnerInnen mussten die Nachspeise so ansetzen, dass man zwischen Abendessen und Nachspeise nicht allzulange warten musste, und sie mussten darauf achten, dass sie die Rechnung weder zu früh an den Tisch brachten (der Kunde würde sich sonst zur Eile angetrieben fühlen), noch zu spät (der Kunde ärgert sich und verlässt das Restaurant womöglich ohne zu bezahlen). «Auch nach Schichtende brummt es noch in deinem Kopf», sagte eine Kellnerin.[82]

Erfahrene KellnerInnen waren in der Lage, Probleme und mögliche Verspätungen zu antizipieren. Sie konnten verstehen, was ein Kunde, der sich nicht gut ausdrücken konnte, eigentlich wollte, und sie verstanden sich darauf, Signale wachsender Ungeduld beim Kunden rechtzeitig zu erkennen. Sie waren in der Lage, die

---

82 Ève Laperrière, Karen Messing, Rennée Bourbonnais, "Pour être serveuse, tu as besoin de toute ta tête: Efforts et reconnaissance dans le service de table au Québec," Travailler 23 (2010): 27–58.

Nachspeise genau dann zu servieren, wenn der Kunde bereit war, sie wussten, wie man den Kaffee richtig einschenken musste, sodass keine Kaffeetropfen auf der Untertasse landen würden, wie man den Augenkontakt mit ungeduldigen Klienten meiden konnte, während man ihnen zugleich so schnell wie möglich zur Seite stand. Aber AnfängerInnen mussten zunächst noch lernen, sich mit kleinen Tricks zu merken, dass es der Herr mit dem roten Hemd Ketchup haben wollte, und der Gast mit der blauen Krawatte Wasser, und dass als Nächstes anstand, sich um Wasser/Rechnung/Gewürze/Kaffee und Tee zu kümmern ... Wasser/Rechnung/Gewürze/Kaffee und Tee ... Wasser ...

Und dann gab es noch die emotionalen Herausforderungen: Das Aufheitern deprimierter Gäste, den Umgang mit den Launen des Küchenpersonals, von dem die Qualität des bestellten Essens abhing, man musste einfach immer freundlich bleiben. Hinzu kamen ernsthaftere Vorfälle, die sich von Zeit zu Zeit ereigneten: Der ungeduldige Gast, der ausgerechnet in der Stoßzeit kam und auf sofortige Bedienung bestand, weil er es eilig hatte. Nach dem Essen saß er jedoch noch eine Stunde herum, las seine Zeitung und nahm den Platz anderen potenziellen Kunden weg. Oder der herrschsüchtige Gast, der seine Bestellung abgab, indem er bellte: «He, bei Fuß!». Danach erklärte er dem erstaunten Kellner, er sei Hundetrainer und deshalb daran gewöhnt, dass ihm Gehorsam entgegengebracht wurde. Es gab auch den freundlichen Gast, der sich bei der Kellnerin für ihre tolle Arbeit überschwänglich bedankte und ein Trinkgeld von 10 Dollar in ihre Hand legte, nur um anschließend zuzusehen, wie seine Ehefrau ihr den Schein wieder wegnahm und ihn mit einer 5-Dollar-Note ersetzte.

Die Kellnerinnen erzählten, dass Gäste häufig «eine schöne große Brust» haben wollten oder so etwas sagten wie «Ich hätte gerne ihre Schenkel» (gemeint waren Teile vom Huhn), oder dass sie immer wieder direkten Kommentaren über ihre Körper

4. Schlecht bezahlt

ausgesetzt waren: «Es muss Spaß machen, diese kleinen runden Dinger in den Händen zu halten.» (Geste in Richtung der Brüste der Kellnerin). Aber Ève war überrascht zu hören, dass auch Männer mit sexueller Belästigung und Aggression konfrontiert wurden. «Niemand mag es, am Hintern begrapscht zu werden, auch Männer nicht!», beschwerte sich ein junger Mann.

In der Tat kamen die emotionalen Aspekte zu der kognitiven Arbeit dazu. Der Umgang mit sexualisierten Bemerkungen war faktisch eine weitere nicht anerkannte Kompetenz der Belegschaft. Die KellnerInnen mussten lernen, im Umgang mit den Gästen auf einem feinen Grat zu balancieren: Sie mussten freundlich genug sein, um die Gäste zufriedenzustellen, andererseits mussten sie ausreichend distanziert auftreten, sodass die Gäste respektvoll und höflich blieben. Aber da in Nordamerika ein erheblicher Teil des Einkommens für KellnerInnen durch Trinkgelder erzielt wird (bei mehr als der Hälfte der von Ève untersuchten Restaurants), war es extrem schwierig, diese Balance zu finden. Die KellnerInnen scheuten sich davor, selbst einen groben oder beleidigenden Gast zu vergraulen, denn als Kunde konnte er sich nicht nur beim Chef beschweren, sonder verfügte auch über die Macht, die Höhe der Bezahlung zu beeinflussen.

Ich erfuhr mehr über Trinkgeld, als ich nach Ontario eingeladen wurde, um eine gewerkschaftliche Beratungsstelle zu betreuen, wo man sich um die Gesundheit von Casino-Mitarbeitern kümmerte. Der Gewerkschaftsvorsitzende führte mich herum und gewährte mir die Perspektive der Angestellten. Ich studierte die Vorteile wie auch die Nachteile des Casinos als Arbeitsplatz. Als ich zum ersten Mal hineinging, war ich überwältigt von dem Lärm, dem Tabakrauch, den blinkenden Lichtern und dem beengten Raum. Damals war ich vierundfünfzig Jahre alt, und ich wollte nur hinaus, um einen Spaziergang zu machen. Aber die jungen Leute, die dort als Rezeptionisten, Croupiers, Kellner und Security-Leute arbeiteten, fanden, das Casino sei ein wunderbarer Arbeitsplatz. Rauch und Lärm störten sie nicht, im Gegenteil, sie fanden es aufregend. Sie wären ebenso gespannt wie ihre Kunden, wenn lautes Klingeln und Blitzlichter einen großen Gewinn verkündeten und sie liebten es, die örtliche Prominenz zu erkennen und zuzusehen, wenn sich die Menschen an ihren Glückssträhnen erfreuen. Die älteren Mitarbeiter waren hingegen über die Hektik nicht so erfreut und wegen ein paar VIPs auch nicht aufgeregt. Sie waren da, weil sie relativ gut verdienen konnten und von den Klienten, die um hohe Einsätze spielten, viel Trinkgeld kassierten.

Dann war da noch der intergenerationelle Konflikt wegen der neuen Uniformen. Das Casino hatte vor Kurzem für die Kellnerinnen eine neue Arbeitskleidung anfertigen lassen, die recht tiefe Einblicke ins Dekolleté gewährte. Einige Frauen stellten mit Freude fest, dass ihr Trinkgeld anstieg, im gleichen Maße, in dem ihr Ausschnitt nach unten gerutscht war. Andere, vor allem ältere Frauen fanden die neue Uniform unbequem und demütigend. In der wissenschaftlichen Literatur stieß ich auf Hinweise, die den Eindruck der jüngeren Kellnerinnen bestätigten: Jüngere, blonde Kellnerinnen mit größerem Busen erhalten in der Tat mehr Trinkgeld als ihre älteren, brünetten, weniger gutaussehenden Kolleginnen.[83] Die Gewerkschaft bemühte sich um einen Kompromiss, der es den Beschäftigten erlauben sollte, sich in ihren Uniformen wohlzufühlen.

Die Vorstellung, dass Kellnerinnen für die Schönheit ihrer Brüste remuneriert werden, bereitete mir Unbehagen. Mir wurde klar, dass nicht die Uniformen das Problem waren – sondern das Trink-

---

83 Michael Lynn, "Determinants and Consequences of Female Attractiveness and Sexiness: Realistic Tests with Restaurant Waitresses," Archives of Sex Behavior 38 (2009): 737–45.

4. Schlecht bezahlt

geldsystem selbst. Durch das Trinkgeld verkam die Arbeit einer Angestellten zur Akkordarbeit, indem ein Bonus für eine schnellere «Produktion» geschaffen wurde. Warum sollten Kellnerinnen nicht einen Stundensatz erhalten, so wie jeder andere in einem Dienstleistungsberuf? Als ich jedoch vorschlug, das ganze System infrage zu stellen, protestierten fast alle Mitarbeiter energisch. Ich musste mir selbst in Erinnerung rufen, wie sehr ich mich als Sechzehnjährige über die ersten 25 Cents gefreut habe, die ich auf meinem Tablett vorgefunden hatte. Es hat sich wie eine Geburtstagsüberraschung angefühlt. Damals verdiente ich einen Dollar pro Stunde (und davon wurden auch noch die Kosten für die Reinigung der Uniform abgezogen), daher waren 25 Cent ganz schön viel Geld für mich. Für die Mitarbeiter des Casinos, wie auch für die Kellnerinnen, stellte das Trinkgeld einen wichtigen Anteil ihres Einkommens dar. Außerdem fühlen sich Menschen, deren Originalität, Effizienz und Wissen in ihrer Arbeit häufig unterschätzt werden, durch die Anerkennung, die durch Trinkgeld symbolisiert wird, getröstet. Sie hoffen oft, für eine gute Leistung durch zusätzliches Geld belohnt zu werden. Leider mussten die Kellnerinnen in der Realität feststellen, dass es kaum oder gar keine Relation gab zwischen der Anstrengung, die sie auf sich nahmen, und dem Trinkgeld, das sie dafür erhielten.[84]

Im heutigen Kanada ist das in bar gegebene Trinkgeld noch immer in jenen Branchen verbreitet, wo die Mitarbeiter schlecht entlohnt werden. Damit versucht man Menschen anzuspornen, die das Geld wirklich brauchen, und zugleich die Qualität ihres Service zu beeinflussen. Ärzten, Anwälten oder Buchhaltern geben wir kein Trinkgeld – diese würden das als beleidigend empfinden,

---

84 Ève Laperrière, "Étude du travail de serveuses de restaurant" (Ph.D. diss., Université du Québec à Montréal, 2014).

und vermutlich würden sie sich von ein paar Dollar mehr oder weniger nicht anders verhalten. Außerdem verrechnen sie uns bereits das Honorar, von dem sie denken, dass sie es verdienen – und das ist viel. Trinkgeld ist eine Geste, die von Leuten mit hohem Status ausgeht und an jene mit einem niedrigen Status gerichtet ist. Kunden aus allen sozialen Klassen lieben es, jene Leute belohnen zu können, von denen sie ein gutes Service erhalten haben, ebenso wie Arbeitgeber es mögen, pro Stück zu bezahlen, um auf diese Weise die Produktion zu beschleunigen. Selbst wenn das Trinkgeld keinen realen Einfluss auf die Qualität der Dienstleistung hat, dient es dazu, das soziale Gefälle zwischen KellnerInnen und KundInnen zu unterstreichen.

Um zu entscheiden, ob eine soziale Gesetzgebung an Stelle der Praxis, Trinkgeld zu geben, treten sollte, wäre es gut, wenn Gesundheits- und Sicherheitsexperten den KellnerInnen und ihren Gewerkschaften sagen könnten, ob es einen Zusammenhang gibt, zwischen der Praxis Trinkgeld zu geben und dem schlechten Gesundheitszustand von MitarbeiterInnen in diesen Branchen. Angesichts dessen, dass viele StudentInnen nebenbei als KellnerInnen arbeiten, hatte ich erwartet, in der einschlägigen Literatur zahlreiche Forschungsstudien über die Auswirkungen von Trinkgeld vorzufinden. Aber als ich mich mit der einschlägigen Literatur befasste, fand ich nur wenig mehr als Ève bereits einige Jahre zuvor herausgefunden hatte.[85] Kaum eine Studie befasste sich mit den Gesundheitsrisiken von KellnerInnen, obwohl in einigen Dutzend

---

85 Ich suchte in der Pub Med data base nach «waiter OR waitress OR food server NOT tobacco» im Titel oder nach einem Abstract eines Artikels für den Zeitraum 2000–2010, wobei die Suche auf Erwachsene eingeschränkt war. Ich suchte nach «restaurant work» und «restaurant occupation» mit denselben Einschränkungen. Ich suchte auch in der Datenbank für (food service OR waiter OR restaurant OR waitress) AND occupation AND health für die Jahre 1995–2010, mit den gleichen Einschränkungen.

4. Schlecht bezahlt

größer angelegten (auf die Gesamtbevölkerung bezogenen[86]) Studien gerade KellnerInnen als Hochrisikogruppe eingestuft wurden, im Hinblick auf Krankheiten, die durch Tabakkonsum hervorgerufen wurden (diverse Krebsarten, Erkrankungen der Atemwege, Herzkrankheiten, negative Schwangerschaftsverläufe), Verletzungen am Arbeitsplatz und Mordelikte. In der englischsprachigen Literatur war sehr wenig über die kognitiven, psychologischen oder emotionalen Anforderungen der Gastronomie zu finden, allerdings gab es einen Artikel eines französischen Ergonomen über die kognitiven Anforderungen sowie einen Artikel über Mobbing in der Gastronomie.[87]

Insgesamt vermitteln die meisten wissenschaftlichen Publikationen, dass viele Gesundheitsforscher in der Gastronomie eher eine Risikoquelle für die Öffentlichkeit sehen als eine Branche mit Gesundheitsrisiken für die Arbeitnehmer. Beispielsweise befasst sich der Artikel «Beschäftigte in der Gastronomie profitieren von Maßnahmen für mehr Lebensmittelsicherheit» ausschliesslich mit dem Nutzen für Konsumenten, wenn Gastroangestellte im Bereich der Lebensmittelsicherheit geschult und kontrolliert werden.[88] Darin wird postuliert, «dass Maßnahmen notwendig

---

86 Eine auf der Gesamtbevölkerung beruhende Studie befasst sich nicht mit einer einzelnen Risikogruppe, wie etwa Kellnern, sondern betrachtet eine allgemeinere Gruppe, wie etwa Krebspatienten in Krankenhäusern, um herauszufinden, ob etwa Kellner dabei stärker vertreten sind als andere Berufsgruppen.

87 Béatrice Cahour, Bar bar a Pentim alli, "Conscience périphérique et travail coopér atif d ans un café-restaurant," Activités 2 (2005): 50–75. www.activites.org/v2n1/cahour.pdf; Gro Ellen Mathisen, Ståle Einarsen, Reidar Mykletun, "The Occurrences and Correlates of Bullying and Harassment in the Restaurant Sector," Scandinavian Journal of Psychology 49 (2008): 59–68.

88 Valerie K. York, Laura A. Brannon, Carol W. Shanklin, Kevin R. Roberts, Amber D. Howells, Betsy B. Barrett, "Foodservice Employees Benefit from Interventions Targeting Barriers to Food Safety," Journal of the American Dietetic Association 109 (2009): 1576–81.

waren, um die Einhaltung aller Verhaltens- und Hygieneregeln zu verbessern». Ich konnte in diesem Artikel keinen «Nutzen» für die Beschäftigten in der Gastronomie finden. Ich musste daran denken, als ich auf einer Tagung zum öffentlichen Gesundheitswesen über Kassiererinnen berichtet hatte (siehe vorheriges Kapitel). Nehmen Wissenschafter bei der Untersuchung von Mitarbeitern in der Gastronomie oft eine Kundenperspektive ein, und nicht die als Forscher im Bereich der öffentlichen Gesundheit? Vergessen StudentInnen ihre Erfahrungen als KellnerInnen, sobald sie ihren Doktortitel erhalten haben?

Ich glaube nicht, dass Ève ihre Tage als Kellnerin vergessen wird, aber ich glaube, dass in der Gastronomie alles darauf ausgerichtet ist, dem Kunden zu zeigen, dass er einen höheren Status genießt und mehr Aufmerksamkeit verdient als ein Kellner. Ein wichtiger Teil der Erfahrung im Restaurant scheint das Gefühl zu sein, bedient zu werden, die Illusion, privilegiert zu sein. Aber wenn der Kunde König ist, was genau ist dann der Kellner? Tatsächlich erzählten uns einige Serviererinnen, dass sie ihren Beruf wegen seines geringen Prestiges vor Familienmitgliedern und Bekannten verheimlichten. Eine junge Kellnerin berichtete, wie ein junger Mann einen Onlineflirt abrupt beendete, als er herausfand, wo sie arbeitete. Sie erzählte uns auch, wie ein anderer Kunde ihr Komplimente machte, gefolgt von: «Schade, dass Sie nur eine Kellnerin sind». Sogar langjährige Kellner betrachten ihre Arbeit nur als Übergangsphase. Umso weniger sind sie bereit, für bessere Arbeitsbedingungen Kampfmaßnahmen zu ergreifen.

Ich befürchte, die meisten Arbeitgeber, Kunden und Wissenschafter leiden unter Empathiemangel und sind daher nicht in der Lage, Verständnis zu entwickeln für die kognitiven und emotionalen Leistungen dieser Gruppe oder für die Schwierigkeiten, mit denen sie zu kämpfen hat. Hinzu kommt, dass bei weiblichen Bediensteten eine zusätzliche Distanz und vielleicht auch Unbehagen hinzukommt, die von den zweideutigen sexuellen Assoziationen dieses Berufsstandes herrührt. Das Bild einer Frau, die einem Mann eine Mahlzeit serviert, kann den Mann ihre berufliche Rolle vergessen lassen, insbesondere wenn sie sich mit einem großzügigen Dekolleté über ihn beugt.

Die Praxis des Trinkgeldes mag an sich nicht dazu führen, dass das Personal als Sexobjekt betrachtet wird, aber einige Gäste, männlich und weiblich, fühlen sich durch das Trinkgeld berechtigt, ihre sexuellen Fantasien auszuleben. Darin können sie besonders durch das bewusst von Arbeitgebern geschaffene Ambiente ermutigt werden, wenn nämlich Kellner explizit als Sexobjekte dargestellt werden. Für ein paar Dollar mehr fühlen sich einige Kunden berechtigt, um emotionale Unterstützung zu bitten, zu flirten und sogar noch weiter zu gehen und einer Kellnerin in den Hintern zu zwicken oder ihre Schultern zu streicheln, in einer Situation, in der es für die Kellnerin schwierig ist, Einwände zu erheben. Der bereits erwähnte Empathiemangel, hindert die Kunden und Arbeitgeber daran zu erkennen oder sich darum zu kümmern, wie unangenehm ihr Verhalten für die Bediensteten ist.

Zum Zeitpunkt der Entstehung des vorliegenden Textes lässt sich über die Auswirkungen von Èves Studie noch nichts sagen. Sie unterbrach ihr Doktoratsstudium, um zwei Kinder zu bekommen, und hat gerade erst ihre Doktorarbeit beendet. Wie so oft ist das Gewerkschaftspersonal, das die Studie initiiert hat, inzwischen nicht mehr damit befasst, und die aktive und dynamische Kellnerin, die uns am meisten geholfen hat, hat ihren Arbeitsplatz für eine prestigeträchtigere Tätigkeit im Management verlassen. Eines der Probleme bei wissenschaftlichen Untersuchungen, die in Zusammenarbeit mit dem Personal durchgeführt werden, besteht darin, dass sich Arbeitsbedingungen ständig verändern – wenn die Wissenschafter ihre Analysen durchgeführt haben, sind die Ergebnisse möglicherweise gar nicht mehr relevant.

Einige Probleme von KellnerInnen können durch ergonomische Standardverfahren gemildert werden, etwa durch die Berücksichtigung des Gewichts von Gegenständen und der Geographie der Räume, durch die Bereitstellung von Hebehilfen und die Nutzung des Fachwissens erfahrener Angestellten zur Schulung von Neulingen. Viele der Schwierigkeiten ergeben sich jedoch aus dem Empathiemangel der Arbeitgeber und der Kunden für das Personal. Es ist schwer, eine Lösung für die Tatsache zu finden, dass es dem Arbeitgeber oder Kunden egal ist, ob der/die KellnerIn nach Dienstende nach Hause geht und dort Tränen vergießt.

5. Unsichtbare Teamarbeit

> *Am Montag werde ich ganz allein sein!*
> Ein Bankangestellter mit dem Blick auf den
> Arbeitsplan für die nächste Woche

Ana María Seifert arbeitet seit 1978 mit mir zusammen. Damals war sie noch im Bachelorstudium und ich schätzte ihre wissenschaftliche und praktische Begabung bereits sehr. Hin und wieder sind ihre Talente aber wie ein zweischneidiges Schwert. Etwa damals, ein paar Jahre nach unserer gemeinsamen Studie über die Arbeitsbedingungen von Krankenhaustechnikern, als mein Arzt meine jährlichen Blut- und Urinproben anordnete. Ich ging ins Krankenhauslabor, wo mich das Personal herzlich begrüßte, das sich noch von der Studie her an mich erinnern konnte. Die Mitarbeiter drängten sich um mich und erzählten mir von den neuesten Entwicklungen in ihrem Dienst. Aber etwas stimmte nicht ganz. Sie warfen immer wieder Blicke hinter mich. Schließlich platzte es aus einem von ihnen heraus: «Wo ist Ana María?» Alle wollten wissen, wie es ihr geht und wann sie wieder zu Besuch kommen würde. Das passiert mir oft. Die Bankangestellten, die Lehrer und die Krankenhausmitarbeiter freuen sich alle, mich wiederzusehen, aber alle suchen mit ihren Blicken nach Ana María.

Das ist leicht zu verstehen. Ana María ist warmherzig und unendlich interessiert an Menschen. Es fasziniert sie, ihnen zuzuhören, und sie kann mühelos erkennen, was die Menschen bewegt. Sie war es zum Beispiel, die mich darauf aufmerksam gemacht hat, dass die Bankangestellten Bilder und Zeichnungen von ihren Kindern an ihren Schaltern anbrachten. Sie erklärte mir, dass Menschen, die täglich Hunderte von Kunden sehen, für die sie eine oft feindselige Institution darstellen, sich immer wieder ins Gedächtnis rufen müssen, dass sie selbst auch Menschen sind. Und Ana María gab mir zu verstehen, dass es entscheidend sei, dass die Bankkassierer und andere Bankangestellte einen fest zugewiesenen Arbeitsplatz haben und nicht von einem Schalter zum anderen wechseln müssen, sodass sie ihren jeweiligen eigenen Platz mit persönlichen Gegenständen markieren können.

Ihre Studie über Hotelangestellte führte Ana María ebenfalls in ihrem eigenen Stil durch. Als sie zum ersten Mal in einem Hotel forschte, waren die Zimmerreinigungskräfte misstrauisch. Sie stammten alle aus verschiedensten Ländern, und nationale Gruppen hatten sich im Wettbewerb mit anderen verbündet – sie konkurrierten um mehr Arbeitsstunden und einfachere Reinigungswege. Ana María war in Bolivien geboren, und einige Zimmermädchen aus anderen Herkunftsländern waren besorgt, dass Ana María gegen sie Partei ergreifen könnte. Sie wollten nicht, dass ihre Arbeit beobachtet wurde, aus Angst, dass Ana María die Abkürzungen, die sie nahmen, und ihre anderen zeitsparenden Tricks dem Management melden würde oder an KollegInnen, die solche Dinge verraten könnten.

Schließlich wandte Ana María eine Technik an, die aus wissenschaftlicher Sicht absolut unzulässig war: Sie half bei der Reinigung der Räume. Anstatt lediglich zu beobachten, packte sie mit an. Obwohl sie nur aushalf, wenn jemand ein Problem hatte oder sich gerade nicht wohl fühlte, wurde sie allein aufgrund der Tatsache, dass sie mit anpackte, akzeptiert. Sie sagt, das Wichtigste sei nicht gewesen, dass sie die konkrete Arbeit erleichtert habe, sondern dass sie dadurch mit den MitarbeiterInnen auf Augenhöhe kam. Sie bat um Rat, wie die Arbeit zu erledigen sei, und hörte sich die Antworten an. Sie schloss Freundschaften mit mehreren Mitarbeitern, und mit einigen von ihnen hat sie noch immer Kontakt.

Gleichzeitig konnte sie aufgrund ihrer gründlichen Kenntnis der Arbeit viele Verbesserungsvorschläge unterbreiten. Zum Beispiel

5. Unsichtbare Teamarbeit

wies sie das Management darauf hin, dass es viel länger dauerte, ein Zimmer zu reinigen, wenn ein neuer Gast einzog, als wenn die gleichen Personen im Zimmer blieben, weil das Zimmer auf einem höheren Standard gereinigt werden musste und mehr Gegenstände erneuert, gewaschen und gewechselt werden mussten.[89] Es dauerte länger, Zimmer auf verschiedenen Etagen zu reinigen als Zimmer auf derselben Etage, weil es Zeit kostete, hin und her zu gehen. Ana María schlug vor, solche Abweichungen bei der Zuweisung der Arbeitslasten zu berücksichtigen. Sie schlug auch vor, dass das Management gewisse Praktiken überdenken sollte, etwa Kunden mit kleinen Kindern kostenlose Puzzles mit Dutzenden von winzigen Teilen anzubieten oder unzählige kleine Flaschen mit Cremes und Lotionen ans Badezimmerwaschbecken zu stellen. Ana María erkannte die komplizierte Beziehung zwischen den Zimmermädchen und den jungen Männern, die sich um die Hotelböden kümmerten. Die Frauen waren auf frische Wäsche angewiesen, die von den Etagenarbeitern geliefert werden musste, und ihr Verhältnis zu den Männern konnte bestimmen, wie lange das Zimmermädchen jeweils warten musste. Ana Marías Empfehlungen führten schließlich dazu, dass die Anzahl der Arbeiter pro Zimmer in den Hotels in Quebec erhöht wurde. Damit wurde der weltweiten Tendenz zur Steigerung des Arbeitspensums entgegengewirkt.

Da Ana María so ausgesprochen gut zuhören konnte, zählte ihr profundes Verständnis von Teamarbeit zu ihren wichtigsten intellektuellen Beitrag. Schon im Zuge unserer ersten Studie in der Phosphatraffinerie erkannte sie sehr schnell, wie die Arbeiter interagierten und wie sie ihre Arbeit aufteilten und organisierten. Zwanzig Jahre später zeigte sie uns im Hotel, wie die Teammit-

---

89 Ana María Seifert, Karen Messing, "Cleaning Up After Globalization: An Ergonomic Analysis of Work Activity of Hotel Cleaners," Antipode 38 (2006): 557–77.

glieder Reserven bildeten, um Spitzenbelastungen im Arbeitsaufkommen abzufangen. Wenn jemand ein überraschend schmutziges Zimmer übernehmen musste und dadurch zeitlich ins Hintertreffen geriet, dann halfen die Kolleginnen aus. Wenn sich ein Zimmermädchen krank oder müde fühlte, kam eine Freundin mit ins Zimmer und machte die Betten.

Dieser Blickwinkel ist für Gewerkschaften wichtig als auch für die Arbeitgeber, und der größte Teil der Forschung, die Ana María und ich gemeinsam betrieben haben, stammt aus der Partnerschaft l'Invisible qui fait mal (The Invisible that Hurts) zwischen der Gewerkschaft und den Universitäten, die aus dem 1990 von Donna Mergler und mir gegründeten Forschungszentrum CINBIOSE hervorgegangen ist. Die Partnerschaft begann offiziell 1992, nachdem ich einen Anruf von Sylvie de Grosbois, damals Koordinatorin beim Service aux collectivités (heute Leiterin dieses Dienstes), erhalten hatte. Sie hatte gehört, dass ein neues Zuschussprogramm gestartet wurde, in dessen Rahmen Communityorganisationen Forschungsgelder erhalten konnten. Die Gelder würden vom Gesundheitsministerium von Québec kommen, dessen Interesse sich darauf konzentrierte, medizinische Forscher in Bereichen arbeiten zu lassen, die für Krankenhäuser und Gesundheitsdienstleister von Interesse waren. Aber Sylvie war der Meinung, dass die Gewerkschaften aufgrund ihrer Arbeit zur Förderung von Gesundheit und Sicherheit am Arbeitsplatz als Organisationen im Gesundheitswesen anerkannt werden könnten. Sogar in den Ausschüssen waren einige Basisgruppen vertreten, die darüber entschieden, wer finanziert werden sollte. Wir arbeiteten bereits mit zwei Gewerkschaftsverbänden zusammen, dem CSN und dem FTQ[90], also

---

90 Fédération des travailleurs et travailleuses du Québec (Quebec Federation of Labour).

5. Unsichtbare Teamarbeit

schlug Sylvie vor, dass wir uns bei ihnen und bei einer weiteren Gewerkschaft, dem CEQ, bewerben sollten.[91] Die Regeln sahen eine gleiche Anzahl von Gemeindevertretern und Wissenschaftern vor, also versammelten wir die Leiter der Frauenausschüsse und der Arbeitsschutzausschüsse der drei Gewerkschaften sowie sechs Forscher aus den Bereichen Biologie, Ergonomie, Soziologie und Recht.

Die ersten Treffen waren laut und unorganisiert, da wir versuchten, uns auf eine Strategie und einen Inhalt zu einigen. Sylvie und ich bemühten uns, den Gewerkschaftsmitglieder die Notwendigkeit von Forschung klar zu machen, was anfangs nicht ganz einfach war für Leute, deren tägliche Arbeit eher Aktion als Theorie beinhaltete. Auch innerhalb ein und derselben Gewerkschaft war das zumeist männliche Gesundheits- und Sicherheitspersonal nicht daran gewöhnt, mit dem Team für Frauenangelegenheit, das auch ausschließlich aus Frauen bestand, zusammenzuarbeiten. Die Expertinnen für Frauenfragen kannten wiederum die Gesundheits- und Sicherheitsgesetzgebung nicht und waren mit den Berufsrisiken nicht vertraut. Die Männer für Gesundheit und Sicherheit waren es gewohnt, mit Arbeitsunfällen umzugehen, und nicht mit unsichtbaren Gefahren, und sie waren nicht immer gerade feministisch.

Der eine oder andere Projektpartner war eine ziemlich harte Nuss. Carole Gingras zum Beispiel, Vertreterin der Gewerkschaft, äußerte sich besonders kritisch. Als Perfektionistin begann sie jedes Treffen mit den Worten: «Ich finde diese Version wirklich enttäuschend». Sie ging den Projektvorschlag immer wieder durch und korrigierte die Forschungsperspektive, den vorgeschlagenen

---

91 Centrale de l'enseignement du Québec, nunmehr CSQ (Centrale des syndicats du Québec).

Zeitplan, die Sprache und die Methode. Wir versuchten dann erneut, den Projektvorschlag auf die Bedürfnisse aller Gewerkschaften abzustimmen. Wir kamen richtig ins Schwitzen, um exakt zu beschreiben, was die Gewerkschaften wissen wollten und wie wir es herausfinden könnten. Nach stundenlanger Diskussion wurde uns klar, dass Carole, als auch die anderen, tatsächlich voll und ganz dem Erfolg des Projekts verpflichtet war.

Als die Gewerkschaftsvertreter schließlich zufrieden waren, waren wir alle sehr zufrieden. Jede Gewerkschaft schlug ein Projekt in einer Branche vor, die im Normalfall durch Frauenarbeit gekennzeichnet ist. Die FTQ wollte, dass wir Bankangestellte, die CSQ Volksschullehrerinnen und die CSN Büroangestellte untersuchen. Sie wollten, dass die Ergonomen zusammenarbeiten, um die Gefahren in diesen Berufen zu erkennen. Außerdem wollten alle drei Gewerkschaften, dass die Rechtsexperten sich mit den Schwierigkeiten auseinandersetzten, mit denen Menschen zu kämpfen hatten, wenn sie versuchten, eine Entschädigung für Gesundheitsschäden an Arbeitsplätzen zu erhalten, wo keine sichtbaren, dramatischen Gefahren bestanden, etwa durch einen Sturz von einem Baugerüst oder durch eine Explosion. Daher der Projektname l'Invisible qui fait mal.

Zum ersten Mal in meinem Berufsleben hatte ich Forschungsgelder für eine Studie beantragt, die genau jene Forschung beinhaltete, die ich machen wollte – eine Studie, die auf die Verbesserung der realen Arbeitsbedingungen ausgerichtet war. Wir alle hatten ein gutes Gefühl bei der Bewerbung, und wir sollten Recht behalten. 1993 erhielten wir einen Anruf von Sylvie: Wir hatten den Jackpot geknackt: 361.773 Dollar für zwei Jahre. Die Gewerkschaften arbeiteten gerne mit uns zusammen und entwickelten neue Ideen für Projekte, und wir wurden angeregt, über ergonomische Bereiche nachzudenken, die für viele Menschen neu waren. Für die nächsten 16 Jahre erhielten wir durchschnittlich etwa 200.000 Dollar

5. Unsichtbare Teamarbeit

pro Jahr aus dieser Quelle; ich bekam sogar ein Sonderstipendium, um mir zwei Jahre frei zu nehmen und Bücher zu schreiben, die unsere Forschungsergebnisse zusammenfassten. Eines dieser Bücher behandelt die Integration von Gender in die ergonomische Analyse. Es wurde in sechs Sprachen übersetzt und zur Schulung von Arbeitsinspektoren in Griechenland und Portugal eingesetzt.[92] Wir wurden gebeten, für die Vereinten Nationen ein Informationsblatt und eine Broschüre über Gender und Gesundheit am Arbeitsplatz zu verfassen.[93] Das Team mit dem Schwerpunkt Arbeitsrecht wurde von Katherine Lippel geleitet. Durch die Studien erhielt sie eine Forschungsprofessur und viele Auszeichnungen, die Resultate führten außerdem zu neuen Gesetzen und verbesserten Verfahren für die Schulung von Personal im Bereich Gesundheit und Sicherheit.

Durch dieses Programm konnten viele der Forschungsprojekte finanziert werden, die in diesem Buch besprochenen werden, und dadurch erfuhren wir alles über die unsichtbare Teamarbeit an vielen Arbeitsplätzen. Die erste Studie, die wir mit dem Gewerkschaftsbund FTQ durchgeführt hatten, erfolgte auf Antrag der Gewerkschaft der Bankangestellten. Der Beruf des Bankkassierers war einem raschen Wandel unterworfen, und nicht alle Veränderungen waren gut. Anfang 1995 setzten wir uns mit einer Gruppe von Kassierern zusammen, um ihre Sicht der Probleme zu erfahren. Zunächst schilderten sie, was zu erwarten war: Ihre Angst vor Raubüberfällen, da die Räuber in der Regel an einem Kassenschalter auftauchten. Sie fürchteten vor allem «laute» Raubüberfälle, bei

---

[92] Karen Messing, Piroska Ostlin, *Gender Equality, Work and Health: A Review oft he Evidence* (Geneva: World Health Organization, 2006). www.who.int/gender/documents/

[93] Karen Messing, ed., *Integrating Gender in Ergonomic Analysis* (Brussels: European Trade Union Institute, 1999).

denen der Räuber herumschrie oder sie bedrohte, aber im Grunde waren sie von sämtlichen Raubüberfällen potenziell betroffen. Eine Angestellte war bei insgesamt 42 Banküberfällen im Dienst, wodurch sie zunehmend nervös wurde und schließlich ihren Posten als Kassiererin aufgeben musste.

Die Auswirkungen auf die Nerven waren schlimmer als die Überfälle selbst. Während ich «Danielle» beobachtete, eine Kassiererin in einer Filiale, in der am Tag zuvor ein Raubüberfall stattgefunden hatte, keuchte sie plötzlich und duckte sich hinter den Schalter. Danielle erzählte mir später, dass «die Art und Weise, wie der Kunde seine Hände auf den Schalter legte», sie an eine Bewegung des Räubers vom Vortag erinnerte, als er ihr einen Zettel mit seiner Geldaufforderung zusteckte. Ich fragte, ob sie nach diesem Erlebnis eine psychologische Beratung in Anspruch genommen habe, und sie sagte, sie bräuchte keine solche Beratung, schliesslich sei der Raubüberfall ja erfolglos verlaufen und der Räuber festgenommen worden. Aber ganz offensichtlich war sie immer noch in Panik. Unsere Studie über Bankangestellte zeigte, dass nur 8% der betroffenen Angestellten nach einem Raubüberfall freigestellt worden waren.[94]

Eine andere Kassiererin schilderte ein albtraumhaftes Erlebnis, bei dem sie gezwungen wurde, sich auf den Boden zu legen, und der Räuber auf ihren Bauch trat. Sie war zu diesem Zeitpunkt schwanger und dieses Erlebnis hat sie noch Jahre später verfolgt. Die Bank hatte ihr eine Beratung durch eine professionelle Agentur angeboten. Ihre KollegInnen und sie zögerten jedoch, dieses Angebot in Anspruch zu nehmen, weil sie befürchteten, dass die Bank

---

94 Ana María Seifert, Karen Messing, Lucie Dumais, "Star Wars and Strategic Defense Initiatives: Work Activity and Health Symptoms of Unionized Bank Tellers During Work Reorganization," International Journal of Health Services 27 (1997): 455–77.

5. Unsichtbare Teamarbeit

die Inhalte der Beratungsgespräche während eventueller Entschädigungsverfahren gegen sie verwenden könnte. Sie trauten der Agentur nicht zu, mit den Gesprächsinhalten diskret umzugehen, da der Arbeitgeber die Rechnung bezahlte. Aber sie hatten Vertrauen zueinander und konnten sich aufeinander verlassen, um den Stress abzubauen. Danielle erklärte mir, dass sie auf bedrohlich aussehende Kunden weniger panisch reagiert, wenn ihr gewohnter Kollege neben ihr steht. Wenn sie neben diesem anderen erfahrenen Kassier arbeitet, konnte sich Danielle darauf verlassen, dass er wachsam war, Anzeichen von Schwierigkeiten erkannte und gegebenenfalls Maßnahmen ergriff. Aber aufgrund der Art und Weise, wie die Dienstpläne aufgestellt wurden, wurden ihr häufig unbekannte BankkollegInnen an die Seite gestellt, in die sie noch kein Vertrauen hatte.

Abgesehen von den Überfällen gab es noch andere Quellen von Stress. Die Bankangestellten schilderten, dass sie sich in ihrer neuen Rolle bei der Vermarktung von Bankdienstleistungen nicht wohlfühlten. Sie waren an ihre Aufgabe als Kassiere gewöhnt, bei der sie Geld entgegennahmen und auszahlten, aber diese Tätigkeiten waren mit der Zeit größtenteils von Geldautomaten übernommen worden, wodurch die Arbeit der Angestellten überflüssig geworden war. Nun wurden die Bankangestellten zu Verkäufern umgeschult. Sie mussten Kreditkarten, Hypotheken und Autokredite verkaufen. Zwar schreckten einige vor dieser Veränderungen zurück, andere entdeckten aber ihr Verkaufstalent und freuten sich über den intensiveren Kundenkontakt. Aber die einhellige Meinung war, dass der Arbeitgeber es ihnen nicht leicht gemacht habe. Einige Supervisor bestanden darauf, dass die täglichen Verkaufsquoten sogar am ersten Tag des Monats eingehalten werden, wenn es sich bei den Kunden größtenteils um Sozialhilfeempfänger und PensionistInnen handelte, die ihre Schecks einlösen. Die Bankangestellten waren verlegen und verärgert darüber, dass sie diesen Leuten Kreditkarten aufschwatzen sollten, obwohl sie wussten, dass Kreditkarten möglicherweise nicht das beste Produkt für sie sind. Eine Bankkassiererin war darüber hinaus verzweifelt, dass sie Sozialhilfeschecks mehrere Tage «zurückstellen» musste, selbst wenn kein Zweifel daran bestand, dass die Schecks der Regierung eingelöst werden würden. Die Vorgesetzten mussten ja auch nicht hören, wenn ein Kunde um die Auszahlung von ein paar Dollar bettelte, damit er seinem Kind ein Geburtstagsgeschenk kaufen kann.

Ana María ging zu den Bankfilialen und verbrachte viel Zeit damit, die Angestellten am Schalter zu beobachten. So erfuhr sie von einem «Stern»-System, das eine Kassiererin besonders unglücklich machte: Der Verkauf einer Kreditkarte, einer Hypothek oder eines anderen Produkts brachte ihr Sterne auf einer Karte ein. Die angesammelten Sterne konnten für Reisen oder andere Benefits eingelöst werden. Einige Angestellte gaben alles, um in diesem Rennen die Nase vorn zu behalten. Eine Kassiererin war sogar dafür gerügt worden, dass sie Sterne «gestohlen» hatte, indem sie die Verkäufe anderer Kassiererinnen in ihre eigenen Unterlagen eintrug. Den meisten im Team war dieser Wettbewerbsgeist nicht ganz geheuer. Tatsächlich hatte eine sympathische Kassiererin, die sehr gut gearbeitet hatte, sich geweigert an dem Abendessen in einem netten Restaurant, das für die erfolgreichsten Verkäufer der Stadt veranstaltet wurde, teilzunehmen. Sie sagte, ihre Verkäufe seien ein Resultat der Teamarbeit, und sie ärgerte sich darüber, dass die Bank ausgerechnet sie auserkoren hatte, um sie mit Lob zu überschütten. Sie wollte nicht das Gefühl haben, von ihren Kollegen zu profitieren, ohne dass diese ebenfalls einen Vorteil davon hatten.

Zwar konnten einige Kassiererinnen und Kassierer die Bankprodukte leichter verkaufen als andere, aber es war durchaus zutreffend, dass der Verkauf eine Teamleistung war. Ein Kunde kam zu einem Kassenschalter, um seine Hypothek zu bezahlen, und die

5. Unsichtbare Teamarbeit

Bankangestellte schlug ihm dabei vor, sich eine Kreditkarte zuzulegen. Der Kunde akzeptiert vielleicht nicht sofort, sondern erst nach reiflichen Überlegungen. Nachdem er seine Entscheidung getroffen hatte, kam er wieder in die Bank, und dann standen die Chancen gut, dass er seinen Wunsch nunmehr einer anderen Bankangestellten mitteilen würde. Wer sollte aber nun den Stern erhalten?

In der Regel können ArbeiterInnen an solchen Anreizsystemen, die mit dem im Kapitel zuvor besprochenen Trinkgeld vergleichbar sind, nichts Schlechtes erkennen. Aber die ergonomische Analyse hat uns gelehrt, zu untersuchen, wie Teams funktionieren. Ein Phänomen, das jeder Bankkunde wahrscheinlich schon erlebt hat, ist der Schwarm: Wenn ein Kunde einen Kassierer bittet, etwas Ungewöhnliches zu tun (Fremdwährung einzahlen, Geld an eine andere Filiale überweisen, Reiseschecks kaufen), bildet sich schnell eine Gruppe von Kassierern, die gemeinsam am Problem arbeitet. In der Bank, in der Ana María und ich unsere Beobachtungen machten, wurde der Schwarm durch allzu komplexe Verfahren verursacht. Zu dieser Zeit (Mitte der 1990er-Jahre) verfügte jede Bankfiliale über ein Notizbuch mit losen Blättern, in dem alle Verfahren für jede Operation ausgedruckt gesammelt wurden. Jede Woche kamen neue Seiten dazu, und jede Kassiererin musste sie mit ihrem Zeichen paraphieren, um zu zeigen, dass sie sie gelesen hatte und für den Inhalt zur Rechenschaft gezogen werden konnte. Aber das war eine unmögliche Aufgabe, zumal immer mehr Teilzeitkassierer eingestellt wurden. Die Bankangestellten spezialisierten sich also informell. Der eine wusste alles über Hypotheken, die andere über Fremdwährungen und wieder ein anderer über Interbanküberweisungen. Je älter eine Kassiererin war, desto mehr Prozeduren hatte sie gemeistert und desto mehr Zeit verbrachte sie abseits ihres Schalters damit, anderen Kassierern zu helfen. (Das System scheint immer noch zu funktionieren. Kürzlich musste ich einen US-Scheck einlösen; obwohl der Kassierer nun die Vorgänge im Computer und nicht mehr in einem Notizbuch nachschlagen musste, bildete sich ein Schwarm). Die einzelne Kassiererin war also für ihren Erfolg von der Mannschaft abhängig, und die Praxis, Sterne zu vergeben, schwächte in Wirklichkeit das Team und schadete der Bank.

Häufig wissen die Arbeitgeber nichts von der Teamarbeit, die sich die Arbeitskollegen ausgedacht haben, und sie können sie sogar unbeabsichtigt durcheinander bringen. Das liegt zum Teil daran, dass so manche Teamarbeit unrechtmäßig ist. Die Bankkassierer, die das Notizbuch jede Woche unterschreiben mussten, konnten dem Vorgesetzten nicht sagen, dass sie die Verantwortung für die Kenntnis der Verfahren unter sich aufgeteilt hatten. Von einem ähnlichen Fall hörten wir bei einer Studie über städtische Angestellte von einem Reinigungsteam, das nachts arbeitete. Nachts war der Chef nicht da, und so sprangen die Putzkräfte viele Nächte für einen Teamkollegen ein, dessen Frau im Sterben lag, weil sie Krebs hatte. Der Arbeitgeber hatte keinerlei Kenntnis davon.

Der Bankfilialleiter wusste vielleicht noch nicht, was für eine schlechte Idee es war, sechs Neueinstellungen und nur eine leitende Angestellte für den Montag einzuplanen (siehe das Zitat am Anfang dieses Kapitels). Aber die leitende Angestellte sah sofort, als sie auf den Dienstplan schaute, dass sie belagert werden und es stressig wird. Tatsächlich wurde eine erfahrene Bankangestellte, die wir beobachteten, mehr als 15 Mal pro Stunde unterbrochen, wenn sie mit weniger erfahrenen Kollegen arbeitete.[95]

Wenn Arbeitnehmer ständig hin und hergeschoben werden, kann sich keine Teamarbeit entwickeln. Etwa 40% der weibli-

---

95 Ana María Seifert, Karen Messing, Lucie Dumais, "Star Wars and Strategic Defense Initiatives."

5. Unsichtbare Teamarbeit

chen und 34% der männlichen Arbeitnehmer in Kanada werden heute in «atypischen» Arbeitsverhältnissen eingestellt, d.h. in Arbeitsverhältnissen, die außerhalb der «üblichen» Zeiträume von Montag bis Freitag von 8.00 bis 17.00 Uhr und/oder außerhalb des Rahmens unbefristeter Arbeitsverträge ausgeführt werden.[96] Die wachsende Zahl «atypischer» Arbeitnehmer beeinträchtigt die Fähigkeit aller Arbeitnehmer, in Teams zusammenzuarbeiten, da selbst reguläre Arbeitnehmer unbefristete Verträge haben und mit Leiharbeitern und Gelegenheitsarbeitern zusammenarbeiten müssen.

Wir untersuchten die informelle Teamarbeit genauer, als wir uns die Pflegerinnen und Pfleger in einem Pflegeheim anschauten, um zu verstehen, wie sie körperliche Aufgaben wie das Heben von Patienten erledigten.[97] Unser Interesse kam daher, dass die Pflegerinnen und Pfleger die höchste Rate an entschädigten Arbeitsunfällen aller Gesundheitsberufe in Quebec hatten – jedes Jahr hatten 20% der Pflegerinnen und Pfleger einen Arbeitsunfall. Wir beobachteten insgesamt 30 Pfleger 61 Stunden lang.

Während dieser 61 Stunden kommunizierten die anwesenden Pfleger etwa alle sieben Minuten miteinander. «OK, ich hole einen Sessel.» «Brauchen Sie Hilfe?» Knapp die Hälfte der körperlich anstrengenden Aufgaben wurden von den Betreuern gemeinsam erledigt. Tatsächlich war Teamarbeit wichtig, um die Pfleger vor Verletzungen zu schützen, und das gemeinsame Heben von Patienten wurde auch in den Gesundheits- und Sicherheitskursen, die

---

96 Cynthia J. Cranford, Leah F. Vosko, Nancy Zukewich, "The Gender of Precarious Employment in Canada," Relations Industrielles/Industrial Relations 58 (2003): 454–82.

97 Karen Messing, Diane Elabidi, "Desegregation and Occupational Health: How Male and Female Hospital Attendants Collaborate on Work Tasks Requiring Physical Effort," Policy and Practice in Health and Safety 1 (2003): 83–103.

alle absolvieren mussten, ausdrücklich empfohlen. Je schwieriger die Aufgabe, desto wahrscheinlicher war es, dass sie aufgeteilt wurde. Eine Betreuerin, die mit ihren Patienten fertig war, bot oft an, einer anderen Person zu helfen. Wenn die Pfleger anderweitig beschäftigt waren, konnten sie sich nicht die Zeit nehmen, den Austausch zu organisieren.

Wie die Bankkassiererinnen und Bankkassierer nahmen die Pflegerinnen und Pfleger die Bewegungen der anderen sehr bewusst wahr, selbst wenn sie diese nicht sehen konnten. Ich hörte, wie sich die Anwesenden über die Fortschritte ihrer Kollegen äußerten, da sie hören konnten, wie weit sie in ihrem Arbeitspensum gekommen waren. «Sie hat bestimmt Ärger mit Madame X», hieß es beispielsweise. Einmal beobachtete ich eine Pflegerin, die einen Patienten anzog, der Schmerzen hatte, als ein anderer Pfleger unerwartet und mit Höchstgeschwindigkeit in den Raum donnerte. Von seiner Position am Ende des Ganges aus hatte er den Patienten schreien gehört und befürchtet, dass sein Kollege angegriffen worden war.

Der Arbeitgeber zog aus der Tatsache, dass sich die Pfleger gegenseitig halfen, allerdings keinen Nutzen. Gewöhnlich wurde einem Pfleger ein Block von aneinandergrenzenden Zwei-Patienten-Zimmern zugewiesen, während die Kollegen anderen Zimmerblöcken zugewiesen wurden. Die Ergonomiestudentin Julie Lavoie fand jedoch heraus, dass Hebeaufgaben dreimal so oft geteilt werden konnten, wenn zwei Pflegekräfte den Patienten im selben Raum zugewiesen wurden, als wenn die beiden diversen Patienten in getrennten Räumen zugewiesen waren.

Es war auch sehr hilfreich, wenn Leute, die miteinander arbeiten, die Gelegenheit bekommen, sich kennenzulernen. Ein Rettungsfahrer erzählte mir die folgende Geschichte: Als zum ersten Mal Frauen als Rettungsfahrerinnen angeheuert wurden, gelangten die Männer zunächst zu der Überzeugung, die Frauen seien

5. Unsichtbare Teamarbeit

inkompetent, weil es immer wieder vorkam, dass in gemischten Teams Patienten zu Boden fielen. In Wirklichkeit handelte es sich um ein Problem der Teamarbeit. Wenn die Männer versuchten, einen schweren Patienten aufzuheben gemeinsam mit einer Helferin, die sie noch nicht kannten, fanden sie es schwierig, ihre Bewegungen zu synchronisieren. Sie mussten sich zunächst auf Signale einigen, die anzeigen würden, dass nun die Hebebewegung startet, und sie mussten darüber hinaus Wege finden, um die Unterschiede in Körpergröße und Muskelkraft zu kompensieren. Wenn eine kleine Person und eine hochgewachsene Person miteinander einen Patienten in Hüfthöhe heben sollten, an wessen Hüfthöhe würden sie sich dann orientieren? Wenn ein schwächerer Mitarbeiter für das Heben zwei Bewegungen benötigt (vom Boden in Kniehöhe ... von Kniehöhe auf Hüfthöhe), während die andere Person dafür lediglich eine Bewegung braucht, dann wird der Patient höchstwahrscheinlich auf dem Boden landen. Die Männer und die Frauen brauchten Zeit, um zu lernen, miteinander zu arbeiten, insbesondere da es so wenige Frauen gab. Daher ist es sehr wichtig, stabile Teams zu bilden, in denen die Mitglieder die Möglichkeit haben herauszufinden, wie die jeweils andere Seite arbeitet.

Untypische Dienstpläne sind besonders schlecht für Teambildung. Früher hatten die Menschen reguläre Jobs zu regulären Arbeitszeiten. Sogar die Schichtarbeit fand regulär statt, insofern dass der Arbeiter so und so viele Tage tagsüber arbeitete, dann so und so viele Nachmittagsdienste und schließlich die Nachtdienste. Eine bestimmte Schicht «gehörte» einem Arbeiter, und die Arbeiter kannten ihre Mitarbeiter, ihre Chefs und auch ihre Umgebung. Außerdem wussten sie Bescheid, wie sich die Arbeit im Rahmen einer bestimmten Schicht abspielte.

Heute wird es in vielen Branchen immer verbreiteter, die Arbeitszeit pro Stunde oder sogar pro Viertelstunde abzurechnen.

So hörten wir beispielsweise einen Geschäftsbesitzer zu einem Trainee sagen: «Dein Dienstplan passt sich deinen Verkäufen an, das ist alles». Unabhängig davon, ob es sich bei dem «Produkt» um Patientenpflege, Einzelhandelsverkauf oder Telefonservice handelt, ermöglichen es Computerprogramme den Arbeitgebern nun, den Dienstplan um das erwartete Aufkommen von Aufgaben herum aufzubauen. Krankenhäuser berechnen, wie viele Patienten sie auf der Station X erwarten und wie viele Minuten ein typischer Patient auf der Station X zu jedem Zeitpunkt benötigt. Im Handel wird berechnet, wie viele Artikel in der Abteilung Y am Dienstag in jedem Fünfzehn-Minuten-Intervall verkauft werden. Das Modell berücksichtigt Urlaubssaisonen, Feiertage, Sportevents, Sonderangebote und Wettervorhersagen. Andere ausgeklügelte Computerprogramme verwandeln diese geschätzte Nachfrage in einen Personalbedarf, der je nach Tageszeit, Wochentag und Jahreszeit variiert. Dann passen die Computer die verfügbaren Arbeitskräfte in die Zeitfenster ein, um die Effizienz zu maximieren und sicherzustellen, dass nicht mehr Arbeitskräfte bezahlt werden, als unbedingt benötigt werden. Durch diese Technik werden die Arbeitszeiten der Arbeitnehmer sehr variabel und unvorhersehbar. Wenn die Anzahl der Callcenter-Mitarbeiter an einem bestimmten Sonntag davon abhängt, ob ein wichtiges Fußballspiel stattfindet, ist leicht zu erkennen, dass George, der am wenigsten ausgebildete Callcenter-Mitarbeiter, nicht immer am Sonntag Dienst haben wird. Und die Kollegen von George wissen vorher oft nicht, wen sie antreffen werden, wenn sie zur Arbeit kommen.

Ein Beispiel dafür, was passiert, wenn Teams immer wieder neu zusammengesetzt werden, stammt aus Ana Marías Studie über Krankenpfleger. Ende der 1990er-Jahre setzte das Gesundheitsministerium von Québec immer mehr Krankenschwestern und -pfleger für einen Teil oder die gesamte Schicht auf «Bereitschafts-

5. Unsichtbare Teamarbeit

dienst».[98] Sie wurden von Station zu Station und von Schicht zu Schicht neu eingesetzt, abhängig vom Bedarf im Krankenhaus und den Kalkulationen der Experten, wie viele Stunden Pflege jeder Patient theoretisch benötigen würde. Das Ergebnis: Ein stationärer Patient, der am Montagmorgen von «Judith» betreut wurde, hatte eine weniger als 50-prozentige Chance, Judith am Dienstagmorgen wiederzusehen. Tatsächlich wurde während des Monats, in dem unsere Studie durchgeführt wurde, die Hälfte der Schichten auf der Station von Krankenschwestern und -pflegern übernommen, die in diesem Monat nur eine oder zwei Schichten auf der Station arbeiteten. Die Auswirkungen dieser starken Fluktuation auf die Patientenversorgung und damit auf das Arbeitsgefühl der Krankenschwestern waren zu erwarten. Eine Krankenschwester beklagte sich darüber, dass die Verlegung von einer Station zur anderen bedeutete, dass sie nie wusste, wo sie die Materialien oder Informationen finden könnte und nicht einmal wusste, was ihr überhaupt zur Verfügung stand. Wo war die Salbe? Gab es einen Film über die postoperative Betreuung, den sie den Familien bei der Entlassung zeigen konnte? Was war den Familien über Wundverbände gesagt worden? Eine andere Bereitschaftsschwester sagte, dass sie sich immer unorganisiert fühlte und nach einer Verlegung immer wieder bei der alten Station anrufen musste, um noch weitere Details mitzuteilen, die sie vergessen hatte zu erzählen, oder Aufgaben durchzugeben, die sie nicht hatte erledigen können.

Als Ana María die Oberschwestern bei der Arbeit beobachtete, stellte sie fest, dass sie an ihrem ersten Tag auf der Station nach

---

[98] Ana María Seifert, Karen Messing, "Looking and Listening in a Technical World: Effects of Discontinuity in Work Schedules on Nurses' Work Activity," PISTES 6 (200 4). www.pistes.uqam.ca/v6n1/ar ticles/v6n1a3en.htm.

einer Abwesenheit kaum mit den Patienten sprechen konnten; sie waren zu sehr damit beschäftigt, Papierkram zu erledigen und sich mit den Krankenakten vertraut zu machen. Durch ihre unregelmäßigen Dienstpläne und die häufigen Wechsel zwischen den Abteilungen ging viel Betreuungszeit verloren. Selbst eine Krankenschwester, die regelmäßig auf derselben Station arbeitete, verbrachte an ihrem ersten Tag zwei Drittel weniger Zeit mit den Patienten (8% der Gesamtzeit) verglichen mit dem zweiten oder dritten Tag (25% der Zeit). Eine Ersatzschwester im Bereitschaftsdienst, die zuvor noch nicht auf der Station gearbeitet hatte, konnte nur 2% ihrer Zeit mit direktem Patientenkontakt verbringen.

Teamarbeit war unter diesen Umständen fast unmöglich, weil die Bereitschaftskrankenschwestern sich weder untereinander kannten noch die regulären Krankenschwestern und auch nicht die Helferinnen und Helfer der Krankenschwestern, mit denen sie eingeteilt waren. Innerhalb von vierzehn Tagen gab es auf einer durchschnittlichen Station nur drei Schichten, in denen eine Krankenschwester ein zweites Mal mit derselben Helferin zusammenarbeitete.

Unmittelbar nach Abschluss dieser Studie befand ich mich zufällig in einer Sitzung mit dem Kollegen aus dem Gesundheitsministerium, der für die Bewertung der Versorgung zuständig war. Ich versuchte herauszufinden, ob die Patientenversorgung durch die ständige Umbesetzung des Pflegepersonals beeinträchtigt wurde. Er war ehrlich: Er konnte es unmöglich wissen. Die Qualität der Versorgung wurde nur an der Anzahl der Rückfälle gemessen. Ein Rückfall wurde als ein Vorfall definiert, bei dem ein Patient innerhalb einer Woche mit derselben Diagnose ins Krankenhaus zurückgebracht wurde.[99] Nach Ablauf der Woche wurde der Patient als neuer Fall behandelt. Der Patient, der nach Hause ging, ohne das Video zur postopera-

---

99 Seit 2012 werden in Quebec Rückfälle zahlenmäßig erfasst.

5. Unsichtbare Teamarbeit

tiven Wundversorgung gesehen zu haben, und dessen Wunde sich infiziert hatte, würde also in den Statistiken nicht als Rückfall aufscheinen, es sei denn, die Infektion erfolgte in den ersten Tagen. Und selbst dann (wenn ich den Mann aus dem Ministerium richtig verstanden habe) würde es nicht als Rückfall gewertet werden, weil eine infizierte Wunde nicht in die gleiche diagnostische Kategorie fällt wie Krebs oder ein gebrochenes Bein, mit dem der Patient beim ersten Mal eingeliefert worden war. Die realen Kosten für die Zersplitterung von Arbeitsgruppen würden also verborgen bleiben.

Gruppenbildung und die Arbeit im Team sind für die meisten Menschen ein entscheidender Faktor ihres Berufslebens. Unserer Erfahrung nach bewerten die meisten Menschen, befragt was ihnen an ihrer Arbeit gefällt, den Umgang mit ihren Arbeitskollegen als einen wichtigen Teil ihrer Zufriedenheit am Arbeitsplatz. Teams sind auch eine wichtige Möglichkeit, am Arbeitsplatz zu lernen. Zwei CINBIOSE-Forscher, Nicole Vézina und Céline Chatigny, stellten fest, dass die Arbeiter am Schlachthof von ihren Kollegen lernten, wie und wann sie ihre Messer schleifen sollten. Ein scharfes Messer ist eine Voraussetzung nicht nur für die korrekte Ausführung ihrer Arbeit, sondern auch für die Vermeidung von Verletzungen, da das Zerteilen eines Tierkörpers mit einem stumpfen Messer schnell zu Schulter-, Arm- und Handgelenksproblemen führt.[100] Nicole und Céline konnten das mündlich tradierte Wissen der Arbeiter systematisieren und schließlich in einem Schulungsfilm umsetzen, der weite Verbreitung fand.[101]

---

[100] Céline Chatigny, Nicole Vézina , "Analyse du travail et apprentissaged'une tâche complexe; étude de l'affil a gedu couteau dans un abattoir," Le Travail Humain 58 (1995): 229–52.

[101] Nicole Vézina, Johanne Prévost, Alain Lajoie, *Coupera ou ouperapas?* (Montréal: Université du Québec à Montréal. Service de l'audiovisuel, 1997). Videocassette (VHS).

Wenig überraschend waren die Arbeiter sehr froh zu sehen, dass ihr bislang nicht anerkanntes Fachwissen in einem Schulungsfilm gezeigt wurde. Sie haben dem Arbeitgeber ihre Hilfe nicht einmal in Rechnung gestellt. Ich vermute, ein Grund für Ana Marías Beliebtheit bei den Arbeitnehmern liegt darin, dass sie ihre Fachkenntnisse und ihre Art, sich gegenseitig zu unterstützen, sehr schnell zu erkennen vermag: Alle Menschen lieben es, geschätzt zu werden.

Aber Anerkennung ist nicht bloß ein Vergnügen. Arbeitgeber, die das Fachwissen und die Arbeitsorganisation ihrer Mitarbeiter nicht anerkennen, lassen sich eine gute Gelegenheit entgehen, ihr Unternehmen effizienter zu gestalten. Die Kosten für unregelmäßige, unvorhersehbare Dienstpläne und die Zersplitterung von Arbeitsteams tragen jedoch nicht nur die Arbeitgeber. Die größte Last tragen die Arbeitnehmer und ihre Familien, wie wir im nächsten Kapitel sehen werden.

6. Home Invasion

> ... zwischendurch sollte ein Dienstmädchen
> das Recht haben, auszugehen und ihre Freundinnen zu treffen ...
> Zugleich sollte eine Hausdame vorsichtig sein und sich nicht auf
> einen bestimmten freien Tag im Monat festlegen, wie es mancher-
> orts verlangt wird. «Einmal im Monat, wenn es genehm ist»
> dürfte wohl die bessere Übereinkunft sein.
> Cassesll's Household Guide, neue und überarbeitete Ausgabe,
> 1880, zeigt wie Arbeitgeber atypische Dienstpläne sehen.

Vor einigen Jahren gab es eine öffentliche Diskussion über Ladenöffnungszeiten, im Zuge derer ein Leserbrief in einer Montrealer Zeitung veröffentlicht wurde. Der Absender des Briefs sprach sich für längere Arbeitszeiten aus, und er bekräftigte, dass er das Recht habe, zu jeder Tages- und Nachtzeit ein Kalbsschnitzel zu kaufen, also auch um zwei Uhr in der Nacht. Er gab allerdings keine besonderen Gründe an, warum er diesen Dienst benötigen würde. Wenn der Besitzer sein Geschäft um zwei Uhr nachts öffnet und die Kunden dort sein wollen, warum sollte die Regierung eingreifen? Die Regierung scheint es auch so zu sehen, denn die Ladenöffnungszeiten in Quebec unterliegen fast gar keinen Einschränkungen.[102]

Der Brief weckte in mir Erinnerungen an den Februar 1993, an den Vorabend meines 50. Geburtstags. Gemeinsam mit Ana María Seifert und Céline Chatigny führte ich damals eine Studie über städtische Reinigungskräfte durch. Die Reinigung eines großen Sportzentrums wurde in der Nacht durchgeführt, wenn niemand

---

[102] "La FTQ dénonce 'le droit à l'escalope' à toute heure du jour ou de la nuit," Le Devoir, December 7, 2006, A2.

in der Nähe war, der sich hätte gestört fühlen können. Wir mussten die Reinigungskräfte während ihrer Schicht beobachten, um zu verstehen, wie sie ihre Arbeit organisierten.

Die Frau, deren Arbeit ich beobachtete, begann um 23.00 Uhr in der Turnhalle. Sie ging mit einem riesigen Staubsauger auf und ab und vor und zurück, während ich versuchte, ihr Bewegungsmuster in ein Diagramm zu überführen. Zu jener Stunde, wo der oben erwähnte Briefschreiber sein Kalbsschnitzel kaufen wollte, war ich bereits schwach auf den Beinen. Mein Sohn Daood, der immer für eine Überraschung gut ist, tauchte unerwartet gegen 3.00 Uhr nachts mit Geburtstagsdonuts auf, aber selbst die reichten nicht aus, um mich mit wachem Verstand durch die Nacht zu bringen. Schließlich stolperte ich um 7.00 Uhr in der Früh nach Hause, meine Notizen waren unleserlich, und ich hatte kaum eine brauchbare Erinnerung an meine Beobachtungen. Daoods zweite Überraschung, eine Konferenzschaltung um 8.00 Uhr mit Freunden und Familienmitgliedern auf drei Kontinenten, sorgte bei mir für zusätzliche Verwirrung. Ich konnte nicht begreifen, was da gerade vor sich ging oder wem die Stimmen zuzuordnen waren. Glücklicherweise hatte Daood daran gedacht, die Anrufe aufzunehmen. Später brach ich in Lachkrämpfe aus, als ich die Aufnahmen nachhörte und nachträglich mitbekam, wie mein jüngerer Sohn in Indien, seine Freundin in Japan, meine Eltern in den USA und alte Freunde aus Europa, Ontario und Quebec sich durch meinen Nebel hindurchgekämpft hatten, um mir zum Fünfziger zu gratulieren.

Ich hätte es wissen müssen. Mit 16 Jahren hatte ich in meinem ersten Sommerjob in einem Krankenhaus gearbeitet und gerade einmal zwei Wochen durchgehalten. Als jüngstes Mitglied des Teams wurde mir die Nachtschicht zugeteilt, aber ich schaffte es kaum zu arbeiten und so musste ich kündigen. Ich weiß, dass Menschen unterschiedliche Biorhythmen haben und nicht alle die Nachtarbeit so schwer erträglich finden wie ich. Céline hatte sich brauchbare Notizen über die Arbeit der Reinigungskräfte gemacht. Wie Wissenschafter es ausdrücken, sind manche Menschen «Lerchen» (wie ich), die im Morgengrauen aufwachen, andere wiederum sind «Eulen», die lange wach bleiben können. Aber es gibt weniger Eulen als Lerchen. Wenn Geschäfte und Betriebe abends und nachts geöffnet sind, können sie ihre Schichten nicht allein mit Eulen füllen. Viele Mitarbeiter müssen mithelfen, auch die Lerchen. Die Person an der Kassa, die den erwähnten Leserbriefschreiber mit seinem Kalbsschnitzel in den frühen Morgenstunden bedient, hat sich wahrscheinlich nicht für diese Schicht gemeldet. Sie ist nur die Angestellte, die in dieser Nacht an der Reihe war. Sicherlich hatten die Reinigungskräfte, deren Arbeit wir beobachteten, auch keine Wahl; wenn sie einen gewerkschaftlich organisierten, relativ gut bezahlten Job bei der Stadt haben wollten, waren sie gezwungen auch Nachtschichten zu übernehmen. Die Reinigungskräfte, die wir beobachteten, waren nicht viel jünger als ich und auch nicht viel zufriedener mit der zeitlichen Einteilung. Aber es war absolut undenkbar, dass sie die jungen Leute unterbrechen, die tagsüber und abends die Turnhalle benutzten, damit sie die Trainingsmatten saugen konnten.

Die gesundheitlichen Auswirkungen der Nachtarbeit beschränken sich jedoch nicht nur auf die Lerchen. Während der Nachtarbeit herrscht generell ein höheres Verletzungsrisiko.[103] Frauen, die Nachtschichten machen, haben ein höheres Risiko, an Brustkrebs zu erkranken und Beeinträchtigungen ihrer Fruchtbarkeit hin-

---

103 Imelda S. Wong, Christopher B. McLeod, Paul A. Demer, "Shift Work Trends and Risk of Work Injury among Canadian Workers," Scandinavian Journal of Work, Environment and Health 36 (2011): 54–61.

nehmen zu müssen.[104] Daoods Idee, mir Donuts zu bringen, war goldrichtig. Ich schlang sie hinunter, schließlich war ich ja wie jede andere nordamerikanische Frau in ihren Fünfzigern besessen von meinem Gewicht und hatte seit mindestens zehn Jahren keine Donuts mehr angerührt. Eine Fett- und Zuckerbombe war genau das, was ich brauchte, um weiterzumachen – daher wird Übergewicht mit Nachtarbeit in Zusammenhang gebracht.[105]

Ich weiß nicht, ob der Leserbriefautor sich dafür interessiert, ob seine Supermarktkassiererinnen fett wurden oder jung starben. Er mag angenommen haben, dass sie für die Nachtschichten extra bezahlt werden, was in seinen Augen wohl eine angemessene Entschädigung für verlorene Lebensjahre oder Probleme in der Partnerschaft darstellt. Ich weiß auch nicht, ob er sich über die Auswirkungen der erweiterten Ladenöffnungszeiten auf das Familienleben der Kassiererinnen überhaupt Gedanken macht.

Als meine Kinder klein waren, konnte ich schon früh Erfahrungen mit Schlafentzug machen. Meine Erinnerungen an den Zeitabschnitt 1963–68 sind vernebelt und grau. Ich schlief kaum eine Nacht durch, da einer meiner Söhne oder manchmal beide mich kurz nach Mitternacht aufweckten. Wie viele andere junge Eltern nahm ich mir immer vor, hart zu bleiben und das Kind schreien zu lassen. Diese Taktik, die mit zusammengebissenen Zähnen und

---

104 International Agency for Research on Cancer, *IARC Monographs on the Evaluation of Carcinogenic Risks to Humans: Painting, Firefighting, and Shiftwork* (Lyon: International Agency for Research on Cancer, 2010); Agathe Croteau, Sylvie Marcoux, Chantal Brisson, "Work Activity in Pregnancy, Preventive Measures, and the Risk of Delivering a Small-for-Gestational-Age Infant," American Journal of Public Health 96, no. 5 (2006): 846–55.

105 Alwin Van Drongelen, Cécile R .L . Boot, Suzanne L. Merkus, Tjabe Smid, Allard J. van der Beek , "The Effects of Shift Work on Body Weight Change: A Systematic Review of Longitudinal Studies," Scandinavian Journal of Work, Environment and Health 37 (2011): 263–75.

6. Home Invasion

einem gebrochenen Herzen einherging, führte gelegentlich dazu, dass meine Söhne einige Nächte lang durchschliefen. Ich schwelgte dann in meinem «Sieg» und predigte anderen Müttern meine Gewinnerstrategie. Bis eine Reise, eine Erkrankung oder ein Wetterumschwung dafür sorgten, dass das Baby zu seinen ursprünglichen Gewohnheiten zurückkehrte und ich zu meinem Nebel.

Kürzlich konnte ich zusehen, wie meine Söhne und ihre Partnerinnen das Gleiche durchmachten, und ich erinnerte mich wieder daran, das es unmöglich gewesen ist, sich bei der Arbeit so zu verhalten, als hätte man keine Kinder. Abgesehen vom Schlafmangel sind sogar Eltern von ganz gesunden Kindern belastet von erschreckenden Entscheidungen und nervenaufreibenden Rätseln. Ab welcher Körpertemperatur muss das Mädchen im Bett bleiben? Ist es besser, wenn der Kindergarten in der Nähe des Büros ist (lange Anfahrtszeiten, komplizierte Busverbindungen, die Kinder sind dem Wetter ausgesetzt) oder dort, wo man wohnt (bei Notfällen ist man nicht so schnell dort, die Kinder haben lange Tage ohne ihre Eltern)? Ist es falsch, den Kindern einen kleinen Snack zu geben, während sie darauf warten, dass das Abendessen fertig wird, wenn man spät nach Hause gekommen ist? Wie kann man den Kinderarzt während dessen Arbeitszeit besuchen, wenn man selbst die gleichen Arbeitszeiten hat? Wie ist man für die Schule in einem Notfall zu erreichen, wenn man bei der Arbeit keinen Zugang zum Telefon hat? Ab welchem Alter kann man die Kinder guten Gewissens für eine halbe Stunde alleinlassen?

Können die Arbeitgeber von Angestellten mit Kindern erwarten, dass sie gleich viel leisten wie kinderlose Mitarbeiter? Und wenn es ihnen sogar gelingt, welchen Preis müssen die Kinder dafür bezahlen? Welchen die Eltern?

Meine Söhne und ich hatten im Laufe meiner Erwerbsjahre relativ gute Bedingungen. In meiner Branche kann man sich bis zu einem gewissen Grad die Arbeitszeiten und Arbeitstage selbst bestimmen, und man ist am Arbeitsplatz jederzeit telefonisch erreichbar. Wenn wir abends und am Wochenende arbeiten mussten, so taten wir das üblicherweise im Home-Office, wo unsere Partner und Kinder uns ansprechen konnten, wenn es nötig war. Aber was ist mit all jenen, deren Dienstpläne und Arbeitszeiten streng kontrolliert werden, durch andere, oder, noch schlimmer, von Maschinen?

In den Neunzigerjahren befasste ich mich damit, wie die Arbeit das Familienleben schlecht verdienender ArbeiterInnen durchdrang, als die Gewerkschaftsföderation FTQ uns beauftragte, die Interaktionen zwischen Arbeit und Familie zu studieren und politische Reformen vorzuschlagen. Zunächst war mir nicht klar, wie wir unser Hauptinstrument, nämlich die Beobachtung, anwenden könnten, um diesen Gegenstand zu studieren. Mir schien, Familienangelegenheiten würden während der Arbeitszeit notgedrungen unzugänglich bleiben, da das Familienleben in der Arbeit ja unsichtbar bleiben sollte. Aber eine Gruppe von Soziologen von CINBIOSE übernahm den Auftrag und die Hauptverantwortung für die Studie. Also sagte ich, ich würde dazustoßen und schauen, ob ich irgendwo hineinpasste. Als Unterstützung heuerten wir Johanne Prévost an, ebenfalls eine Ergonomin, und dann machten wir uns daran, die Arbeit in einem Callcenter zu beobachten. Ich war von Anfang an entsetzt über die Arbeitszeiten.

Jeden Dienstag informierten die Mitarbeiter ihren Arbeitgeber über ihre Wünsche für die Dienstpläne. Am Donnerstag lieferte das Computerprogramm des Callcenters den Zeitplan für die folgende Arbeitswoche, wobei die prognostizierten Anrufe, die Vorlieben der Mitarbeiter sowie deren bereits absolvierte Arbeitszeiten berücksichtigt wurden. Die Mitarbeiter konnten, sofern sie am Donnerstag arbeiteten, den Zeitplan studieren und herausfinden, zu welchen Zeiten sie ab dem nächsten Montag arbeiten würden. Wenn sie jedoch am Donnerstag frei hatten, mussten sie in der

6. Home Invasion

Firma anrufen, um ihren Zeitplan zu erhalten, sofern ihr jeweiliger Vorgesetzter in der Lage war, ihren Anruf entgegenzunehmen. Ihre Beginnzeiten konnten im Intervall zwischen 6.00 Uhr in der Früh und Mitternacht jederzeit angesetzt werden. Beispielsweise konnte ein Mitarbeiter einen Zeitplan erhalten, wonach er von 6.00 bis 14.00 am Montag arbeitete, 16.00 bis Mitternacht am Dienstag, 8.00 bis 16.00 am Mittwoch und so weiter. Die freien Tage konnten am Wochenende sein oder auch nicht, und die zwei freien Tage pro Woche konnten an aufeinanderfolgenden Tagen sein oder auch nicht. Die Pause konnte jederzeit stattfinden, etwa 45 Minuten nach Anfang ihrer Schicht oder erst sieben Stunden danach. Später fand ich heraus, dass diese Methode im Dienstleistungssektor breit angewandt wird.

Wir beobachteten die Arbeit an einem Donnerstag, und so konnten wir zuschauen, was passierte, als die Mitarbeiter ihre Zeitpläne zum ersten Mal zu sehen bekamen. Wir waren beeindruckt von der sofortigen Analyse. Schon wenige Sekunden, nachdem eine Mitarbeiterin einen Blick auf den Plan geworfen hatte, sagte sie: «Ich kann die Stunden am Mittwoch nicht machen. Ich möchte gerne Maries Stunden, aber ihr werden meine nicht passen. Sie mag lieber die von Jacqueline. Jacqueline wird meine auch nicht wollen, aber sie wird die Stunden von Annie nehmen, und Annie wird meine übernehmen. Also werde ich mit Annie die Stunden tauschen, die ich wiederum mit Jacqueline tauschen kann, um mit Marie tauschen zu können.»

Alle Veränderungen mussten jedoch von einem Vorgesetzten abgesegnet werden, der nur telefonisch erreichbar war. Allerdings hatten die Mitarbeiter des Callcenters erstaunlicherweise keinen Zugang zu einem Telefon für private Anrufe während ihrer Arbeitsstunden. Es gab nicht einmal ein Telefon im Pausenraum. (Damals waren Handys noch nicht sehr weit verbreitet, aber auch heute dürfen Mitarbeiter von Callcenter normalerweise keine Handys während ihrer Arbeitszeit benützen). Im Notfall konnte die Schule oder ein Babysitter lediglich eine Nachricht an der Rezeption hinterlassen. Daraufhin würde der Rezeptionist die Nachricht ans Schwarze Brett hängen, wo die Mitarbeiter in der Pause schauen können. Die Mitarbeiter erzählten uns, dass sie immer Angst hatten, das Schwarze Brett zu übersehen und dann nicht rechtzeitig informiert zu werden, wenn ihr Kind einen Unfall hatte oder krank war. Da es in der Arbeit kein Telefon gab, musste der Tausch von Arbeitsschichten zu Hause erfolgen: Die Mitarbeiter mussten viel Freizeit investieren, um ihre Vorgesetzten im Büro zu erreichen, sodass sie ihre Schicht tauschen konnten (etwa 5,2 Versuche pro Mitarbeiter innerhalb eines Beobachtungszeitraums von zwei Wochen, wobei fünf Anrufe nur einen erfolgreichen Austausch ergaben).

An jenem Donnerstag erfuhr ich noch etwas über Dienstpläne und Familienzeit, das mich richtig in Erstaunen versetzte. Eine Frau erzählte mir, dass ihre Freundin, die ein Baby hatte, nun ausschließlich in der Nacht arbeitete, von Mitternacht bis acht Uhr in der Früh. Dahinter steckte die Idee, dass ihr Ehemann, der tagsüber arbeitete, in dieser Zeit «Babysitten» könnte, bevor er in der Früh um 8.30 aus dem Haus ging, um arbeiten zu gehen, sodass das Paar Geld sparte und einen regelmäßigen Arbeitsrhythmus hatte. Aber wann schlief die Frau? Ihre Erschöpfung wagte ich mir gar nicht auszumalen.

Nun weiß ich, dass das eine übliche Praxis ist. Ich habe es erst kürzlich wieder beim Putzpersonal in den öffentlichen Verkehrsmitteln beobachtet – in dem Team, das von 22.00 bis 6.00 Uhr arbeitete, waren drei Mütter mit kleinen Kindern vertreten.

Abgesehen von der Müdigkeit, wann hatten die Partner Zeit, sich zu sehen? Duxbury und Higgins führten eine Studie unter den 500 größten Arbeitgebern in Kanada durch. Sie fanden heraus, dass 31% der befragten Familien eine Strategie namens «off-shifting» anwenden musste, um mit den unterschiedlichen Arbeitsschichten zurechtzukommen. Die beiden Elternteile arbeiteten in unterschiedlichen Schichten, was offensichtlich Konsequenzen für das Familienleben nach sich ziehen konnte.[106] Als ich einen Gewerkschaftsvertreter darauf ansprach, antwortete er mir, dass es in der Tat viele Scheidungen unter Paaren gab, wo beide Partner in Schichtarbeit beschäftigt waren.

Um herauszufinden, wie die Arbeiter es schafften, mit ihren Schichten umzugehen, hatte Johanne Prévost die Idee, dass Mitarbeiter von Callcentern jede Aktion rund um die Organisierung der Kinderbetreuung dokumentieren sollten, die sie in ihrer Arbeitszeit unternehmen mussten. Auf diese Weise könnte sie fast so viel herausfinden, wie wenn sie die MitarbeiterInnen in ihrem Zuhause beobachten würde. Johanne Prévost fand heraus, dass die Angestellten des Callcenters zu Hause viel unbezahlte Zeit damit verbrachten, für die Firma zu arbeiten, um ihr Leben einem Arbeitsplan anzupassen, der sich andauernd veränderte. Die Eltern mussten einen großen Aufwand betreiben, um Babysitter zu finden, zeitlich einzuteilen und zu behalten; die 30 Mitarbeiter, die wir befragten, hatten insgesamt bis zu acht verschiedene Babysitting-Ressourcen zur Verfügung, um die Intervalle in einem Zeitraum von zwei Wochen auszufüllen: Ehepartner, Großmütter, Nachbarn, Tagesbetreuer, andere Verwandte.[107] Dieser Aufwand musste jede Woche wiederholt werden, weil die Dienstpläne extrem variierten, selbst bei solchen Mitarbeitern, die schon seit 15

---

106 Linda Duxbury, Chris Higgins, *Work-Life Conflict in Canadian New Millennium: Key Findings and Recommendations from the 2001 National Work-Life Conflict Study* (Ottawa: Health Canada, 2009). www.hc-sc.gc.ca.

107 Johanne Prévost, Karen Messing, "Stratégies de conciliation d'un horaire de travail variable avec des responsabilités familiales," Le travail humain 64 (2001): 119–43.

Jahren bei der Firma beschäftigt waren. Außerdem kam es vor, dass eine Großmutter erschöpft oder krank war, dass ein Nachbar wegzog, oder keine Lust mehr hatte zu helfen, oder der Zeitplan eines Ehemanns sich ebenfalls änderte, was dazu führte, dass dringend neue Ressourcen gefunden werden mussten. Wir hatten keinerlei Vorstellung darüber, wie Kinder, die innerhalb von zwei Wochen insgesamt acht verschiedene Babysitter hatten, mit diesen ständigen Veränderungen zurechtkamen; wer beaufsichtigte sie am Abend oder beim Hausübungenmachen?

Am Ende der Studie trafen wir uns getrennt mit der Belegschaft und den Managern, um unsere Ergebnisse zu diskutieren. Die Manager sprachen durchwegs von «Organisation». Eine Frau mit Kindern, die gut «organisiert» war, sollte es schaffen, rechtzeitig zur Arbeit zu kommen, nicht allzu oft ihre Schichten wechseln zu müssen, und nicht zu spät zu kommen. Wir versuchten, den Managern zu zeigen, welche Mühen aufgewendet werden mussten, um diese «Organisation» zu bewerkstelligen, allerdings waren wir nicht sehr erfolgreich. Manche von den Vorgesetzten hatten selbst kleine Kinder, und ihnen war es ja offenbar auch gelungen, ihre Zeit zu organisieren – warum sollte dies ihren Angestellten nicht gelingen?

Wir trafen auch mit den Mitarbeitern zusammen, um ihnen unseren Bericht vorzustellen, und dieses Treffen war ebenfalls schwierig. Wir konnten durchaus verstehen, warum es einfach nicht genügte, «gut organisiert» zu sein. Der Ehemann einer Mitarbeiterin arbeitete im Krankenhaus und hatte ebenfalls unregelmäßige und unberechenbare Arbeitszeiten. Bei beiden Ehepartnern änderten sich die Dienstpläne jede Woche, also mussten sie unbedingt jemanden finden, der als Babysitter einspringen würde, sollten sich ihre Schichten überlappen. Dafür kam nur ein Familienmitglied infrage, denn niemand sonst wäre mit den ständigen Veränderungen einverstanden gewesen. Also musste sich das Ehepaar jede Woche mit den beiden Großmüttern zusammensetzen und versuchen, den Plan für das Babysitten auszuarbeiten. Aber eine Großmutter sprang ab, und kurz darauf auch die zweite. Die Großmütter hatten beide ihr Leben lang gearbeitet, sie kämpften mit gesundheitlichen Problemen und konnten sich nicht mit ständig wechselnden Dienstplänen abfinden. Die besagte Mitarbeiterin hatte keine Ahnung, was sie tun sollte.

Eine Kollegin beging kurz nach Abschluss unserer Studie Selbstmord. Wir wissen nicht, warum sie Selbstmord beging, aber wir hatten durchaus den Eindruck gewonnen, dass einige von den Frauen verzweifelt waren. Sie konnten nicht darauf hoffen, einen Job zu finden, der ebenso gut bezahlt war, oder jedenfalls keinen, in dem die Gewerkschaft die Bezahlung und die Urlaubsansprüche im Blick hätte. Außerdem fand der oben beschriebene Umgang mit den Arbeitszeiten zunehmend Verbreitung im Dienstleistungssektor.

Wir brachten einige Änderungsvorschläge vor, diese wurden jedoch von den Mitarbeitern des Callcenters sowie vom Arbeitgeber größtenteils abgelehnt. Die Mitarbeiter sprachen sich vehement dagegen aus, dass der Arbeitgeber ihre Familiensituation berücksichtigen sollte; ihre Familiensituation ging den Arbeitgeber nichts an. Eine Frau erzählte uns, dass ihre zeitliche Verfügbarkeit von ihrer Freundin abhängig war, die ihr half, mit den Besuchszeiten des Gefängnisses, in dem ihr Mann einsaß, zurechtzukommen: Wäre ich denn wirklich der Meinung, dass sie solche Probleme gerne ihrem Chef erklärt? Die Mitarbeiter wollten auch keine Monatspläne bekommen, denn dann müssten sie einen Monat im Voraus planen, was ihnen sehr schwer fiel, weil sie sich an das Last-Minute-System schon so gewöhnt hatten und sich nicht mehr vorstellen konnten, so weit im Voraus zu planen.

Die erfahreneren Mitarbeiter und Gewerkschaftsvertreter hatten außerdem herausgefunden, wie sie mit einigen Tricks das Computerprogramm manipulieren konnten. Sie wussten beispielsweise, welche Wahl ihre Kollegen getroffen hatten und wer im Krankenstand war, und dass sie die Schicht am Mittwoch von 9.00 bis 17.00 nur bekommen würden, wenn sie explizit danach fragten, aber wenn sie am nächsten Mittwoch die gleiche Schicht haben wollten, würden sie stattdessen die Schicht von 16.00 bis Mitternacht erhalten. Diese Expertise würde nutzlos werden, wenn wir Erfolg damit hätten, das System zu ändern, also verhielten sich die Mitarbeiter äußerst zurückhaltend und wetteten nicht darauf, dass wir irgendetwas zum Besseren verändern könnten.

Mit einer anderen FTQ-Gewerkschaft versuchten wir 2008 erneut in einem gewerkschaftlich organisierten, von einer Pfarre geführten Pflegeheim an der Terminplanung zu arbeiten. Im Vergleich zum Callcenter waren die Dienstpläne für leitende Angestellte besser vorhersehbar, aber neue Mitarbeiter (darunter die meisten mit Kindern) wurden oft in letzter Minute verplant. Ich hoffte, dass Mobiltelefone das Leben leichter machen würden, und das taten sie in gewissem Maße – es war gut, dass die Mütter in den Pausen Notfallnachrichten erhalten und nach kranken Kindern sehen konnten. Allerdings erforderte die Gestaltung ihrer Dienstpläne immer noch eine enorme Menge an unsichtbarer, unbezahlter Arbeit. Abgesehen von all dem Feilschen mit Babysittern und Verwandten, um die wechselnden Arbeitszeiten abzudecken, kam es immer wieder vor, dass das System zusammenbrach – das Auto sprang nicht an, die Großmutter war beschäftigt oder, was am häufigsten vorkam, das Kind wurde krank.

Jedes Kind in einer Tagesbetreuung wird den Keimen all der anderen Kinder ausgesetzt und entsprechend häufig krank. Eine der qualvollsten Entscheidungen, die um 6 Uhr in der Früh getroffen werden muss, ist die, ob das Kind gesund genug ist, um in die Tagesstätte oder zum Babysitter zu gehen. Wenn die Außentemperatur -20° beträgt, wie es in Quebec oft der Fall ist, zögern die Mütter, bevor sie annehmen, dass der Reizhusten bald vergeht oder das

Kratzen im Hals nichts Ernstes ist. Also rufen sie den Sachbearbeiter an, der für die Terminplanung zuständig ist, und dieser ist über ihren Anruf ganz bestimmt nicht erfreut.[108]

Wie die Situation mit den Kellnerinnen und dem Trinkgeld (siehe Kapitel 5) erschweren die Machtverhältnisse die Terminplanung. Als wir mit den für die Terminplanung zuständigen Sachbearbeitern sprachen, spürten wir ihre Verzweiflung. Sie mussten freundschaftliche Beziehungen zu den Mitarbeitern pflegen, um deren Arbeit erträglich zu machen, und sie mussten kooperativ sein, um die Lücken in den Arbeitsplänen zu füllen. Aber sie durften kein allzu großes Mitleid mit den Familienproblemen der Mitarbeiter haben, da sie sonst nicht in der Lage wären, die Schichten zu besetzen. Deshalb mussten sie den Problemen der Mitarbeiter von vornherein skeptisch gegenüberstehen. Sie mussten mehrmals am Tag entscheiden, ob sie den Geschichten von Kinderkrankheiten, Autopannen, Knochenbrüchen oder dem Tod von Verwandten Glauben schenken sollten.

Es war auch die Aufgabe der Verwaltungsbeamten, Ersatzarbeitskräfte in der Reihenfolge ihres Dienstalters und unter Berücksichtigung ihrer angegebenen Verfügbarkeit zu bestellen. Diese Verfügbarkeit durfte nicht zu sehr eingeschränkt werden: Ein Arbeitnehmer durfte sich nicht weigern, in einer bestimmten Abteilung zu arbeiten, und konnte z.B. nur eine Schicht (z.B. Abend- oder Nachtschicht) ausschließen. Der Disponent konnte die Mitarbeiter jederzeit, auch nach Schichtbeginn, anrufen, und die Mitarbeiter durften eine Schicht, für die sie theoretisch verfügbar waren, nicht ablehnen. Die Existenz von Handys war ein zweischneidiges Schwert. Die Arbeiter sollten die Nummer ihres Telefons angeben,

---

[108] Béatrice Barthe, Linda Abbas, Karen Messing, "Strategies Used by Women Workers to Reconcile Family Responsibilities with Atypical Work Schedules in the Service Sector," Work 40 (Supplement, 2012): 47–58.

und sie sollten vor und während dieser Schichten erreichbar sein, auch wenn sie keine Bezahlung für die Verfügbarkeit oder für die vorläufige Erstellung aller Pläne erhielten. Da die Menschen normalerweise Besseres zu tun haben, als darauf zu warten, dass das Telefon klingelt, waren Anrufe in letzter Minute nicht immer willkommen. Es lag an der Vorgesetzten, ob sie die Erklärung akzeptierte, dass der Mitarbeiter, der einen Anruf verpasst hatte, mit einem kaputten Handy zu kämpfen hatte oder ob er in Wahrheit der Arbeit ausgewichen war.

Die für Dienstpläne zuständige Mitarbeiterin erklärte das System für Mitarbeiter, die während der Arbeit eine Krankmeldung durchgeben. «(Die zuständige Sachbearbeiterin) beginnt um ca. 5.00 Uhr in der Früh mit der Suche nach Ersatz. (Wenn niemand abhebt) hinterlässt sie eine Nachricht mit dem Inhalt, sie hätte für die jeweilige Mitarbeiterin eine Tagesschicht. Dann setzt sie ihre Anrufe fort. Wenn die Dame sie in der Zwischenzeit zurückruft und es klappt mit dem Ersatz, dann gib es keine weiteren Probleme und wir geben ihr die Schicht.»

Mit anderen Worten, die in der Nacht arbeitende Sachbearbeiterin wird vermutlich mehrere Familien um fünf Uhr in der Früh aufwecken. Jede angerufene Mitarbeiterin wird mit ihrer Familie Rücksprache halten müssen, um herauszufinden, wie die Kinderbetreuung diesmal zu organisieren sein wird, was mit Tanyas Mittagessen ist, ob jemand Ronnie von der Schule abholen kann, und dann wird sie die Sachbearbeiterin zurückrufen. Aber nur eine von ihnen, nämlich diejenige, die rechtzeitig zurückgerufen hat und zugleich die Dienstälteste ist, wird die Schicht tatsächlich auch bekommen. Für sie lohnt sich der Aufwand, weil sie die Arbeitsstunden bekommt und somit auch die Bezahlung. Alle anderen wurden für nichts aufgeweckt und durcheinander gebracht. Ist es denn vor diesem Hintergrund etwa erstaunlich, dass sie die für die Arbeitspläne zuständigen Sachbearbeiterinnen nicht mögen und

6. Home Invasion

deren Anrufen aus dem Weg gehen? Im Gegensatz zu den anderen Jobs, die wir uns angeschaut haben, bedeutet es einen Aufstieg in der Hierarchie, die Einteilung der Dienstpläne zu übernehmen. Aber es ist ein Job, der geradezu an der Klippe der Empathielücke angesiedelt ist.

Aus der Sicht der für die Dienstpläne zuständigen Sachbearbeiterin sollte eine Mitarbeiterin in der Lage sein, ihr Familienleben so zu «organisieren», dass es bei der Arbeit unsichtbar bleibt. Zwischendurch kann die Firma diesbezüglich nachsichtig sein, aber nicht «zu» oft. Das Ergebnis ist ein gegenseitiges Misstrauen. Eine Gesundheitshelferin, deren krankes Kind häufig Arzttermine hatte, hörte schließlich auf, ihre Vorgesetzte im Voraus darüber zu informieren und begann stattdessen, sich selbst im letzten Augenblick krank zu melden. Sie erzählte uns, sie sei auf Grund der Haltung ihrer Vorgesetzten zu dieser Taktik übergegangen: «Man möchte ehrlich sein, man möchte ihnen alles im Voraus sagen, damit sie nicht überrascht sind. Aber aus der Erfahrung habe ich gelernt, dass sich Ehrlichkeit nicht immer auszahlt.»

Es ist nicht leicht, perfekte Lösungen zu finden, da diejenigen, die von 9.00 bis 17.00 arbeiten, sehr froh sind, dass Dienstleistungen außerhalb dieser Zeiten verfügbar sind, und es kümmert sie wenig, wie es den Familien dieser jeweiligen Dienstleister geht. Sogar diejenigen, die zu später Stunde arbeiten, sind froh, dass Lebensmittelgeschäfte und verschiedene Dienste auch nachts und am Wochenende offen haben, und sie würden sich wünschen, Kindergärten und Tagesstätten hätten auch nachts offen. Es ist schwer, sich vorzustellen, wie man Nachtarbeit in Pflegeheimen vermeiden könnte oder wie man im 21. Jahrhundert die Menschen dazu bringen könnte, ihre Einkäufe nur an Wochentagen zu erledigen. Kinder werden immer krank werden und Autos werden immer kaputt werden, also wird es immer notwendig sein, Mitarbeiter im letzten Augenblick zu ersetzen.

Einen Hinweis auf einige Auswirkungen der Terminplanung erhielt ich von «Lina», der Tochter eines Freundes, die als Kassiererin in einem kleinen Lebensmittelmarkt arbeitete. Lina erklärte mir das System: Jede Abteilung (Obst und Gemüse, Fleisch, Fisch, usw.) hatte einen Manager, der für die Terminplanung nach den Richtlinien des Geschäftsleiters verantwortlich war. Die Manager sind für die Personalbesetzung ihrer Abteilungen verantwortlich, unabhängig davon, ob die Angestellten zur Arbeit erscheinen oder nicht. Wenn es nicht genügend Kassiererinnen, Fleischhauer oder Regalschlichter gibt, werden die Kunden sehr unzufrieden sein. Wenn die Manager einen abwesenden Mitarbeiter nicht ersetzen können, müssen sie selbst seine Schicht übernehmen. Da die Manager im Unterschied zu den Kassierern und Verkäuferinnen pro Woche (und nicht pro Stunde) bezahlt werden, bekommen sie auch keine Überstunden ausbezahlt, wenn sie die Abendschicht eines abwesenden Verkäufers oder Kassiers übernehmen. Also sind sie versucht, Druck auszuüben, um ihre anderen Mitarbeiter dazu zu bringen, die Mutter mit dem kranken Kind oder den Vater, der das Auto zur Reparatur bringen muss, zu ersetzen. Mit der Zeit etabliert sich ein System von der Art «eine Hand wäscht die andere». Wenn der Manager dich anruft und bittet, heute Abend zu arbeiten, und du diese Extraschicht ablehnst, dann brauchst du nicht zu erwarten, dass er dich am nächsten Samstagabend früher nach Hause gehen lässt, damit du beim Hockeyspiel deiner Tochter dabei sein kannst. Wenn du zu viele Extraschichten ablehnst (oder Abendschichten, oder Schichten mit diesem einen Kollegen mit dem unangenehmen Körpergeruch), dann pass gut auf! Dann kann es dir leicht passieren, dass du eine Woche lang durchgehend die Spätschicht machen musst und erst dann aus dem Geschäft herauskommst, wenn die Busse nicht mehr fahren.

Lina, eine angenehme junge Frau mit einem ausgeprägten Sinn für Humor, setzte ihre reiche Fantasie ein, um sich Wege und Mittel auszudenken, um an ihrem Manager Rache zu üben. Schlussend-

6. Home Invasion

lich beschloss sie, eine Ausbildung als Fußpflegerin zu machen. Der Lebensmittelladen, in dem sie arbeitete, war nicht gewerkschaftlich organisiert, und Mitarbeiter wie Lina hatten kaum Möglichkeiten, sich gegen unfaire Arbeitszeiten zur Wehr zu setzen. Aber sogar große Gewerkschaften fanden es schwierig, sich für faire Arbeitszeiten einzusetzen, weil es nicht klar war, wie solche Zeitpläne überhaupt aussehen könnten. Wir wurden von der Frauensektion der FTQ-Gewerkschaft gebeten, die Arbeitszeiten einer großen Supermarktkette mit vielen Franchise-Unternehmen unter die Lupe zu nehmen. Als wir zur Personalabteilung von «Qualiprix»[109] kamen, waren die Mitarbeiter dort überglücklich, uns zu sehen. Sie hatten nämlich mit einer großen Mitarbeiterfluktuation zu kämpfen: Jedes Jahr verließen 80% der Belegschaft das Unternehmen. Die Personalabteilung hoffte, wir von der Wissenschaft könnten ihnen helfen, die Zufriedenheit unter den MitarbeiterInnen zu steigern. Man war von unserer Idee angetan, die Software für die Erstellung der Dienstpläne zu verbessern. Die Verbesserungen sollten unter Berücksichtigung der Familiensituation der Mitarbeiter erfolgen. Die Vertreter der Personalabteilung freuten sich über die Möglichkeit, diese Frage mit einer universitätsnahen Beratungsfirma zu diskutieren, die wir vorgeschlagen hatten.

Unsere Interessen passten jedoch nicht perfekt zusammen. Wir stellten fest, dass «Monsieur Lejeune», der Personalchef, immer von Facharbeitern und Direktionsassistenten sprach, während wir an Kassierer und Regalschlichter dachten. Seine Vorstellung von persönlichen Notfällen von Arbeitern waren Studenten, die vor einer unerwarteten Prüfung standen, während wir an Kleinkinder mit Feuchtplattern dachten. Dennoch waren sie so großzügig, um an der von uns vorgeschlagenen Studie mitzuwirken.

---

109 Wir wurden gebeten, das genaue Geschäft nicht anzugeben.

Wir beobachteten die Arbeit in zwei Geschäften und baten die Arbeiter in sieben weiteren, einen Fragebogen auszufüllen. Es war ziemlich kompliziert, die vielen Fragebögen auszuteilen. Wir besuchten die einzelnen Geschäfte und vereinbarten mit den örtlichen Filialeigentümern, dass sie ihren Arbeitern jeweils erklären sollten, wie der Fragebogen auszufüllen war; wir blieben drei Tage lang in jedem Geschäft, lange genug, um die meisten der regelmäßig eingesetzten Mitarbeiter zu erreichen. Die Läden waren sehr unterschiedlich: Einer hatte einen großen, eleganten Konferenzraum, in dem die Mitarbeiter den Fragebogen auf bequemen, gepolsterten Stühlen ausfüllen konnten. Andere waren klein oder einfach schlecht eingerichtet, wo wir gemeinsam mit den Mitarbeitern, die den Fragebogen ausfüllten, in einem winzigen, schmutzigen Personalraum zusammengepfercht waren und denjenigen im Weg standen, die versuchten, ihre Pausen zu machen oder auf die Toilette zu gehen.

In allen Geschäften war das Personal von dem Fragebogen begeistert. Fast alle die gebeten worden waren mitzumachen, sagten zu und viele dankten uns herzlich für unser Interesse an ihren Dienstplänen. Ich befürchtete, dass wir zu hohe Erwartungen bei der Belegschaft wecken würden, denn in Wahrheit konnten wir lediglich darauf hoffen, die Einstellung der Eigentümer kurzfristig zu verbessern.

Als wir unsere Beobachtungen in den Geschäften machten, konnten wir uns immer besser vorstellen, wie diese Einstellungen in etwa aussahen. In einem der Geschäfte durfte ich das große Büro des Geschäftsbesitzers benützen, wo ein Tisch in der Ecke stand, an dem die Angestellten ihren Fragebogen ausfüllen konnten. Ich war zwar froh, dass wir nicht gezwungen waren, den Pausenraum der Mitarbeiter zu besetzen, aber ich war weniger froh zu sehen, dass der Eigentümer die Arbeiter beispielsweise routinemäßig folgendermaßen begrüßte: «Das ist Bill (oder Anne, oder

6. Home Invasion

Rafael) – er ist dank einer Arbeitsplatzbeschaffungsmaßnahme bei uns». Das sollte ein lustiger Witz sein, da die Zuschüsse, auf die er anspielte, sich aus staatlichen Hilfsprogrammen für Menschen mit intellektuell-kognitiven Beeinträchtigungen speisten. Die Mitarbeiter mussten sich wohl innerlich auf die Zunge beißen, aber sie lächelten und nickten jedes Mal, wenn schon wieder der gleiche Witz kam.

Der Eigentümer bot wiederholt an, den Fragebogen ebenso auszufüllen, da seine eigene Arbeitszeit ja unbegrenzt wäre, wie er sagte. In der Tat arbeitete er auch am Samstag. Allerdings sah ich ihn nie später als um 18.00 nach Hause gehen, außerdem machte er täglich lange Mittagspausen, im Gegensatz zu seinen Untergebenen. Aber ich kann mir gut vorstellen, dass er sein Arbeitspensum ebenso beanspruchend empfand. Die Kontrolle über die Arbeitszeiten einer Belegschaft kommt ja erst dann zum Vorschein, wenn sie nicht da ist. Die Art, wie er seine verächtliche Haltung gegenüber seinen Angestellten zum Ausdruck brachte, zeigte mir, dass er offenbar das Gefühl hatte, ziemlich viel Kontrolle zu haben.

Dieser Eigentümer war der einzige, dessen Geschäft nicht gewerkschaftlich organisiert war. Deshalb fühlte er sich offenbar frei, ungeniert Witze über seine Mitarbeiter zu machen. Die Einstellungen der anderen Eigentümer waren jedoch nicht wesentlich besser; den meisten schienen die Bedürfnisse ihrer Mitarbeiter egal zu sein, und ein Eigentümer meinte, er würde die familiären Verpflichtungen seines Personals nur dann berücksichtigen, wenn diese gesetzlich verheiratet waren (was nur auf zwei Drittel aller zusammenlebender Paare in Quebec zutraf). Zugegebenermaßen machten sich die Vorgesetzten auch Sorgen, ob sie in den Fällen, wo sie die familiären Verpflichtungen der Mitarbeiter berücksichtigten, auch wirklich die Kollegen mit den notwendigen technischen Fähigkeiten zur richtigen Zeit einteilen.

Die Antworten auf den Fragebögen waren deprimierend. Die Mitarbeiter erhielten ihre Dienstpläne immer am Donnerstag oder sogar erst am Freitag, jeweils für die nächste Woche, die schon am Sonntag anfing. Das bedeutete, sie konnten bis ganz knapp vor dem Wochenende noch nicht wissen, ob sie übers Wochenende wegfahren konnten, ob sie die Konzerttickets, die man ihnen angeboten hatte, in Anspruch nehmen könnten, ob sie diese eine attraktive Brünette zu der Party ihres Freundes am Sonntagabend einladen könnten. Mehr als 80% der Befragten können ohnehin nicht viel in ihrer Freizeit tun, weil sie zumindest an einem Tag des Wochenendes arbeiten müssen; die Hälfte der Befragten hatte am vorigen Wochenende durchgearbeitet.

Sylvie war eine Kassiererin in mittleren Jahren, die sich allein um die finanziellen und logistischen Belange ihrer hochbetagten Eltern kümmern musste. Sie managte ihre Arzttermine, Einkäufe und Bankgeschäfte, sie begleitete sie, wenn sie zum Zahnarzt oder zum Friseur mussten. Auch nach 15 Jahren im gleichen Geschäft hatte sie noch nie ein freies Wochenende, und vor Donnerstag wusste sie nichts über ihre Arbeitszeiten am folgenden Wochenende. Hier ist ihre Antwort auf die Frage, welche Arbeitszeiten sie sich wünschte – ein Wunsch im Hinblick auf Arbeitsbedingungen, die die meisten Arbeitnehmer aus der Mittelschicht schon lange vor ihrem 15. Arbeitsjahr bei einem Arbeitgeber ganz selbstverständlich in Anspruch nehmen: «Ich möchte gerne immer die gleichen Tage frei haben, und zwar hintereinander. Immer die gleichen Tage und so viele Stunden an einem Tag wie möglich; die Wochenenden frei haben, so oft wie möglich. Meinen Zeitplan zumindest eine Woche im Voraus kennen ... (Bitte versuchen Sie) die Arbeitsbedingungen für Mitarbeiter mit niedrigem Gehalt zu verbessern, die sehr viele (bezahlte) Arbeitsstunden akkumulieren müssen, um sich um die Bedürfnisse ihrer Familien zu kümmern, weil sie bei bestimmten Dienstplänen einfach keine Freizeit haben.»

6. Home Invasion

Mit anderen Worten: Sylvie war mit einem Paradoxon konfrontiert. So wie viele andere Mitarbeiter mit Betreuungspflichten, musste sie viele Stunden arbeiten, weil ihr Gehalt so niedrig war. Aber die Arbeitspläne waren so unvorhersehbar und anspruchsvoll, dass sie angesichts ihrer familiären Situation nicht so viele Stunden absolvieren konnte, wie es für sie nötig gewesen wäre.

Sylvie schrieb uns bei ihrem Fragebogen lange Anmerkungen dazu, und sie war nicht die Einzige. Manche Anmerkungen waren kurz und präzise: «Grrr (dazu ein verärgertes Gesicht), ich hasse es, am Freitag zu arbeiten!» Manche klangen verärgert: «Der Arbeitgeber will häufig gar nicht wissen, was wir denken oder ignoriert unsere Meinungen, wenn wir die Arbeitspläne ausgehändigt bekommen».

Bei Qualiprix handelte es sich jedoch um einen relativ guten Arbeitgeber. Die Belegschaft war gewerkschaftlich organisiert, und der Arbeitgeber legte Wert darauf, die Mitarbeiter zu behalten. Die Personalabteilung brachte neue Ideen hervor, um die Zufriedenheit unter den Mitarbeitern zu steigern, und konnte sogar einige davon umsetzen. Aber viele Leute mit familiären Verpflichtungen konnten es sich nicht leisten, eine Arbeit in Qualiprix-Niederlassungen anzunehmen. Es war einfach unmöglich, die Dienstzeiten einzuhalten.

Als wir unsere Ergebnisse analysierten, waren wir erstaunt, dass nur ein Drittel der befragten Mitarbeiter es schwierig fand, die Arbeitszeiten mit ihren persönlichen Bedürfnissen in Einklang zu bringen. Dann begriffen wir es. Nur 17% hatten kleine Kinder oder unterhaltspflichtige Angehörige, im Vergleich zu den etwa 40% der arbeitenden Bevölkerung in Quebec; 71% hatten gar keine familiären Verpflichtungen und lebten allein. Mit anderen Worten, wenn man eine Familie hatte, suchte man sich woanders eine Arbeit. Diejenigen, die sagten, dass sie es schwierig fanden, die Arbeitszeiten mit ihrem Privatleben in Einklang zu bringen, waren unter den 56% der Mitarbeiter, die angaben, dass sie auf der Suche nach einem anderen Job waren.

Vor kurzem erhielt ich einen Call for Papers für eine psychologische Fachzeitschrift. Darin hieß es: «In der betreffenden Ausgabe soll es darum gehen, den Arbeitgebern wie auch den Arbeitnehmern zu helfen, ihre Fähigkeiten und Ressourcen zu verbessern (z.B. Zeitmanagement, Kommunikation, Organisationssinn), durch die Anwendung von Techniken zur Vereinbarkeit von Familie und Beruf. Die Frage lautet, ist es möglich, dass unsere privaten und beruflichen Lebenssphären in einem … nötigen Kompromiss koexistieren, oder sich sogar gegenseitig bereichern?»

In den Antworten der befragten Mitarbeiter über die Arbeitsstunden war wenig über Bereicherung und viel über Kompromisse zu lesen. Die Mitarbeiter gaben an, sie würden ungünstige Schichten unter der Woche hinnehmen, um zwischendurch ein freies Wochenende zu haben; sie waren bereit, spät zu arbeiten, wenn ihre Schichten wenigstens regelmäßig eingeteilt werden würden; sie würden an manchen Tagen länger arbeiten, wenn sie ihre beiden freien Tage hintereinander haben könnten. Einige Wissenschafter haben tatsächlich herausgefunden, dass sich die psychische Gesundheit von Frauen verbessert, wenn sie sowohl in der Arbeit als auch zu Hause aktiv sind, aber solche Ergebnisse der wissenschaftlichen Literatur über stimulierende Arbeit und ein bereicherndes Familienleben betrifft selten Arbeiter am unteren Ende der Gehaltsskala; meistens geht es um Fachkräfte und Manager.[110] Außerdem hat fast niemand die eigentlichen Bedingungen am Arbeitsplatz beschrieben, die es fast unmöglich machen, ein Gleichgewicht zwischen Arbeit und Familie herzustellen, und da-

---

[110] Catherine Des Rivières, Isabelle Courcy, *"Work-Family Balance": Portrait of Recent Articles and Proposals for Future Research* (Montréal: Université du Québec à Montréal, Department of Sociology, 2010).

6. Home Invasion

mit meine ich solche Arbeitsbedingungen, wie wir sie in den von uns untersuchten Geschäftsfilialen vorgefunden haben.

Die Wissenschafter, die solche Arbeiter noch nie aus der Nähe beobachtet haben, scheinen manchmal gar keine Ahnung zu haben, wogegen sie kämpfen. Ein Kollege von mir, ein Ingenieur, hatte brillante Ideen, wie man die Bedürfnisse der Familien in die Software von Qualiprix integrieren könnte, aber seine Vorstellung von den Bedürfnissen einer Familie stammten aus seiner eigenen Familie: Zwei junge, gut verdienende Hochqualifizierte mit gesunden Kindern und hilfreichen, wohlhabenden Großeltern in Pension. Als ich ihm Sylvies Anmerkungen vorlas, in denen sie händeringend um Hilfe wegen ihrer hochbetagten Eltern bat, lautete seine Antwort: «Sie sollte sich wirklich einen anderen Job suchen.» Ich weiß nicht, welche anderen Jobs es seiner Meinung nach für eine Kassiererin in ihren mittleren Jahren ohne Ausbildung in der Vorstadt gab, aber ich bin ziemlich sicher, dass Sylvie bereits alle Möglichkeiten in Betracht gezogen hatte.

Wir präsentierten unsere Studie dem Management und zum ersten Mal in meiner Laufbahn zeigten sich hochrangige Führungskräfte an meinen Forschungsergebnissen interessiert. Der Umstand, dass diejenigen Mitarbeiter, die mit den Arbeitszeiten zu kämpfen hatten, an Kündigung dachten, machte ziemlich Eindruck auf sie. Leider sprachen die Führungskräfte, so wie schon zuvor Monsieur Lejeune, viel über das hochqualifizierte Personal, verloren jedoch gar kein Wort über die KassiererInnen. Sie waren besorgt, dass die Studenten vielleicht nicht mehr bereit wären, am Wochenende zu arbeiten, aber sie übersahen dabei geflissentlich die Daten, die sich auf die negativen Effekte unregelmäßiger Arbeitszeiten auf kleine Kinder bezogen. Die Gewerkschaftsvertreterin gab mir sogar den Ratschlag, diesen Teil beim nächsten Mal ganz wegzulassen – die Manager hätten nämlich extrem gelangweilt dreingeschaut, meinte sie.

Wir hatten unsere juristischen Experten mitgebracht und gemeinsam unterbreiteten wir den Managern unseren Vorschlag: Wenn es tatsächlich darum ging, die Arbeitnehmer zufriedenzustellen, ohne von der Konkurrenz abgehängt zu werden, dann sollte man sich für staatliche Regulierungen stark machen, damit die Öffnungszeiten der gesamten Branche gleichermaßen geregelt würden. Es folgte eisiges Schweigen.

Ich musste aus dieser Erfahrung lernen, dass für diejenigen, die ein Geschäft am Laufen halten und für Profite sorgen müssen, Empathie ein Luxus ist. Monsieur Lejeune und seine Berater versuchten gar nicht, sich in die Kinder von Mitarbeiterinnen im Callcenter oder in Sylvie hineinzufühlen – und sie hatten jeden Grund, es nicht zu tun.

Ist es denn erstaunlich, dass einige von den Befragten unserer Studie skeptisch gegenüberstanden? Ein junger Mann fand treffende Worte für den Empathiemangel: «Ich weiß gar nicht, was dieser Fragebogen überhaupt bringen soll. Ich weiß ganz genau, dass es der Université du Québec scheißegal ist, wenn ich denke, dass ich nicht genug Stunden in meinem Lagerraum im Qualiprix-Laden in Saint Jeremy Québec bekomme.»[III]

Auch ich selbst weiß nicht, was es ihm gebracht hat, den Fragebogen auszufüllen. Sein Chef war eben jener Kerl, der sich seinen Untergebenen gegenüber ständig respektlos zeigte, und ich bin sicher, dass er nie Zugang zu unserem Bericht oder zu den Studienergebnissen erhalten hat. Manchmal ist der Empathiemangel einfach zu groß – es ist sehr unwahrscheinlich, dass die UQAM

[III] "Je ne vois juste pas à quoi ça donne de remplir ce for mulaire quand je sais très bien que l'UQAM en a rien à foutre que je crois que je n'ai pas assez d'heures dans mon département de [department] au [store name] [store location] Québec."

6. Home Invasion

oder irgendeine andere Universität in der Lage sein wird, die Arbeitszeiten dieses jungen Mannes zu verändern.

Nachdem die Änderungen der Arbeitszeiten in einem Geschäft für Aufruhr gesorgt hatten, rief Monsieur Lejeune mich an. «Es tut mir leid», sagte er, «aber wir haben soeben eine weitere Kette mit einigen Filialen erworben. Unsere Personalabteilung wird nun keine Zeit mehr haben, ihre Studie fortzusetzen».

In der Woche vor dem Vatertag riefen mich acht JournalistInnen an und baten um ein Interview zum Thema Vereinbarkeit zwischen Arbeit und Familie bei Vätern. Sie hatten vom Sponsor meiner Studie gehört, dass ich einiges über die Schnittstelle Arbeit/Familie zu sagen hatte. Aber alle wollten nur erfahren, ob Väter generell gestresst sind, und welche Einstellung sie zu ihren Familien haben – lauter Dinge, über die ich nichts wusste. Einige von den Frauen wollten wissen, ob die Väter zu Hause ihren Beitrag leisteten – schon wieder etwas, über das ich nichts wusste. Es war nicht leicht, die JournalistInnen dazu zu bewegen, mir über jene Elemente der Arbeitsbedingungen zuzuhören, die es den Vätern (und den Müttern) schwer machen, mit ihren Familien zusammen zu sein. Schließlich ging einem jungen Mann der Knopf auf. «Ach so, sie meinen also, es ist das System, das für die Väter schlecht ist». «Ja», sagte ich. «Das System».

7. Lehrer und Zahlen

Sie stutzen mir die Flügel!
Lehrerin an einer Mittelschule in Montreal

Lange Zeit kam ich jeden Tag im Zentrum von Montreal an einem Plakat vorbei. In großen Buchstaben stand da geschrieben: «Was vermessen wird, wird verbessert.» Wer auch immer dieses Plakat zu Gesicht bekam, wurde aufgefordert, eine Beratungsfirma zu kontaktieren, um die eigene «business performance» zu steigern. Im *Business Dictionary* (Wirtschaftswörterbuch) heißt es nämlich: «Was vermessen wird, wird verbessert. Was nicht vermessen wird, wird nicht verbessert. Messen Sie alles Wichtige.»[112] Damals arbeitete ich mit der Master-Studentin Jessica Riel an einem Forschungsprojekt. Es ging um die Arbeitsbedingungen von LehrerInnen an einer weiterführenden Schule.[113] Je weiter wir mit unserer Analyse vorankamen, desto dringender wurde mein Bedürfnis, das besagte Plakat mit faulen Eiern zu bewerfen.

Manche Dinge lassen sich schlicht und ergreifend nicht vermessen. Ich habe einen privaten Scherz mit dem Mann meines Lebens laufen, der ebenfalls einen naturwissenschaftlichen akademischen Hintergrund hat. Wenn er zu mir sagt, dass er mich liebt, frage ich immer zurück, wie viele Millicupids in seiner Liebe enthalten sind. Dann streiten wir darüber, wer wen mit mehr

---

[112] Business Dictionary, "What Gets Measured Gets Improved." www.businessdictionary.com.

[113] Jessica Riel, Karen Messing, "Counting the Minutes: Balancing Work and Family Among Secondary School Teachers in Québec," Work 40 (Supplement, 2011): 59–70.

Millicupids liebt, und jeder von uns versucht zu beweisen, dass er selbst mehr Millicupids produziert. Wir haben viele Methoden erarbeitet, von denen nicht alle öffentlichkeitstauglich sind, um die Anzahl der Millicupids zu ermitteln. Aber das ist eben nur ein Scherz zwischen uns beiden. Leider verstehen nicht alle Leser des *Business Dictionary* die Pointe daran und versuchen Dinge zu vermessen, die nicht messbar sind, was zu fürchterlichen Konsequenzen führt.

In Quebec ist derzeit ein Mann namens François Legault ziemlich erfolgreich. Er hat eine politische Partei ins Leben gerufen und verspricht, alle unsere Probleme zu lösen, indem er Methoden anwendet, die er in seiner Zeit als Chef einer Fluglinie entwickelt hat. Beispielsweise möchte er das Bildungssystem verbessern, weil in unserem Land nicht genügend Schüler die Highschool vor ihrem 20. Geburtstag abschließen. Sein Lösungsvorschlag schaut folgendermaßen aus: Die Lehrergehälter sollten um 20% steigen, dafür sollten die Leistungen der Lehrer zwei Mal im Jahr anhand einer provinzweiten Prüfung ihrer Schüler evaluiert, und Umfragen unter den Eltern durchgeführt werden, um herauszufinden, ob diese mit den Erfolgen ihrer Sprösslinge zufrieden sind. Die Lehrer sollten keine fixen Verträge mehr haben, und somit könnten diejenigen, die laut den Messungen von Legault schlechte Arbeit abliefern, gefeuert werden.[114]

Eine Messung mit solchen Methoden ist offensichtlich problematisch. Wie gedenkt Monsieur Legault die Unterschiede nach Schule und Klasse bei der Klientel, beim Bildungsgrad der Eltern und bei den Ressourcen, die Schulen und Lehrern zur Verfügung gestellt werden, auszugleichen? Wie wird er mathematisch mit

---

[114] "François Legault et l'éducation: trois idées contestées," La Presse, 13. 4. 2011. www.cyberpresse.ca.

der Anzahl von Schülern mit Lernschwierigkeiten pro Klasse umgehen, mit der Anzahl von Schülern, deren Muttersprache weder Französisch noch Englisch ist, mit der Anzahl von Eltern, die keine Ahnung haben, was in der Schule ihrer Kinder passiert, die aus Gründen, die nichts mit dem Lehrer zu tun haben, wütend auf die Schule sind oder die nicht qualifiziert sind, den Unterricht zu bewerten? Aber in einem Punkt hat das Wirtschaftswörterbuch recht. Es ist sehr wahrscheinlich, dass sich das, was vermessen wird, verbessern wird. Wenn ihre Arbeit davon abhängt, werden wahrscheinlich eine ganze Reihe von Lehrern und Schulleiterinnen dafür sorgen, dass die abgefragten Indikatoren Fortschritte anzeigen. Werden die Lehrerinnen und die Schulleiter dann schlechte Leistungsträger davon abhalten, sich in ihre Schule einzuschreiben? Werden sie den Stoff ignorieren, der nicht in den provinzweiten Prüfungen enthalten ist? Werden sie für die Eltern Partys veranstalten, um sie gnädig zu stimmen? Werden sie den SchülerInnen sogar kleine Hinweise auf die Prüfungsfragen geben?

Verständlicherweise machen sich Eltern und daher auch Regierungen Sorgen um das Bildungssystem. Für die Eltern gibt es nichts Wichtigeres als die Zukunft ihrer Kinder, und viele haben das Gefühl, dass ihr Kind zu wenig Hilfe, Wertschätzung oder Verständnis von seinen Lehrern bekommt. Die Idee, die Pragmatisierung für inkompetente Lehrer abzuschaffen, wird Monsieur Legault viele Stimmen einbringen, aber unsere Studien über die Arbeitsbedingungen von Lehrern haben uns gezeigt, dass es nicht einfach ist, die Leistung von Lehrern zu quantifizieren und dass dahingehende Versuche zu Katastrophen führen können. Wie kann man die Arbeitsbedingungen für Lehrer verbessern und gleichzeitig qualitativ hochwertige Bildung gewährleisten? Nun ja, man könnte den finnischen Ansatz ausprobieren – die Klassen radikal zu verkleinern und den Lehrerberuf zu einem der prestigeträchtigsten, attraktivs-

7. Lehrer und Zahlen

ten Berufe aufwerten.[115] Allerdings möchte Monsieur Legault Steuern senken und weniger Geld für Schulen ausgeben, also ist dieser Lösungsansatz ausgeschlossen.

Das Gehalt als Maßstab für die Zufriedenheit des Angestellten und entsprechend für die Leistung im Beruf heranzuziehen ist ebenfalls keine perfekte Methode. Eine Studie hat gezeigt, dass eine Gehaltserhöhung für Lehrer nicht unbedingt mit einer besseren Leistung der Schüler einhergeht.[116] Aber was noch wichtiger ist: Ich habe noch nie einen Lehrer getroffen, der gesagt hätte, dass das Gehalt die wichtigste Quelle seiner Job-Zufriedenheit sei. Ich möchte nicht in Abrede stellen, dass Lehrer besser bezahlt werden als Handelsangestellte oder Reinigungskräfte, und ich bin sicher, dass die Lehrer sich dessen bewusst sind und sich darüber freuen. Aber, wie auch in anderen Sektoren des öffentlichen Dienstes, ist das Gehalt nicht die wichtigste Währung, mit welcher das Prestige der Lehrerschaft ausgedrückt wird.

Gehen wir kurz zurück zu den Millicupids. Als wir eine Studie über VolksschullehrerInnen durchführten, fanden wir heraus, dass diese durch Liebe motiviert waren. «Es ist der schönste Beruf überhaupt.» «Wir fühlen uns von 27 Menschen geschätzt!», erzählten sie. Man könnte sogar sagen, Liebe ist ein notwendiges Werkzeug für ihren Beruf; würden sie ihre Schüler nicht lieben, könnten sie gar nicht unterrichten. Sie erklärten uns, ihre Arbeit bestünde darin, «eine Reise» anzutreten, mit 25 bis 30 neuen Kindern vom September bis Juni, jedes Jahr aufs Neue. Im September vermissten sie die Kinder vom Vorjahr, und die neuen Kinder

---

115 Pasi Sahlberg, *Finnish Lessons* (New York: Teachers College Press/Columbia University, 2011).

116 Helen F. Ladd, "Teacher Labor Markets in Developed Countries," Future Child 17 (2007): 201–17.

waren ihnen noch fremd. Im Laufe des Jahres fanden sie allmählich heraus, wo jedes Kind auf seinem Bildungsweg stand, denn sie erkannten die Bedürfnisse, Probleme und Fähigkeiten jedes einzelnen Kindes. Mit der Zeit fanden sie heraus, wie sie jedes Kind auf seinem Weg begleiten konnten. Häufig beschrieben sie ihr Verhalten geradezu als Verführung; sie setzten alle möglichen Strategien ein, um die Kinder zu motivieren. «Ich hab ihn!», erzählte ein Lehrer einer vierten Schulklasse, dem es gelungen war, einen neun Jahre alten Schüler lange genug zu beruhigen und zu ermutigen, bis dieser schließlich in der Lage war zu verstehen, was Multiplizieren bedeutete.

Mir wurde schließlich klar, was LehrerInnen im Hinblick auf ihre Schüler empfanden, als eine Lehrerin mir erklärte, wie sie monatelang daran gearbeitet hatte, die Haltung eines nicht kooperativen Elternteils zu verändern: «Ich tat es für das Kind ... sie hat zwei jüngere Brüder, die bald nachfolgen werden, also werden alle davon profitieren.» Die Lehrerin erzählte mir, wie schwer es für sie gewesen war, ihr Handeln gegenüber ihrem Ehemann zu erklären, denn dieser war der Meinung, sie sei zu stark in ihre Arbeit involviert. Er riet ihr, «sich emotional abzugrenzen» und Abstand zu den Schülern zu gewinnen. Sie beharrte jedoch auf ihrem Standpunkt, dass sie ohne Liebe ihre Arbeit gar nicht machen könnte.

Können wir den idealen emotionalen Abstand in Millicupids messen? Als wir VolksschullehrerInnen in acht Klassenzimmern 43 Stunden lang beobachteten, was konnten wir da numerisch erfassen? Wir mussten schließlich einige Indikatoren messen: Die Satzlängen der LehrerInnen, die Dauer ihrer Augenbewegungen, die Zeitspanne, in der ihre Rücken sich über die Schülerbänke beugten, die Anzahl der Telefonanrufe und anderer Kontakte, die außerhalb des Unterrichts stattfanden, um Kindern in einer schwierigen Lage oder missbrauchten Kindern zu helfen, die Zimmertemperatur, die

7. Lehrer und Zahlen

Luftfeuchtigkeit und den Geräuschpegel im Klassenzimmer.[117] Beispielsweise fanden wir heraus, dass die durchschnittliche Satzlänge eines Lehrers in der 1. Schulklasse 8,7 Sekunden betrug, und in der 4. Klasse 14,4 Sekunden. Das schien uns geeignet zu sein, um zu zeigen, dass die Aufmerksamkeitsspanne der Kinder länger wurde, und es illustrierte darüber hinaus eine der vielen Methoden, die LehrerInnen anwandten, um ihre Erklärungen dem Zustand der Kinder im Klassenzimmer anzupassen.

Das Vermessen diente uns also dazu, einige Aspekte der Kompetenzen der Lehrkräfte sichtbar zu machen. Aber konnte Monsieur Legault diese Zahlen tatsächlich gebrauchen? Konnte er die Satzlänge in eine Komponente umwandeln, die Teil einer Gleichung wäre, um das Lehrergehalt zu ermitteln? Würde er die Sätze länger oder kürzer oder variabler haben wollen? Sagten die Sätze wirklich etwas über die Kompetenz aus? Wir könnten etwas mit den Messungen von Temperatur und Feuchtigkeit anfangen, die in allen Klassenzimmern zumindest manchmal außerhalb der gewünschten Parameter lagen. Es war denkbar, die Zeiten, die außerhalb der gewünschten Limits lagen, für Schul-Rankings heranzuziehen, aber damit würde man die Leistung der Lehrer nicht evaluieren können. Vielleicht könnten die Lehrer Punkte bekommen, wenn sie einen Wasserkrug zur Verfügung stellten – aber manche hatten keine Wasserkrüge und sagten, die Schüler würden immer wieder aufstehen, um Wasser zu holen, was die Konzentration der Mitschüler störte. Was war richtig? Wer sollte die Gehaltserhöhung bekommen?

---

117 Karen Messing, Ana María Seifert, Evelin Escalona, "The 120-Second Minute: Using Analysis of Work Activity to Prevent Psychological Distress Among Elementary School Teachers," Journal of Occupational Health Psychology 2 (1997): 45–62.

Die Verwendung von Zahlen zur Kontrolle von Aspekten des Unterrichts hat eine wechselvolle Geschichte. Zum Beispiel wird die Zuteilung von so und so vielen Stunden pro Unterrichtsfach schon seit geraumer Zeit in Volksschulen für die Aufteilung der Schulzeit verwendet, aber wir waren nicht davon überzeugt, dass dies die beste Idee war. Wir fanden es beeindruckend, wie die Lehrerinnen und Lehrer die Fortschritte von 27 Kindern auf einmal verfolgen konnten, indem sie ein geistiges Register jedes Einzelnen und seiner/ihrer kleinen Siege und Niederlagen in Grammatik und Mathematik führten. Aber diese ansonsten kompetenten Erwachsenen kamen immer wieder durcheinander, wenn es darum ging zu bestimmen, an welchem Tag was passiert war. Die Schule in der Vorstadt, die ich beobachtete, hatte eine Sechstagewoche: der erste Schultag im Jahr war Tag 1, der nächste Tag war Tag 2 usw., sodass aufeinanderfolgende Montage (z.B.) Tag 1, Tag 6, Tag 5 usw. waren. Soweit ich es herausfinden konnte, lag der Grund dafür darin, dass jedem Fachbereich eine bestimmte Anzahl von Minuten pro Jahr zugewiesen wurde, und die Anzahl der Minuten passte nicht genau in eine Fünf-Tage-Woche. Außerdem haben Feiertage die unangenehme Angewohnheit, auf Montage und Freitage zu fallen, sodass die Aufstellung eines regelmäßigen Fünftagesplans bedeuten würde, dass der für den Montag vorgesehene Unterrichtsstoff einige Minuten verlieren könnte. Anstatt die Lehrer ausarbeiten zu lassen, wie sie ihren Stoff abdecken möchten, hat der Schulvorstand die Zeitabschnitte auf einer sechstägigen Basis geplant, wobei jede Minute festgelegt und gezählt wurde.

Da Kinder nun einmal Kinder sind, variierten die Minuten, die ein Lehrer während jeder geplanten Zeitspanne tatsächlich für den vorgeschriebenen Unterrichtsstoff aufwenden konnte, natürlich stark. Eines Tages erwähnte ein Schüler während einer Unterrichtsstunde über Gerundien, dass sein Großvater gestorben sei, und der Lehrer begann mit ihm (wie es gute Lehrer tun) darüber

7. Lehrer und Zahlen

zu reden, bevor er wieder die Gerundien in die Diskussion einfließen ließ. An einem anderen Tag brach ein kleines Mädchen während der Rechenstunde in Tränen aus, und die Lehrerin nahm sich (wie es gute Lehrerinnen tun) Zeit, um herauszufinden, warum sie weinte und um sie zu trösten. Die Kinder übergeben sich in der Klasse, stellen unerwartete Fragen, verstehen schneller als erwartet, werden durch vorbeifliegende Vögel abgelenkt, usw., usw. Und wir haben beobachtet, wie mehrere gute Lehrerinnen und Lehrer solche Ereignisse nutzen konnten, um etwas daraus zu lehren. Eine minutengenaue Stundenplanung in der Volksschule ist lächerlich, unangemessen und ineffektiv, wenn es darum geht, die Verteilung der Unterrichtszeit zu bestimmen.

Aber die Stundenplanung hatte einige Auswirkungen auf die Arbeit der Lehrer. An vielen Tagen, als ich in der Früh ins Lehrerzimmer kam, gab es eine Diskussion darüber, wie viele Tage es genau waren. Manchmal hatte eine Lehrerin die «falsche» Unterrichtsstunde vorbereitet oder einen Termin für die Freistunde falsch geplant. Ich selbst geriet in Verwirrung darüber, wann und wen ich beobachten sollte. Und der sechstägige Zeitplan stiftete Verwirrung durch Besuche von Lernspezialisten und anderen Aussenstehenden, deren Arbeitswoche von Montag bis Freitag dauerte.

Als wir die Mittelschullehrer untersuchten, war der «Minuten»-Ansatz gerade erweitert worden. Obwohl die Mittelschulen seit langem eine sechs- oder sogar elftägige Planung hatten, stand die Vorbereitungszeit der Lehrer immer noch unter ihrer Kontrolle. Aber 2005 beschloss die Regierung, bei der Arbeitsbelastung der Lehrer einen stärker direktiven Ansatz zu verfolgen. Es war bekannt, dass die Lehrerinnen und Lehrer Zeit außerhalb des Unterrichts verbrachten, um die Schularbeiten der Schülerinnen und Schüler zu korrigieren und den Unterricht vorzubereiten; wir hatten festgestellt, dass Volksschullehrerinnen und -lehrer durchschnittlich 16,1 Wochenstunden solcher Aktivitäten zusätzlich zur bezahlten Arbeitswoche verzeichneten.[118] Sie warnten uns davor zu glauben, dass diese Aktivitäten ihre Arbeitswoche bestimmten. «Es gibt drei Zeitpläne: Bezahlt wird man für 27 Stunden. Die tatsächliche Arbeitszeit für das Planen, Korrigieren und Erstellen beträgt vielleicht noch 16 weitere Stunden. Und das ständige Nachdenken darüber, das passiert sowieso dauernd.»

Ich weiß nicht, wie die Zahl zustande kam, aber mit dem Tarifvertrag 2005–2010 wurde für Highschool-Lehrer die Verpflichtung eingeführt, fünf beaufsichtigte Stunden pro Woche in der Schule zu verbringen und «persönliche» Arbeit zu verrichten, definiert als Unterrichtsvorbereitung, Korrekturen, Berichterstattung über den Fortschritt der Schüler, Zusammenarbeit mit anderen Lehrern oder Schulfachleuten und Erledigung anderer schulbezogener Aufgaben. In der Schulkommission, über die die angehende Ergonomin Jessica Riel ihre Diplomarbeit schrieb, mussten die Lehrer im Voraus «Protokolle» (Stundenzettel) ausfüllen. Auf denen mussten sie die Aufgabe angeben, die sie erledigen würden, dazu die genaue Tageszeit und den genauen Ort in der Schule an dem sie diese Aufgabe erledigen würden. So wurden Bedingungen geschaffen, bei denen ihre physische Anwesenheit überprüft werden konnte. Falls erforderlich, konnte die Arbeit nach rechtzeitiger Ankündigung auch auf einen anderen Ort verlegt werden, aber jeder Ortswechsel musste genehmigt werden. Anstatt ihre Arbeit in Ruhe zu Hause zu erledigen, wo die meisten von ihnen (auf eigene Kosten) mit Computern, angemessenen Schreibtischen, Telefonen und einer ruhigen Umgebung ausgestattet waren, mussten sie die «Protokoll»-Anforderungen in der Regel im Lehrerzimmer erfüllen, das überfüllt und laut war und wo nur drei Computer für das gesamte Personal zur Verfügung standen. Telefongespräche mit Eltern oder

---

118 Karen Messing, Ana María Seifert, Evelin Escalona, "The 120-Second Minute."

7. Lehrer und Zahlen

Sozialarbeitern konnten offiziell nur geführt werden, wenn das Gespräch außerhalb des Lehrerzimmers stattfand, vorausgesetzt, das Telefon war überhaupt gerade frei. Und natürlich war man damit für einen Rückruf kaum erreichbar.

Ein Französischlehrer sagte zu uns: «Man möchte die Schularbeiten korrigieren, aber es gibt immer jemanden, der einem eine Frage stellt, oder andere Lehrer, die sich miteinander unterhalten. Manchmal läutet das Telefon, und man hebt ab, weil man am nächsten ist. Es ist schwer, sich zu konzentrieren.» Im Allgemeinen wurden die fünf Stunden Arbeit in der Schule nicht von den 16 Stunden zu Hause abgezogen, sondern ergänzt. Die unbezahlte Arbeitswoche der LehrerInnen wurde also verlängert, weil die Regierung die freiwillig geleistete Arbeit, messen und kontrollieren wollte. Aber für die Lehrer, mit denen wir sprachen, war das Schlimmste an dem «Protokoll»-System nicht die Überlastung, sondern die erlittene Kränkung. Ein Zeichenlehrer sagte: «Diese ganze Überwachung ... Wir haben das Gefühl, wie Schulkinder behandelt zu werden.» Eine Französischlehrerin drückte es poetischer aus: «Sie stutzen mir die Flügel! Ich gebe mich mit Leib und Seele hin, und sie sind trotzdem nicht zufrieden.»

Der Schuldirektor wiederum mochte das System sehr gern. «Es steigert die Leistungen. Es geht um die Anerkennung sämtlicher Aufgaben der Lehrer. Ich bin froh, dass im Tarifvertrag diese Anerkennung nun formuliert ist: ‹Ihr macht mehr, und wir schätzen es.› Die Lehrer können nun ihre Zeit planen, und das erlaubt es ihnen, sich gut zu organisieren.» In Wirklichkeit haben viele Studien[119]

---

[119] Jacqueline Dionne-Proulx, "Le stress au travail et ses conséquences potentielles à long terme: le cas des enseignants québécois," Revue canadienne 20 (1995): 146–5; Nathalie Houlfort, Frédéric Sauvé, *Santé psychologique des enseignants de la Fédération autonome de l'enseignement* (Montréal: École nationale d'administration publique, 2010).

gezeigt, dass die LehrerInnen in Quebec und anderswo gestresst und überarbeitet sind.

In den vorangegangenen Kapiteln habe ich über unsere Erfahrungen mit Arbeitern und ArbeiterInnen gesprochen, deren Prestige niedrig ist, aufgrund fehlender Bildung und aufgrund der Wahrnehmung, ihre Fähigkeiten seien auf einem niedrigen Niveau. Wir hatten erwartet, dass die Lehrer mit mehr Respekt behandelt würden, da sie gut ausgebildet sind und ihnen ja unsere Kinder anvertraut werden. Entscheidungsträger und Eltern aus der Mittelschicht sollten wohl eher bereit sein, mit Lehrern zu sympathisieren als mit Putzfrauen oder Rezeptionisten. Seltsamerweise werden Lehrer häufig Zielscheiben für denkbar aggressive und verächtliche Verhaltensweisen.

Die Soziologin Irène Demczuk führte eine Analyse der Berichterstattung über Lehrer durch, als sie bei CINBIOSE arbeitete.[120] Sie durchforstete vier Tageszeitungen in Quebec (*La Presse*, *Le Devoir*, *Le Soleil* und *La Tribune*) über einen Zeitraum von zwei Monaten nach Artikeln über Unterricht an öffentlichen Schulen oder Lehrer. Sie fand 149 Artikel und kam zu der Schlussfolgerung, dass die Öffentlichkeit sich offenbar sehr stark für das Unterrichten interessierte, was uns ja keineswegs überraschte. Sie identifizierte sechs Themen in den Artikeln: Arbeitsbedingungen, Lehrerausbildung, Programmreform, pädagogische Tage, Religionsunterricht an den Schulen und Leistungen von Lehrern. In zwei Kategorien (Leitartikel und Leserbriefe) waren divergierende Meinungen stärker vertreten als reine Nachrichten, besonders über die pädagogischen Tage (Tage, an denen die Schule geschlossen ist, aber die Lehrer Fortbildungen besuchen oder ihren Unterricht planen) und die

---

[120] Karen Messing, Ana María Seifert, Evelin Escalona, "The 120-Second Minute."

7. Lehrer und Zahlen

Lehrerausbildung. Die pädagogischen Tage waren damals heiß diskutiert, weil das Bildungsministerium die Anzahl dieser Tage reduzieren wollte. Im Zuge der öffentlichen Debatte wurden Lehrer häufig als Personen dargestellt, die wenig arbeiten («nur 200 Tage im Jahr» und «nur 27 Stunden pro Woche»). Tage, an denen Lehrerkonferenzen und Fortbildungen stattfanden, wurden als «Urlaub» bezeichnet, was fälschlicherweise implizierte, dass die LehrerInnen an solchen Tagen nicht arbeiteten. Die Tage, an denen außerhalb des Klassenzimmers gearbeitet wurde, wurden manchmal so beschrieben, als handle es sich um Seminare für Persönlichkeitsentwicklung und nicht etwa um berufsbezogene Aktivitäten. Die Lehrer wurden dargestellt, als ob sie das Unterrichten vermeiden wollen. «Mir ist nicht nach Arbeiten zumute», lautete die Überschrift eines Leitartikels, der den Kampf um zusätzliche Tage für Fortbildungen beschrieb.[121] «Eine Gruppe von Lehrern geht auf die Barrikaden, um nicht drei weitere Tage mit ihren Schülern verbringen zu müssen», lautete ein Satz aus einem anderen Artikel.[122] Es ist verständlich, dass berufstätige Eltern an ihren Arbeitstagen keine Lust haben, sich um die Kinderbetreuung zu kümmern, dennoch ist es schwer zu verstehen, warum diese Energie gegen die Lehrer gerichtet wird, anstatt bei den Schulkommissionen andere Möglichkeiten für Kinderbetreuung einzufordern.

Die Lehrer stoßen auf die gleichen negativen Einstellungen, wenn sie die Eltern ihrer Schüler treffen. Eine Lehrerin der ersten Klasse musste einem skeptischen Vater erklären, dass man für ihre Arbeit Qualifikationen benötigte, dass es sich nicht einfach nur um Babysitting handelte. Er glaubte ihr erst, als sie ihm eine

---

121 Lysiane Gagnon, "Pas le gout de travailler [Don't feel like working]," La Presse, 7. 5. 1994, B3.

122 Agnès Gruda, "20 journees pedagogiques sur 200 [20 pedagogical days out of 200]," La Presse, 9. 6. 1994, B2.

Unterrichtsstunde überließ. Er hielt zehn Minuten durch, bevor er zugeben musste, dass er keine Ahnung hatte, wie er eine Klasse sechsjähriger SchülerInnen unter seine Kontrolle bringen sollte.

Jessica und ich bekamen selbst auch eine Dosis solcher Vorurteile ab, als wir bei der jährlichen CINBIOSE Forschungskonferenz den anderen CINBIOSE-Forschern eine Studie über die Arbeit von Lehrern präsentierten. Unsere Studie betraf die fürchterlichen Arbeitsbedingungen von LehrerInnen, und wir dachten, unser Publikum würde mit ihnen sympathisieren.[123] Wie bei unseren Forschungen über Volksschullehrer hatten wir auch hier herausgefunden, dass die Klassenzimmer laut, schmutzig und schlecht geheizt waren. Es bestätigte sich, dass die Lehrer den ganzen Tag auf den Beinen waren und von Rückenschmerzen berichteten. Zusätzlich fanden wir heraus, dass in einigen Highschools die Lehrer nicht ausreichend Unterstützung vom Schuldirektor erhielten, wenn sie für Disziplin unter den Schülern sorgen wollten. Aber die Diskussion unserer Forschungsergebnisse ging bald in eine andere Richtung. Anstatt über die Arbeitsbedingungen von Lehrern nachzudenken, begannen sich unsere Zuhörer, lauter ForscherInnen im Bereich öffentliche Gesundheit, über die Fehler, die Dummheit und die Inkompetenz der Lehrer ihrer eigenen Kinder auszutauschen. Alle anderen Präsentationen waren auf eine wissenschaftliche Weise diskutiert worden, diese eine nicht.

Was noch seltsamer anmutete, war der Umstand, dass die Lehrer selbst in ihrem eigenen Berufsstand auf Empathiemangel stießen. Unsere Präsentationen bei der Lehrergewerkschaft waren die einzigen, bei denen wir große Schwierigkeiten hatten, das Thema der Arbeitsbedingungen in der Diskussion beizubehalten. Beispielsweise wurden wir gebeten, eine Präsentation für die Gewerkschaft

---

123 Jessica Riel, Karen Messing, "Counting the Minutes."

7. Lehrer und Zahlen

zum Thema prekäre Beschäftigungsverhältnisse unter Lehrern in der Erwachsenenbildung vorzubereiten, wobei 86% von ihnen nur kurzfristige Arbeitsverträge oder nur Gelegenheitsarbeit hatten, selbst nach 15 oder 20 Jahren im Job. Wir hatten viele Themen, die wir beleuchten wollten: der Kampf der Lehrer, ohne ökonomische Sicherheit zu überleben; wie gingen die Lehrer damit um, dass sie in drei oder mehreren Schulen gleichzeitig arbeiteten, ohne dass sie über einen eigenen Büroraum verfügten; Urheberstreitigkeiten über die Rechte der Lehrer auf die von ihnen entwickelten Unterrichtsmaterialien. Wir hatten größere Änderungen in der Regierungspolitik erlebt, die die Nachfrage nach Lehrern nach oben und unten schnellen ließen, Budgetreformen, die nach Beginn des Schuljahres eintraten, und unvorhergesehene Entscheidungen, die das Eintrittsalter für Schüler plötzlich von Erwachsenen auf Jugendliche herabsetzten. Und wir hatten die Auswirkungen auf die Lehrer gesehen, die zu Beginn jedes Schuljahres ängstlich am Telefon warteten, die im Alter von 45 Jahren immer noch kein Eigenheim erwerben konnten, die aber Überstunden machten, um MigrantInnen zu helfen, und die gegen Regeln verstießen, um ärmere Schüler zu schützen.[124]

Wir kamen nie wirklich dazu, der Gewerkschaftsversammlung davon zu erzählen, weil die meiste Zeit, die für unsere Präsentation vorgesehen war, auf eine Diskussion über Schulbusse an einer Volksschule draufging. Wir hörten verwirrt zu, als die Lehrer der Erwachsenenbildung sich mit den anderen zusammenschlossen, um zu diskutieren, wie ihre Gewerkschaft mehr Busse bekommen und die Busfahrpläne ändern könnte. Wir konnten nicht

---

[124] Karen Messing, Ana María Seifert. "'On est là toutes seules' Contraintes et stratégies des femmes en contrat à durée déterminée dans l'enseignement aux adultes," Travailler 7 (2002): 147–6.

verstehen, wie das die Arbeit der Lehrerinnen und Lehrer beeinflussen würde – und in der Tat war dem auch nicht so, zumindest nicht direkt. Die Lehrer wollten, dass die Gewerkschaft in einer Frage der Sicherheit und des Komforts der Kinder eingriff, und sie ließen nicht locker, bis der Gewerkschaftsvorstand zustimmte, obwohl ihre Forderungen nichts mit dem traditionellen Ziel der Gewerkschaften zu tun hatten: die Verbesserung des Lebens der Arbeitnehmer.

Die in der gewerkschaftlichen Bildungsarbeit tätige Dorothy Wigmore erzählt mir, dass sie die gleichen Schwierigkeiten hatte, Lehrergewerkschaftsvertreter in Westkanada dazu zu bringen, über die Gewalt zu sprechen, die sie durch Eltern und Schüler erlebt hatten. Bei einem gewerkschaftlichen Gesundheits- und Sicherheitstraining zum Thema Mobbing in der Schule verbrachten die Lehrer ihre Zeit damit, über Möglichkeiten und Ressourcen zu sprechen, die die Schülerinnen und Schüler daran hindern sollten, sich gegenseitig zu schikanieren, und brachten nicht genug Interesse für ihre eigenen Erfahrungen mit Mobbing auf.

Es ist nicht so, dass den Lehrern ihr eigenes Wohlergehen gleichgültig wäre. Aber ihr Wohlergehen ist eng damit verbunden, wie sich die Kinder fühlen, und ihre Fähigkeit zu unterrichten wird von ihrer Liebe zu den Schülern bestimmt. Ohne Liebe büßen sie ihre Geduld ein und ihre Fähigkeit zu unterrichten. Wenn zudem die Luft im Klassenzimmer zu trocken, zu warm oder zu kalt ist, fühlen sich die Kinder unbehaglich und unruhig. Wenn sie gemobbt werden, ist die Atmosphäre im Klassenzimmer angespannt. Wenn die Schüler das Gefühl haben, dass die Lehrer sie lieben, beschützen und schätzen, lernen sie leichter.

Im weiteren Sinne erhalten LehrerInnen ihre Arbeitszufriedenheit und Selbstachtung, indem sie ihr Wissen an ihre Schüler weitergeben. In den unteren Klassenstufen kümmern sie sich liebevoll um die Kinder und wollen, dass die Kinder etwas lernen. Wenn die

7. Lehrer und Zahlen

Schülerinnen und Schüler älter werden, kühlen die Beziehungen zwischen Schülern und Lehrern ab, aber die Lehrerinnen und Lehrer sind immer noch leidenschaftlich daran interessiert, dass die Schülerinnen und Schüler Fortschritte machen.

Daher ist die Neigung der Lehrer, sich auf das Wohl der Schüler zu konzentrieren, verständlich. Aber es wäre vielleicht besser – für sie und für die Schüler –, wenn die Eltern, die Schulbehörden und die Regierung sie unterstützen würden. Stattdessen nimmt sich das Vorgehen der Regierung wie Mobbing aus.

In einer Zeit, in der ich Lehrer beobachtete, brachte Pierre einen Kollegen zum Abendessen mit, dessen Frau Schuldirektorin war. Ich freute mich über die Gelegenheit, ihre Sicht auf die Krise der psychischen Gesundheit unter Lehrern zu erfahren. Mehr als jeder fünfte Lehrer gab in den ersten fünf Jahren seiner Lehrtätigkeit den Beruf auf, und viele gingen wegen Burnout vorzeitig in den Ruhestand.[125] Ich fragte die Schulleiterin, ob dies ihrer Sicht der Situation entsprach. «Ja», sagte sie, «sie fallen um wie die Fliegen. Wir haben jetzt ständig [Arbeitsunfall-]Fälle», sagte sie. Ich fragte: «Haben Sie ein Programm zur Prävention?» «Natürlich», antwortete sie. Ich war begeistert und fragte: «Was ist Ihr Ansatz?» «Wir kämpfen in jedem einzelnen Fall», antwortete sie stolz und fuhr fort zu erklären, wie ihre Schulbehörde Anwälte engagiert hatte, um sicherzustellen, dass das Burnout der Lehrer nicht als berufsbedingte Krankheit anerkannt wurde. Viele Gerichtsbeschlüsse gingen noch weiter und schließen Burnout bei Lehrern per Gesetz

---

125 J. Mukamurera, "L'insertion professionnelle chez les jeunes: un problème complexe qui commande une stratégie globale." In Actes de colloque –Pour une insertion réussie dans la profession enseignante: passons à l'action! (Québec: Ministère de l'Éducation du Québec, COFPE, CRI-FPE, 2004); M. Perreault, M., "Un salarié de la CSQ sur trois est en situation à risque d'épuisement professionnel au travail." Union press release, 24. 8. 2004. www.csq.qc.net, abgerufen am 21. 7. 2010.

ausdrücklich von der Arbeitnehmerentschädigung aus. Ich frage mich, warum sie das für notwendig halten – könnte es sein, dass unter den gegenwärtigen Bedingungen in diesem Beruf viele Lehrer unter Stress stehen und die potenziellen Kosten der Entschädigung sehr hoch sein könnten?

Der Widerspruch zwischen ihrer Beobachtung, dass die Lehrer «wie die Fliegen umfielen», und den Anwälten, die zu beweisen versuchten, dass der Stress der Lehrer nichts mit der Arbeit zu tun hat, schien der Schuldirektorin entgangen zu sein. Sie erinnerte mich an einen Wissenschafter, den ich ein paar Jahre zuvor kennengelernt hatte, der ein System erfunden hatte, mit dem man berechnen konnte, welcher Anteil einer Krebserkrankung bei einem Arbeiter auf seinen Job zurückzuführen war. Als ich diesen «Professor Zahlen» auf einem Seminar begegnete, erzählte er mir, dass die Arbeitgeber ihn als Zeugen bei Prozessen über die Entschädigung von Arbeitnehmern nominieren würden. Sie fanden ihn nützlich, weil sein System es ihnen erlaubte, die Anträge auf Entschädigung anzufechten, da die Krebserkrankungen scheinbar nicht durch den Arbeitsplatz verursacht wurden. Er erwähnte, dass ein Arbeitgeber ihn sehr beschäftigt habe, da eine Reihe von Arbeitnehmern in dieser Fabrik Blasenkrebs hatten. Sein Fazit war, dass er zu viel Zeit damit verbrachte, auszusagen, dass ihre Krebserkrankungen nicht durch die Exposition am Arbeitsplatz verursacht wurden, und er darüber seine eigene Forschung vernachlässigt hatte. Aber, so sagte er, er sei recht erfolgreich gewesen und hätte viele Fälle gewonnen. Ich fand das etwas schwierig zu verstehen: Wenn die Fälle dieser seltenen Krebsart nicht mit dem Arbeitsplatz zusammenhingen, warum gab es dann so viele Fälle in dieser Fabrik?

Es sind Zahlen wie diese, die mich dazu bringen, dem «Business Report»-Ansatz zur Arbeitsorganisierung zu misstrauen. Ob es nun darum geht, zu berechnen, wie viele Stunden Pflege pro

7. Lehrer und Zahlen

Tag erforderlich sind, damit sich der Zustand von Patienten nicht verschlimmert, oder wie viele Minuten Rechenunterricht ausreichen, um lange Divisionen zu lehren – die Zahlen scheinen ein Eigenleben zu bekommen. Anstatt ein grober Anhaltspunkt für die Personalbesetzung zu sein, neigen sie dazu, zu einem Leistungsstandard zu werden. Und sie enthalten selten einen Spielraum, um die zusätzliche Zeit zu berücksichtigen, die etwa das Anziehen von Stützstrümpfen bei fettleibigen oder unter Schmerzen leidenden Patienten in Anspruch nimmt; unberücksichtigt bleibt auch der einsame, geschwätzige Patient, oder die Klasse, in der die Hälfte der Kinder die Unterrichtssprache nicht gut spricht.[126]

Zahlen, die die Arbeit beschreiben, können hilfreich sein, um ein Problem zu veranschaulichen, z.B. als Ana María abzählte, wie oft die Bankkassierer unterbrochen wurden. Die Zahlen zeigten, dass das System zum Austausch von Informationen über Bankverfahren fehlerhaft war und verbessert werden sollte. Zahlen können sogar hilfreich sein, um den Fortschritt bei der Lösung eines Problems zu verfolgen, etwa als wir den Anteil der körperlich anstrengenden Aufgaben zählten, die in den Pflegeheimen untereinander aufgeteilt wurden. Aber die Zahlen sind nur dann nützlich, wenn die Person, die sie verwendet, den Arbeitsprozess gründlich versteht und sicher sein kann, dass die Zahlen das widerspiegeln, was sie sollen.[127]

---

126 Esther Cloutier, Élise Ledoux, Madeleine Bourdouxhe, Hélène David, Isabelle Gagnon, François Ouellet, "Restructuring of the Québec Health Network and its Effects on the Profession of Home Health Aides and their Occupational Health and Safety," New Solutions: A Journal of Environmental and Occupational Health Policy 17 (2007): 83–5.

127 Karen Messing, Ana María Seifert, Nicole Vézina, Ellen Balka, Céline Chatigny, "Qualitative Research Using Numbers: Analysis Developed in France and Used to Transform Work in North America," New Solutions: A Journal of Environmental and Occupational Health Policy 15 (2005): 245–0.

Wenn ich junge Ergonomen unterrichte, ist es oft unheimlich schwer, ihnen zu vermitteln, dass die Verwendung von Zahlen eine Studie nicht objektiver macht. Sie machen eine Studie nicht mehr oder weniger objektiv als Worte. Für Studenten (und viele Professoren) ist dies schwer zu verstehen, weil Arbeitgeber, Gewerkschaften und Regierungen auf Zahlen bestehen.

Zum Beispiel schlug einer unserer Doktoranden eine Studie über Schmerzen bei Brustkrebspatientinnen vor, bei der Schmerzen mit einem Algometer gemessen werden (ein Algometer ist ein kleines Gerät, das den Druck misst): Der angehende Wissenschafter übt einen immer stärkeren Druck auf den Körper der Versuchsperson aus, bis die Versuchsperson einen Knopf drückt, um anzuzeigen, ab wann sie Schmerzen wahrnimmt. Der Druck an diesem Punkt wird als Druck-Schmerz-Schwelle (PPT) aufgezeichnet. Die Brust oder der Brustkorb einer Patientin, die bei 135 Kilopascal (kPa) Schmerzen empfindet, ist also empfindlicher als eine Person, die den Knopf erst bei 400 kPa drückt.

Diese Zahlen sind nützlich, weil sie über einen längeren Zeitraum zwischen den Geschlechtern verglichen und zur Bewertung der Medikamentenwirkung herangezogen werden können. Zahlen sind leichter zu vergleichen und zu analysieren als Worte. Wir haben die PPT an den Füssen von ArbeiterInnen angewandt, um zu sehen, wie viel Sitzen pro Tag hilfreich ist, um Fußschmerzen zu vermeiden.[128] Aber ich geriet in ein Streitgespräch mit einem Studenten darüber, ob eine solche Herangehensweise objektiv war. Warum sollte es für den Patienten objektiver sein, einen Knopf zu drücken, als «Aua» zu sagen? Die Patientin, die sagt, dass es ihr

---

128 Ève Laperrière, Suzy Ngomo, Marie-Christine Thibault, Karen Messing, "Indicators for Choosing an Optimal Mix of Major Working Postures," Applied Ergonomics 37 (2006): 349–7.

7. Lehrer und Zahlen

besser oder schlechter geht, ist die gleiche Patientin, die selbst entscheidet, wann sie den Knopf drückt. Und in der Tat ist die Wahl des PPT, anstatt die Patientin einfach nur zu fragen, wie sich ihre Schmerzen entwickeln, eine genauso politische wie wissenschaftliche Entscheidung. Es ist wesentlich leichter, eine Arbeit in einem wissenschaftlichen Journal zu veröffentlichen, ein Stipendium zu erhalten, Physiker zu überzeugen oder Pharmaunternehmen mit PPT-Zahlen zu beeindrucken als mit einem Patientenbericht. Aber wesentlich objektiver ist es nicht. In beiden Fällen hängen die Ergebnisse davon ab, wie sich der Patient zu diesem Zeitpunkt fühlt, wer das Experiment leitet, um welche Uhrzeit das Experiment durchgeführt wird, usw.

Analog dazu liefert das Beobachten von LehrerInnen in einem Klassenzimmer während einer Unterrichtsstunde eine bestimmte Art von Information. Den Schuldirektor zu bitten, den Lehrer zu evaluieren, liefert andere Informationen, und die Schüler zu testen liefert wiederum gänzlich andere Informationen. Die Ergebnisse der Beobachtung können von mehreren Faktoren abhängen: von der Tageszeit, der Einstellung des Beobachters oder des Schulleiters, dem Unterrichtsgegenstand, der Luftqualität im Klassenzimmer, der Anzahl der Problemkinder und unzähligen anderen Faktoren. Eine einzige Zahl zu verwenden, etwa ein Testergebnis, liefert die Illusion, dass die Evaluierung objektiv sei und mit dem erwünschten Ergebnis zu tun habe, allerdings bleibt es doch nur eine Illusion.

Leider verfügen LehrerInnen über nicht allzu viele Möglichkeiten, um ihre Arbeit und die darin enthaltenen Einschränkungen gegenüber Schuldirektoren, der Öffentlichkeit und der Regierung zu kommunizieren. Wie andere Arbeiter, die in den alltäglichen Anforderungen ihres Jobs gefangen sind, haben sie nicht immer ein Bewusstsein darüber, warum sie sich überfordert oder deplatziert fühlen, oder wo ihre Schwierigkeiten genau herkommen.

Als Außenbeobachterin lernte ich die Herausforderung dieser Arbeit schätzen, und als Professorin wirke ich glaubwürdig, wenn ich den LehrerInnen mehr Sichtbarkeit verschaffen möchte. Aber nicht allzu viele Wissenschafter hatten diese Gelegenheit, Synergien zwischen ihrem eigenen Wissen und ihrer Erfahrung und dem Wissen und der Erfahrung von anderen ArbeitnehmerInnen zu entwickeln. Ich denke, es brauchte ganz besondere Umstände, um die Tochter eines Vizepräsidenten von General Instrument Corporation von ihrem Empathiemangel zu heilen. Also muss ich nun ein wenig ausholen und von meiner wissenschaftlichen Ausbildung erzählen und auch davon, wie ich mich selbst dabei ertappte, in der besagten Empathielücke hin und her zu schwingen.

8. Wie man WissenschafterIn wird

Micheline Cyr, eine Studentin der Biowissenschaften, die mir dabei half, die Studie über die Auswirkungen der Strahlung auf die Fabrikarbeiter durchzuführen, ist die Tochter einer nicht gerade erfolgreichen Fensterputzerin und Hausfrau, die bei anderen Leuten putzen ging, wenn ihre Arthritis es zuließ. Als ich «Mimi» zum ersten Mal traf, war sie unscheinbar und gelinde gesagt kostengünstig gekleidet. Später erzählte sie mir, wie unwohl sie sich damals an der Universität gefühlt hatte und wie schwer es ihr gefallen war, die anspruchsvolle Sprache der Professoren und sogar die ihrer Studienkolleginnen und -kollegen zu verstehen.

Mimi und ihr Ehemann hatten einen kleinen Sohn und sie arbeiteten jahrelang in Ramschläden und Fabriken, bis sie genug Geld gespart hatten, um an einem College zu studieren. Trotz Arbeit und Kinderbetreuungspflichten schaffte Mimi einen beachtlichen Notendurchschnitt in ihrem Studium der Biologie. Später siegte sie bei einem landesweiten kanadischen Stipendienwettbewerb für Krebsforschung und machte rasch einen Master in Molekularbiologie, betreut vom Vorstand des Instituts für Krebsforschung in Montreal.

Sie erzählt auf humorvolle Weise, wie ihr Leben ab diesem Zeitpunkt eine scharfe Wendung nahm. Sie hatte gerade ein Doktorat im Bereich öffentliche Gesundheit angefangen, als zu Weihnachten ihre ganze Familie zusammenkam. Eine Tante fragte sie, wie es ihr ginge, und Mimi erklärte, sie sei noch immer in Ausbildung und habe ein Doktorat begonnen. Die Tante versuchte, ihr Staunen und ihre Konsternation zu verbergen ob der Entdeckung, dass Mimi trotz ihrer 25 Jahre noch immer in Ausbildung war, und sagte taktvoll: «Mach dir keine Sorgen, mein Liebes. Viele Leute müssen ihre Schuljahre wiederholen, aber am Ende schließen sie irgendwann ab.» Dieser Vorfall brachte Mimi dazu, über den Abstand nachzudenken, der zwischen ihrem akademischen Leben einerseits und ihrer Familie und ihren Kindheitsfreunden andererseits lag. Einige Monate später brach sie ihr Doktoratsstudium ab und wurde Nachtbetreuerin in einem Zentrum für obdachlose Frauen. Inzwischen leitet sie dieses Zentrum und war maßgeblich daran beteiligt, die Art, in der den betroffenen Frauen in ganz Quebec geholfen wird, mitzugestalten. Mimis Originalität und ihre Energie haben das Leben zahlreicher Frauen verbessert.

Ich versuche immer, mit meinen LieblingsstudentInnen in Kontakt zu bleiben, also verfolge ich Michelines Karriere. In meinen Augen ist sie eine Heldin. Aber ich kann sie nur bewundern, ich kann sie nicht nachahmen. Mir ist klar geworden, ich selbst hätte es niemals fertiggebracht, im Schatten zu bleiben, ich hätte nie die alltägliche Haushaltsarbeit in diesem Zentrum für obdachlose Frauen erledigen können, ich hätte niemals die Frustration ausgehalten, zuzusehen, wie diese Frauen zwischen Drogensucht und Entzug hin und her pendelten, ich hätte es niemals ausgehalten, mich an eine so schwierige Klientel anpassen zu müssen. Wenn ich sie über die staatlichen Hilfsleistungen sprechen höre, dann wird mir klar, wie sehr ihr biografischer Hintergrund, einschließlich ihrer Kindheitsfreunde und ihrer Tanten, sie befähigt hat, die Wirkung von staatlichen Hilfprogrammen auf die Menschen zu bewerten, in einem Maße, wie Behörden es nicht zustande bringen. In täglicher beruflicher Praxis hilft Mimi dabei, den Empathiemangel zwischen staatlichen Beamten und jenen, denen sie dienen sollen, zu überbrücken. Ich stelle mir die Frage, ob es für WissenschafterInnen möglich ist, einen vergleichbaren Beitrag zu leisten, um das Leben schlecht bezahlter Arbeiter zu verbessern, ohne dabei ihre eigenen Jobs aufzugeben. Hätte Mimi in der Wissenschaft bleiben können und gleichzeitig das Leben auf den Straßen von Montreal maßgeblich verbessern können?

8. WissenschafterIn werden

Mein eigener Weg unterscheidet sich ganz stark von Mimis Weg. Ich war das Kind des Vize-Präsidenten eines multinationalen Konzerns und einer linksgerichteten Künstlerin. In diesem Kapitel werde ich beschreiben, wie ich Elite-Universitäten besuchte, wie ich in Harvard studierte, an der McGill University meinen Ph.D. machte und schließlich Universitätsprofessorin und Direktorin eines gut finanzierten Forschungszentrums wurde. Mein Leben war wesentlich leichter als das von Mimi, ganz von Anfang an. Aber schon bevor ich Mimi 1977 traf, stellte ich mir immer wieder die Frage, welcher Nutzen aus meiner Forschung erwachsen könnte. Aufgrund der politischen Einstellung meiner Mutter, war ich mir dessen bewusst, dass meine teure Ausbildung durch die Arbeit von Frauen, die bunte Drähte in Radiogeräte steckten, ermöglicht wurde, und ich frage mich noch immer, ob diese Frauen dafür irgendetwas zurückbekommen haben.

In der Highschool in Massachusetts in den 1950ern erfuhr ich, dass Mädchen keine Wissenschafterinnen wurden. Mein Betreuer erklärte mir, dass mein gutes Ergebnis in Mathematik sozusagen davon eingefärbt war, dass ich in Englisch gut war – das bedeutete, ich war ja nicht wirklich gut in Mathematik. Als ich in Physik Bestnoten bekam, erwartete ich nicht, dass man mich für das Physik-Sommerlager auswählen würde, und ich war nicht überrascht, als die Buben ohne mich abfuhren. Und niemand war der Meinung, dass es für mich wichtig sein könnte, in der Highschool die Fächer Chemie und Biologie auszuwählen, also tat ich es nicht.

Als ich an die Harvard University kam, mussten alle, die Sozialwissenschaften im Hauptfach studierten, auch zwei Semester in Naturwissenschaften absolvieren.

Wie die anderen Mädchen biss ich die Zähne zusammen und belegte ein Seminar in Wissenschaftsgeschichte. Das Seminar war voller anderer SozialwissenschaftsstudentInnen, die eigentlich nicht da sein wollten, was den Kursleiter dazu inspirierte, jedes

Treffen damit zu verbringen, uns aus seinem bevorstehenden Buch vorzulesen. Es war so langweilig, dass sogar die normalerweise sehr disziplinierten Harvard-Studenten während des Seminars Papierflieger in die Luft warfen, weil sie wussten, dass der Professor ohnehin niemals von seinem Buch aufschauen und es bemerken würde.

Mein zweites naturwissenschaftliches Seminar war anders. Das einzige Seminar, das in meinem Abschlusssemester angeboten wurde, war ein beängstigend klingender biochemischer Kurs für Nicht-Wissenschafter, der von Leonard K. Nash unterrichtet wurde. Er war ein hervorragender Lehrer. Es war 1962, und fast täglich kamen neue Forschungsergebnisse zur DNA heraus, jener Chemikalie, die gerade in den Genen entdeckt worden war. Professor Nash holte uns praktisch an den Labortisch und machte uns verständlich, wie sich der Prozess der Entdeckung abgespielt hat. Es war wirklich aufregend zu erfahren, wie verdrehte kleine Moleküle die Informationen für komplexe Zellverhaltensweisen in sich speichern können.

Aber, so fasziniert ich auch war, ich hätte mir nie träumen lassen, dass die Handlungen der schlauen Männer, über die ich hörte, irgendetwas mit meiner Karriere zu tun hatten. Es brauchte eine Feministin, die mir half, diese Verbindung herzustellen. Unmittelbar nach meinem Abschluss brachte ich meinen Sohn Daood zur Welt, der sich sofort daran machte, sein Geburtsgewicht zu verdoppeln und dann zu verdreifachen. Ich verbrachte fast die ganze Zeit damit, ihn zu betreuen, mit einem Buch auf meinem Schaukelstuhl. Im Jahr 1963 handelte es sich dabei um das Buch *Der Weiblichkeitswahn*, das gerade erschienen war. Das Buch von Betty Friedan brachte mich auf die neue Idee, dass Frauen Wissenschafterinnen sein könnten, und ich schrieb mich sofort für Abendkurse in Physik, Chemie und Biologie ein. Es war sehr interessant und ich war darin viel besser als ich erwartet hatte, und so bereitete ich mich

8. WissenschafterIn werden

auf eine wissenschaftliche Karriere vor. Ich dachte, dass die medizinische Fakultät zwischen der Naturwissenschaft und meinem Bachelor-Abschluss in Sozialwissenschaften perfekt angesiedelt sein könnte. Naiv wie ich war, schrieb ich 1964 an alle medizinischen Fakultäten, um sie zu fragen, ob sie Frauen mit Kindern aufnehmen würden. Sie alle antworteten, dass dies nicht der Fall wäre.

Ich ging zurück zu Professor Nash, der mich ermutigte, mich für ein Graduiertenkolleg zu bewerben, und Zeit für Gespräche mit mir aufwendete. Ich wollte Chemikerin werden, genau wie er. Mein damaliger Ehemann, ein Muslim, bewarb sich für ein Studium am Islamischen Institut der McGill-Universität, und wir landeten in Montreal, nachdem uns die Stadt und das Institut nach einem stürmischen Besuch verzaubert hatten. Meine Schwiegermutter kam aus Indien zum Babysitten, während ich so viele Kurse belegte, wie ich wollte, um mich auf das Graduiertenkolleg für Chemie vorzubereiten. Leider war die Chemie-Abteilung von McGill nicht gerade das Aushängeschild dieser Universität, und außerdem hatte ich durch Professor Nash ein zu gutes Bild des Faches bekommen. Die Lehrer waren altmodisch und langweilig, und es dauerte nicht lange, bis ich mit ihnen in Schwierigkeiten geriet. Nachdem ich sie in der Campus-Zeitung angeprangert hatte, weil sie ihrer Lehrverpflichtung nur sehr unregelmäßig nachkamen, machten sie mir klar, dass ich im zweiten Jahr nicht mehr willkommen sein würde.

Unter den Chemiestudenten fand ich eine Freundin, Danielle Saint-Aubin. Ihr habe ich zwei Dinge zu verdanken, die meine Karriere endgültig auf den Weg brachten. Sie war perfekt zweisprachig und führte mich in die «andere» (französische) Kultur in Montreal ein. Nachdem ich mich ein Jahr lang in das Leben der englischsprachigen McGill University vertieft hatte, war ich darüber überrascht, dass 83% der Bevölkerung von Quebec Französisch als Erstsprache hatte. Ich begann mit Danielle Französisch zu reden, ein erster Schritt eines Weges, der mich zehn Jahre später zu einer Professur am Institut für Biologie an der Université du Québec à Montréal (UQAM) führte.

Eines Tages im Herbst 1966 tat mir Danielle einen zweiten Gefallen. Sie nahm mich mit zu einer Vorlesung ihres Lieblingslehrers John Southin, einem jungen und feschen Professor der Biotechnologie. So wie Professor Nash konnte er wunderbar erklären, wie Gentechnik eigentlich funktionierte. Er sprach nicht in Formeln wie meine Chemie-Professoren, sondern erzählte vielmehr von den Mechanismen, und wie die DNA funktionierte, um das Verhalten der Zellen zu steuern. Mit seiner Hilfe konnten wir genau verstehen, warum jemand ein bestimmtes Experiment durchgeführt hat, was er herausgefunden hat und was nicht, und welche Fragen am Ende noch offen waren. Außerdem konnte er wunderbar Geschichten erzählen und war witzig, seine Stunden waren eine Freude. Da er selbst auch ein wenig rebellisch war (er war in den 1970ern Mitbegründer einer Homosexuellengruppe an der McGill University und konnte dennoch weiter dort arbeiten, keine Kleinigkeit für einen jungen Professor), machte es ihm nichts aus, dass die Chemiker schlecht über mich sprachen. Über ihn hatten sie nämlich auch schlecht gesprochen.

Ich begann 1967 meine Masterarbeit bei ihm zu schreiben, kurz nach der Geburt meines zweiten Sohnes Mikail, und nachdem mein Ehemann (und leider auch seine Mutter) ausgezogen waren. Das Leben war einigermaßen herausfordernd. In der damaligen prä-feministischen Zeit riefen alleinerziehende Mütter Stirnrunzeln hervor, insbesondere wenn sie noch dazu ehrgeizig waren und Karriere machen wollten. Jeder Besuch bei einem Kinderarzt in einer staatlichen Klinik bedeutete eine Erniedrigung – ich wurde geradezu verhört, ob meine Söhne eine Vaterfigur im Haus hatten, oder ich wurde zu einem Beratungsgespräch bei einem Sozialarbeiter geschickt, weil mein Sohn einen Fleck auf seinem T-Shirt hatte.

8. WissenschafterIn werden

Im Sommer 1969 interessierte sich Fidel Castro für Rinderzucht, und Professor Southin erhielt einen Lehrauftrag an der Universität von Havanna, um dort über Genforschung zu unterrichten. Er schlug der Universität vor, mich als seine Assistentin mitzunehmen. Es war ein Sommer, wo alle Bewohner von Kuba zu den Zuckerrohrplantagen geschickt wurden, um zehn Millionen Tonnen Zucker zu ernten, und das Seminar kam nie zustande. Ich hatte nicht viel zu tun, außer im Habana Libre Hotel (früher Havana Hilton) mit anderen jungen Menschen herumzuhängen.

Kuba zog viele Amerikaner an, die über die neue Gesellschaft etwas lernen wollten. Eine Gruppe von einer Organisation namens Science for the People war ebenfalls da, auch sie waren im Habana Libre untergebracht. Ich lernte Len Radinsky kennen, einen grossgewachsenen, gut aussehenden Anthropologen von der University of Chicago, der die Vorstellung, dass das menschliche Verhalten genetisch determiniert war, kritisierte. Ein Top-Genetiker, James Shapiro, zählte ebenfalls zu dieser Gruppe. Shapiro war für seine Entdeckung bekannt, warum sich manche mikrobische Gene ein- und ausschalten. Er und andere Genforscher versuchten zu ergründen, wie sie mithilfe der Wissenschaft die Gesellschaft transformieren könnten.[129] Ich war fasziniert.

In diesem Sommer auf Kuba dachte ich noch einmal über meine Entscheidungen nach. Mit der US-amerikanischen Bewegung Science for the People hatte ich wenig am Hut, auch wenn ich später, nachdem ich wieder nach Hause zurückgekehrt war, den Kontakt aufrechterhielt. Endlich war es mir gelungen, eine gute Tagesbetreuung für meine Kinder in Montreal zu organisieren, und ich wollte nicht wirklich von dort weg. Also beschloss ich, die Zäh-

---

129 Jonathan Beckwith, *Making Genes, Making Waves: A Social Activist in Science* (Cambridge, MA: Harvard University Press, 2002).

ne zusammenzubeißen und meinen Ph.D. in Genetik zu machen. Später, wenn meine Kinder größer und mobiler wären, könnte ich einen Weg finden, meine wissenschaftliche Arbeit mit meinen sozialen Ideen zu verbinden. John Southin war diesbezüglich mein Vorbild, da er sein Wissen in der Genforschung dafür verwendete, den Ländern des Globalen Südens zu helfen.

Ich begann also meinen Ph.D. an der McGill University, im Bereich molekulare Genetik von Pilzen, bei «Lynn», einer jungen Professorin, deren Kinder so alt waren wie meine. Wir kamen gut miteinander aus, und ich unterstützte sie bei ihren Grabenkämpfen am Institut. Lynn wurde gleichzeitig mit einem anderen jungen Professor namens «Harry» berufen. Beide waren Experten auf dem gleichen Gebiet und arbeiteten zusammen. Lynn war eine hervorragende Lehrende und sollte einen großen Einführungskurs für Genforschung halten, was sehr zeitaufwendig war. Die Studenten liebten sie und schlugen vor, dass sie «Dean of Student Affairs» (Dekanin für studentische Angelegenheiten) werden sollte, aber sie lehnte ab, um sich stärker auf ihre Forschung konzentrieren zu können. Harry beschrieb sich selbst, richtigerweise, als einen fürchterlichen Lehrer. Er war nicht fähig, irgendetwas zu erklären, und er konnte wütend werden, herumschreien und radioaktive Testgegenstände an die Wand knallen, wenn ein Student einen Fehler machte. Daher sollte er Kurse für Fortgeschrittene übernehmen, mit nur wenigen Studierenden. Seine Evaluationen waren grauenhaft schlecht. Am Ende der ersten drei Jahre hatten Lynn und Harry jeweils drei Papers publiziert, zwei davon gemeinsam, und je eines getrennt voneinander. Soweit ich es beurteilen konnte, waren ihre Beiträge zur Forschung in etwa gleich, während Lynns Lehre weitaus besser war als Harrys. Als das Institut Harry eine Beförderung anbot und Lynns Vertrag auf einem niedrigeren Niveau verlängert werden sollte, war sie verständlicherweise verärgert und verließ das Institut. Ich musste also bei Harry weitermachen.

8. WissenschafterIn werden

Ich studierte in den späten 1960ern und den frühen 1970ern, als in Quebec ausprobiert wurde, soziale Gerechtigkeit, Sprache und Nationalismus unter einen Hut zu bringen. Meine Studienkollegen demonstrierten regelmäßig, aus allen möglichen Anlässen. Selbst im relativ ruhigen Biologie-Institut an der McGill University leisteten Professoren und Studenten Widerstand. Ich machte eine wichtige Erfahrung, als das Reinigungspersonal der McGill University im Winter 1973/74 streikte. Gemeinsam mit anderen Studenten, Harry und einem weiteren jungen Professor unterstützte ich die Streikenden auf der Straße. Harry und der junge Professor hatten bei dieser Aktion Mut an den Tag gelegt, denn an der McGill University konnten Professoren aufgrund der kleinsten politischen Aktivität ihren Job verlieren.[130] Als Studentin lief ich ja nicht Gefahr, gefeuert zu werden, und ich hatte mir auch nicht allzu viele Gedanken über den Streik gemacht. Für mich war die Teilnahme eher ein automatischer Akt der Rebellion als sonst irgendwas. Aber das änderte sich, als einer von den streikenden Professoren versehentlich einen Kaffeebecher auf den Boden fallen ließ, direkt vor dem Gebäude des Biologie-Instituts. Reflexartig hob ich den Becher auf und warf ihn in den Müll, aber ein streikender Arbeiter holte ihn wütend aus der Mülltonne und warf ihn wieder auf den Boden. In seinen Augen war ich wie eine Streikbrecherin aufgetreten, indem ich eine Arbeit verrichtet hatte, die die Streikenden ja verweigert hatten. Seine Körpersprache zeigte mir, wie ernst es ihm mit dem Streik war. Er erklärte mir, wie verhasst ihm der Umgang der McGill University mit dem Reinigungspersonal war und er brachte mich dazu, wirklich zu verstehen, dass der Streik kein Vergnügen war, das ich mir gönnte, während ich darauf wartete, dass meine

---

130 Allen Fenichel, David Mandel, *The Academic Corporation: Justice, Freedom, and the University* (Montreal and New York: Black Rose Books, 1987).

Zellkulturen im Labor weiterwuchsen, sondern dass der Streik für diesen Mann die einzige Chance war, um von seinem Arbeitgeber Respekt einzufordern. Auch wenn ich selbst meinen Empathiemangel noch nicht überwunden hatte, wurde ich mir zumindest zum ersten Mal meiner Empathielosigkeit bewusst.

Ich hatte auch andere Kontakte mit der Welt außerhalb des Labors, da ich immer wieder auf der Suche nach Babysittern war. Obwohl meine Eltern alles taten, was in ihrer Macht stand, um mir zu helfen, verfügten meine Söhne und ich über wenig Geld, und damals gab es noch keine staatlich unterstützte Kinderbetreuung.[131] In der Laborforschung wachsen Zellen auf eine unvorhersehbare Weise, und es kommt vor, dass ein Experiment kurzfristig abgebrochen oder weitergeführt werden muss, ohne dass sich dies voraussagen ließe. Man weiß vorher oft nicht, wie lange ein Arbeitstag dauern wird, und ich musste oft nach Hause gehen, noch bevor der Zellzyklus vollendet werden konnte, wodurch ich nur langsam Fortschritte erzielte. Meine Professoren dachten, ich sei wohl zu unzuverlässig, unwissenschaftlich und unorganisiert. Nach einigen Jahren, in denen ich mit temporären Lösungen vorlieb nehmen musste, hatte ich schließlich Glück. Ich fand eine Ganztagsschule, die wie ein Wohltätigkeitsprojekt von Frauen aus dem besten Stadtteil von Montreal betrieben und finanziert wurde. Die Lehrer dort waren gut, das Gebäude war sauber, hell und gut ausgestattet, das Schulgeld leistbar und die Schuldirektorin Alison eine wunderbare, warmherzige Frau, die sich viele Gedanken über Schulbildung für die Kleinsten machte. Sie hatte Verständnis für die Probleme von Eltern und konnte damit umgehen. Mein Sohn fühlte sich in der Schule wohl, und ich war unendlich erleichtert.

---

[131] Inzwischen unterstützt die Regierung von Quebec die Kinderbetreuung mit 7 Dollar pro Tag, allerdings gibt es nicht genug Plätze für alle Kinder.

8. Wissenschafterin werden

Ich wurde Vorsitzende des Elternvereins und lernte viele andere Mütter kennen. Sie waren ebenfalls dankbar, dass es eine leistbare Schule samt Hort gab, zumal viele von ihnen ein Gehalt bezogen, das nur unwesentlich mehr betrug als mein Stipendium. Beispielsweise meine Freundin Carol, ebenfalls eine alleinerziehende Mutter. Sie machte damals einen Abschluss in Buchhaltung, während sie Vollzeit als Buchhalterin arbeitete, um ihre drei Kinder, die alle jünger als sieben Jahre alt waren, zu versorgen. Die Wohnung, die sie sich leisten konnte, war weit weg von der Schule, und am Ende ihres Arbeitstages musste sie ganz schnell die Kinder abholen, Abendessen zubereiten, die Kinder ins Bett bringen und dann zu ihrem Abendunterricht gehen. Mir war dieser abendliche Sprint nicht unbekannt, denn auch ich musste drei Mal mit dem Bus umsteigen, um meine beiden Kinder abzuholen, und dann musste ich den Hügel zu meiner Wohnung hinaufgehen, mit dem Zweijährigen am Arm und einer Tasche voller Lebensmittel in der anderen Hand, um nach Hause zu kommen. Daher hatten wir beide die Idee, im Hort ein Abholservice für die Kinder anzuregen. Die Schule besaß einen Bus, der nur einige Male im Jahr für Ausflüge benutzt wurde.

Der Elternverein sprach sich dafür aus, und Carol und ich schlugen vor, den Abholdienst zu organisieren und zu bezahlen, falls uns die Schule den Bus und einen Fahrer zur Verfügung stellt. Die Direktorin teilte uns jedoch mit, dass der Vorstand das nicht erlauben würde. Die Vorstandsmitglieder sahen ihre Rolle folgendermaßen: Sie unterstützten die arbeitenden Mütter, die Tagesbetreuung in Anspruch nehmen mussten, damit die Mütter ihre Verantwortung gegenüber ihren Kindern wahrnehmen konnten. Die Vorstandsmitglieder hielten es jedoch für unangemessen, die Mütter darin zu bestärken, noch «verantwortungsloser» zu handeln, indem sie ihnen noch etwas von ihren mütterlichen Pflichten abnahmen.

Mir fiel die Kinnlade herunter, als ich hörte, dass Carol, ich und die anderen Mütter, die wir ja alles in unserer Macht Stehende taten, um unsere Familien über Wasser zu halten, für verantwortungslos gehalten wurde. Ja, manchmal kam die eine oder andere Mutter ein paar Minuten zu spät, um ihr Kind am Ende des Tages abzuholen, aber für uns war jeder Abend, an dem wir es rechtzeitig schafften, ein Sieg gegen die Verhältnisse. Obwohl ich verstehen konnte, dass unsere WohltäterInnen der Meinung waren, sie hätten uns genug geholfen und daher nicht auch noch unser Transportproblem lösen wollten, war es für mich ein richtiger Schock zu erkennen, dass unsere Bemühungen für sie unsichtbar geblieben waren.[132] Im Zuge dieses Kampfes wurde ich mir dem Empathiemangel zwischen den sozialen Klassen voll bewusst, da ich tagsüber als Studentin auf der einen Seite dieser Empathielücke stand, aber sobald ich das Labor verließ, landete ich auf der anderen Seite.

Im Jahr 1975 machte ich meinen Ph.D. Nachdem ich meine Dissertation verteidigt und die Glückwünsche meiner Professoren entgegengenommen hatte, war ich erleichtert und glücklich. Nach fünf Jahren Studium war ich endlich Dr. Messing geworden. Ich hatte noch einige Minuten, bevor die Party steigen sollte, also schwebte ich auf einer Glückswolke zu John Southins Telefon, um meine Eltern anzurufen und ihnen die gute Nachricht zu übermitteln. Ich sagte zur Telefonistin, «Sagen sie ihnen, es ist ein Anruf von Dr. Messing.» Die Telefonistin entgegnete, «Ich kann das erst dann tun, wenn Dr. Messing wirklich in der Leitung ist. Holen Sie ihn bitte her zum Telefon.» Zack! Ich war wieder in der Realität gelandet.

---

132 Es stellte sich heraus, dass die Tagesstätte «Montreal Day Nursery» traditionell sehr streng war. Siehe Donna Varga, *Constructing the Child: A History of Canadian Day Care* (Toronto: James Lorimer, 1997).

8. WissenschafterIn werden

Eine Woche später verließ ich Montreal, um mich bei einem Forschungslabor in den USA zu bewerben, aber inzwischen war Montreal mein Zuhause geworden, und ich wollte eigentlich dort eine Arbeit finden. Als ich noch studiert hatte, bat mich Donna Mergler, mit ihr gemeinsam ein Seminar für Frauen an ihrem Biologie-Institut an der UQAM zu halten. Donnas Kinder waren in jenem Winter oft krank, und so hielt ich schließlich den größten Teil des Seminars alleine ab. Gegen Ende meiner Postdoc-Phase im Jahr 1976 konnte mir Donna schließlich einen Job an ihrem Institut besorgen.

Ich liebte das Biologie-Institut an der UQAM. Fast alle, die dort arbeiteten, waren jung, und ihre Forschung und ihre Ansätze in der Lehre waren erfrischend. Das französischsprachige Bildungssystem in Quebec war gerade dabei, sich von der Kirche loszulösen, und es wurden allerlei Experimente gestartet, darunter auch ein Abkommen zwischen Gewerkschaft und Universität, eine militante Professorengewerkschaft, kollektive Modelle für die Institutsleitung und jede Menge pädagogischer Abenteuer. Folglich waren die Studenten, die sich für unsere Universität entschieden hatten, durchwegs abenteuerlustig eingestellt, und es machte Spaß, sie zu unterrichten. Ich erinnere mich an ein Streitgespräch mit Mimis Ehemann in meinem ersten Kurs für Genforschung. Es ging darum, ob meine Sichtweise auf die Zelle «imperialistisch» war, da ich unterrichtet hatte, dass die DNA die Zellphysiologie bestimmte, während es seiner Meinung nach eine Interaktion zwischen dem Zellkern und dem Zytoplasma gab.[133] Das war eine der Fragen, die an der McGill University nicht so breit diskutiert wurden.

---

[133] Chromosomen, die aus in Genen organisierter DNA bestehen, befinden sich im Zellkern. Die Struktur der DNA bestimmt die Struktur der im Rest der Zelle hergestellten Enzyme, die als Zytoplasma bezeichnet werden. Aber es stimmt, dass die im Zytoplasma stattfindenden Reaktionen bestimmen, wann und wie die DNA in Enzyme übersetzt wird.

Aus der Perspektive des akademischen Jahres 2014 betrachtet, war mein Institut bemerkenswert tolerant, als ich mein Forschungsprogramm von Pilzen auf Menschen umstellte. Darüber hinaus wurde ich in meiner Forschungskooperation mit der Gewerkschaft unterstützt. Nach dem Auftrag der Gewerkschaft im Jahr 1978 wurde mir klar, dass niemand sonst die Chromosomen der Arbeiter untersuchen würde, also musste ich es selbst übernehmen. Die Förderstellen waren jedoch weniger abenteuerlich eingestellt als mein Institut. Zwischen 1985 und 1995 erhielten wir von verschiedenen Regierungsbehörden etwa 600.000 Dollar, um die beschädigten Gene der Arbeiter zu untersuchen. Die Zuschüsse waren jedoch für die Forschung über die Art von Tests, die wir verwendeten, und nicht für die Untersuchung der Gesundheit der Arbeitnehmer. Es gab wirklich keine Stelle, bei der eine Gewerkschaft oder eine Gruppe von Arbeitern ausreichende Mittel ansuchen konnte, um über die gesundheitlichen Auswirkungen ihrer Arbeitsbedingungen informiert zu werden.

Also waren Donna Mergler und ich wirklich froh, als die Regierung von Quebec ein Forschungsinstitut für Gesundheit am Arbeitsplatz gründete, genannt IRSST.[134] Wir waren begeistert, als wir hörten, dass in diesem Forschungsinstitut Gewerkschaften und Arbeitgeber zusammenfinden würden und Wissenschafter, die sich mit Gesundheit am Arbeitsplatz beschäftigten, mit großzügiger Unterstützung rechnen konnten. Zunächst schien alles wunderbar. Das IRSST heuerte Leute aus allen möglichen Disziplinen und mit diversen beruflichen Hintergründen an. Auch wenn Forscher Geldmittel erhielten, um in Zusammenarbeit mit den Asbest-Minenbesitzern zu zeigen, dass der Asbest aus Quebec nicht gefährlich war, wurden auch andere Projekte finanziert, um neue gefährliche

---

134 Institut de recherche Robert-Sauvé en santé et en sécurité du travail.

8. WissenschafterIn werden

Arbeitsbedingungen zu identifizieren. Als das IRSST sein neues Team-Programm 1983/84 bekanntgab, beschloss Donna, ein Team zu bilden, um frühe Anzeichen von Gesundheitsgefährdung am Arbeitsplatz anhand von Genen (mein Fachgebiet) und anhand des Gehirns (Donnas Fachgebiet) zu erkennen. Es war eine wunderbare Gelegenheit, um schlechte Arbeitsbedingungen zu reduzieren, und wir waren sicher, es war der Beginn einer neuen Ära für die Gesundheit von Arbeitern.

Allerdings gab es einige Hindernisse, die es zu überwinden galt. Wir schrieben das Jahr 1982, und wir waren überzeugt, ein Team, das von Frauen geleitet wurde, könnte niemals an ein großes Budget kommen. Also baten wir zwei männliche Kollegen, sich uns anzuschließen. «Michel» genoss einen guten Ruf, er war ein durchsetzungsfähiger Mann, der die besten Universitäten besucht hatte und Gott und die Welt kannte. Er war gut darin, andere Menschen zu beeindrucken und dafür zu sorgen, dass etwas umgesetzt wurde – je mehr Opposition ihm entgegenschlug, desto glücklicher war er. Zuvor hatte er unser Institut geleitet, und im Zuge seiner Funktionsperiode war es ihm gelungen, erfolgreiche Programme aufzubauen und Gelder zu akquirieren, um Professuren zu besetzen. Wir dachten, er könnte ein wunderbarer Team-Leader sein, obwohl er keine Erfahrung in der Forschung hatte. Der andere Kollege «Jacques» war ein Gentleman, der eine sehr erfolgreiche Studie über Gesundheit am Arbeitsplatz in Zusammenarbeit mit der CSN-Gewerkschaft durchgeführt hatte. Jeder mochte ihn, und er war ein gefragter Vortragender. Wir vier kamen alle miteinander gut aus, und wir dachten, wir würden ein großartiges Team bilden.

Da Donna und ich über die meiste Erfahrung als Forscherinnen verfügten, verfassten wir einen ersten Antrag auf Fördermittel und präsentierten ihn anschließend unseren männlichen Kollegen. Jacques war, wie erwartet, mit allem einverstanden und nahm keine Änderungen vor. Michel, auf der anderen Seite, verlor sofort die

Nerven. Was meinten wir, wenn wir sagten, wir würden uns besonders auf Frauen konzentrieren? Das wäre unfair gegenüber den Männern, und die Gewerkschaften würden es nicht akzeptieren. Wir betonten, dass wir mit Frauenkomitees der Gewerkschaften bereits zusammengearbeitet hatten und diese genau der Meinung sind, dass frauenspezifische Aspekte besonders im Fokus liegen sollten, da die Arbeit von Frauen häufig vernachlässigt wurde. Spitalsmitarbeiterinnen waren Krankheiten, Strahlung und Chemikalien ausgesetzt. Fabriksarbeiterinnen mussten repetitive Arbeiten in einem schnellen Tempo verrichten. Näherinnen atmeten den ganzen Tag giftige Bleichmittel ein. Aber Michel, der mit Minenarbeitern und Forstarbeitern Fortbildungsveranstaltungen abgehalten hatte, war keineswegs beeindruckt.

An einem wunderbaren Frühlingstag trafen wir uns schließlich in Michels Wohnung, um die Endversion des Fördermittelantrags zu verfassen. Jacques, der eher konfliktscheu war, hatte an diesem Tag keine Zeit. Nach einer Stunde Diskussion in Michels Wohnzimmer, im Zuge derer wir unsere unterschiedlichen Positionen zum Ausdruck brachten, stellte uns Michel schließlich vor die Wahl. Falls wir darauf beharren, dass der Antrag einen Absatz über Frauen enthielt, dann würde er das Team verlassen. Zu unserer und seiner Überraschung beschlossen Donna und ich, auf ihn zu verzichten. Wir gingen die Stiege hinunter, raus aus seinem Wohnhaus und hinein in die Frühlingssonne. Wir drehten eine Runde um den Block und diskutierten, wie wir Michel ersetzen könnten. Wir gingen davon aus, dass Jacques sich nicht gegen Michel stellen würde und wohl ebenfalls aus unserem Team ausscheiden würde. Genauso kam es dann auch. Wen könnten wir nun dazu gewinnen, unser Team zu leiten? Wir gingen alle unsere Kollegen durch, aber nach drei Runden um den Block fühlten wir uns entmutigt. Wir kannten niemanden, der entsprechende Erfahrungen mitbrachte und auch noch Führungsqualitäten besaß und Erfahrungen mit

8. WissenschafterIn werden

Arbeitern hatte. Wie wäre es mit «Joseph»? – Zu dumm. Und «Sylvain?» – Er hatte immer nur mit den Arbeitgebern zu tun gehabt. Und «François»? – Mit ihm konnte man einfach nicht zusammenarbeiten.

Unsere Füße taten schon weh vom Gehen, als wir endlich eine Idee hatten: Könnten wir denn nicht unser eigenes Team leiten? Wenn wir zu zweit die Leitung inne hätten, könnten wir vielleicht einen männlichen Kopf aufwiegen. Wir beschlossen weiterzumachen, und schließlich erhielten wir eine Finanzierung über fünf Jahre, obwohl der Leiter des IRSST die Idee einer zweiköpfigen Führung nicht mochte. «Jeder Zug braucht eine Lokomotive!», sagte er. Donna und ich verzogen keine Miene, aber sobald wir sein Büro verlassen hatten, kicherten wir und umarmten uns gegenseitig.

Nach fünf Jahren stellte das IRSST das Team-Programm ein. Der Vorstand wollte mehr Kontrolle über die Projektfinanzierung behalten, indem die Forschung auf Projektbasis umgestellt wurde. Die vom IRSST finanzierte Forschung wurde mit den Prioritäten des Kompensationssystems in Einklang gebracht. Diejenigen von uns, die sich für die «präventive Prävention» interessierten, wie es abwertend hieß, also für die Prävention von Gesundheitsproblemen am Arbeitsplatz, noch bevor es zu einer Diagnose[135] kam, waren plötzlich auf sich alleine gestellt. Die Organisation fasste den Entschluss, keine Forschungsprojekte mehr zu finanzieren, die speziell auf Frauen oder Genderfragen zugeschnitten waren.[136]

---

[135] Im Gegensatz zur Behebung der Auswirkungen von Gesundheitsproblemen zum Beispiel durch die Entwicklung eines neuen Hörgerätetyps oder die Analyse von Daten über Arbeitsunfälle. Ein Mitglied der IRSST-Verwaltung warf uns vor: «Ihr Leute wollt Probleme verhindern, die noch gar nicht aufgetreten sind!»

[136] Karen Messing, "La place des femmes dans les priorités de recherche en santé au travail au Québec." Relations industrielles/Industrial Relations 57 (2002): 660–6. Dieser Entschluss wurde kürzlich rückgängig gemacht.

Wir waren gezwungen, indirekte Möglichkeiten zu finden, um Forschung zum Schutz der Gesundheit von Arbeiterinnen fördern zu lassen. Zwischen 1990 und 1993 konnten wir kleine Geldsummen aus den Töpfen für Sozialwissenschaften akquirieren (siehe Kapitel 3). Danach, von 1993 bis 2004, finanzierte das Gesundheitsministerium von Québec aus einem Topf für Community-initiierte Forschung großzügig unsere Zusammenarbeit mit den Frauenkomitees der Gewerkschaften. Damit konnten wir das Verständnis für die Probleme von Arbeiterinnen entwickelten und vertiefen. Im folgenden Jahr wurde das Programm jedoch eingestellt, und wir mussten wieder versuchen, aus konventionellen Quellen Geldmittel zusammenzukratzen. Ich ging im Jahr 2008 in Pension, und meine KollegInnen stellten einen letzten Antrag auf Finanzierung unserer Gewerkschafts- und Universitätspartnerschaft. Unser Antrag wurde abgelehnt, da wir in wissenschaftlichen Zeitschriften publizierten, die ebenfalls einen Antrag gestellt hatten – wir standen nicht an der Spitze des theoretischen Fortschritts. Zugleich gelang es Donna und mir nicht, unsere jungen MitarbeiterInnen im Biologie-Institut unterzubringen. Das Institut hatte sich weiterentwickelt, und der Anspruch, sich mit den Bedürfnissen in der Community auseinanderzusetzen, stellte keine Priorität mehr dar. Während ich dieses Buch schreibe, hat eine Gruppe junger Professoren eine neue Zusammenarbeit initiiert, in der Hoffnung, die gesundheitlichen Bedürfnisse von ArbeiterInnen besser zu verstehen. Aber die Chance genug Geld für ihr Programm aufzubringen ist wesentlich geringer als 1982, als Donna und ich es versuchten.

Derzeit gibt es nur sehr wenige Möglichkeiten für Wissenschafter und Wissenschafterinnen, die über ArbeiterInnen und den Schutz ihrer Gesundheit forschen wollen, um an Finanzmittel zu kommen. Zum Ersten liegt jede Art von Forschung, die nicht direkt dem Profit der Unternehmen zugute kommt, derzeit

8. WissenschafterIn werden

auf Eis.[137] Das trifft vor allem auf Kanada zu, aber auch die USA leiden noch unter den Überbleibseln der Bush-Ära. Zweitens sind viele der Forschungsfragen, die aus der Zusammenarbeit zwischen Arbeitern und Wissenschaftern entstehen, neu oder führen zu neuen Blickwinkeln auf alte Fragen. Das war früher ein Vorteil, weil Originalität bei Forschungsanträgen positiv bewertet wurde, aber jetzt, da es so wenig Geld zu verteilen gibt, zögern viele Förderstellen, sogenannte «fishing expeditions» oder Grundlagenforschung zu unterstützen. Sie haben Angst Anträge zu unterstützen, in denen ungewöhnliche Ideen zum Ausdruck gebracht werden, oder die irgendwie «von links» zu kommen scheinen. Die Förderstellen haben schon Schwierigkeiten Geld für bewährte und anerkannte Forschungsteams locker zu machen, die standardisierte Methoden anwenden, um zuverlässige Informationen über bereits erkannte Probleme zu liefern. Es gibt keinen Spielraum mehr, um einmal eine wilde Idee zu verfolgen, die möglicherweise nirgendwohin führt. Drittens, neue Forschungsfragen verlangen häufig nach noch nicht getesteten Methoden oder rufen Kritik an den existierenden Methoden auf den Plan. Da jeder kompetente Chefredakteur einer Fachzeitschrift einen Artikel, in dem die Methoden von «Jack Brown» kritisiert werden, diesen automatisch an ebendiesen Jack Brown schicken wird, um den Artikel zu rezensieren, kann es schwierig werden, die Früchte einer Gewerkschaft-Universitäts-Kooperation zu publizieren.

Das bedeutet nicht, dass niemand versucht, die Gesundheitsprobleme von ArbeiterInnen zu thematisieren. Ganz im Gegenteil, es gibt viele glaubwürdige WissenschafterInnen, die Empathie mit den Arbeitern haben, und einige von ihnen arbeiten auch mit Ge-

---

137 Chris Turner, *The War on Science* (Vancouver: Greystone Books, 2014).

werkschaften und anderen Community-Gruppen zusammen. Sie kämpfen vehement gegen diverse Widrigkeiten an.

In den letzten drei Kapiteln werde ich mich mit den Erfahrungen und Praktiken von «einfühlsamen» und «nicht einfühlsamen» Wissenschaftern befassen. Diese Einteilung ist eine vereinfachte Art und Weise, um über zwei unterschiedliche Forschungszugänge zu sprechen. Einerseits gibt es jene Forschung, die von WissenschafterInnen betrieben wird, die meiner Meinung nach die Schwierigkeiten verstehen, mit denen Arbeiter konfrontiert sind, andererseits jene Forschung, wo diese Schwierigkeiten nicht verstanden werden. Ich werde Beispiele dafür anführen, wie eine Wissenschaft, die die Realität der Arbeitnehmer nicht versteht, zu Methoden führt, mit denen reale arbeitsmedizinische Probleme nicht erkannt werden.

9. Krabben, Schmerz und skeptische Wissenschaft

Normalerweise breche ich bei wissenschaftlichen Konferenzen nicht in Tränen aus. Aber im Jahr 2006 brachte mich die Jahrestagung der Canadian Association for Research on Work and Health in St. John's, Neufundland, zum Weinen, und ich war bei weitem nicht die Einzige. Am letzten Tag des Treffens hörte ich mir einige Präsentationen über Krabbenverarbeitung in Neufundland und an der unteren Nordküste Quebecs an. Der Fang und die Verarbeitung von Meeresfrüchten sind so ziemlich die einzige reguläre bezahlte Arbeit, die Männern und Frauen in diesen entlegenen Gebieten zur Verfügung stehen. Als die Kabeljaubestände 1992 aufgrund der Überfischung zusammenbrachen, wandten sich die Unternehmen, die Kabeljau verarbeitet hatten, Krabben und Garnelen zu. Die Fangsaison ist kurz – die Arbeiterinnen und Arbeiter müssen innerhalb von etwa 15 Wochen eine große Menge verarbeiten. Sie müssen die Schalentiere sofort nach dem Fang verarbeiten, damit sie für die Kunden frisch erhältlich sind. Das bedeutet, dass sie viele Stunden pro Tag im Einsatz sind. Da die Fischerboote jeden Tag ausfahren, um die kurze Saison auszunutzen, müssen die Arbeiter viele Tage hintereinander tätig sein. Sie akzeptieren das, weil sie genug Geld verdienen müssen, um durch den ganzen Winter zu kommen. Außerdem haben sie keinen Anspruch auf Arbeitslosenversicherung, wenn sie nicht ausreichend Stunden zusammenbekommen. Sie können sich deshalb während der Saison keine freien Tage nehmen, selbst wenn sie tatsächlich krank sind, denn Krankenstände zählen nicht für die Arbeitslosenversicherung.

Die Frauen leiden besonders unter arbeitsbedingtem Asthma, als Folge der Einwirkung von Krabbenschalenstaub, sowie unter Erkrankungen des Stütz- und Bewegungsapparates aufgrund von repetitiven Bewegungen in kalten Räumen.¹³⁸ Ihre Schmerzen können sehr stark werden und sich im Laufe der Saison verschlimmern. Pierre Chrétien, ein Arzt des öffentlichen Gesundheitswesens in der Region, beschrieb einem Raum voller Forscher, wie er darauf hinarbeiten musste, den Frauen gerade genug Schmerzmittel zu verabreichen, damit sie weiterarbeiten konnten, ohne jedoch eine Medikamentensucht zu befördern. Manchmal waren die Schmerzen einfach zu groß für kleine Dosen von Schmerzmitteln, und die Frauen nahmen mehrere oder kombinierte Medikamente ein und gingen am Ende der Saison auf Entzug. Seine Zitate von den verzweifelten ArbeiterInnen rührten uns alle zu Tränen.¹³⁹ Nach seinem Vortrag stellte ich ihm Bob Sass aus Saskatchewan vor, einen Pionier der Arbeitsmedizin, der sich seit Jahren politisch und wissenschaftlich für die Verbesserung der Arbeitsbedingungen einsetzt. Bob hatte gerade einen seiner guten Freunde aus der Arbeiterbewegung begleitet und betreut, als er qualvoll an den Folgen von Asbest-Einwirkung starb. Pierre und Bob umarmten sich über die Sprachbarriere hinweg.

Beide Männer und viele der anderen Wissenschafter, die an der Sitzung über Erkrankungen des Stütz- und Bewegungsapparates teilnahmen, waren entsetzt über die gesundheitlichen Folgen der

---

138 Dana Howse, Denise Gautrin, Barbara Neis, André Cartier, Lise Horth-Susin, Michael Jong, Mark C. Swanson, "Gender and Snow Crab Occupational Asthma in Newfoundland and Labrador, Canada," Environmental Research 101 (2006): 163–4; Marie Eve Major, Nicole Vézina, "Ergonomic Study of Seasonal Work and its Impacts on Soft-Tissue Injuries and Strategies of Women Workers in Crab Processing Plants." Ein Vortrag im Rahmen des Jahreskongresses der Canadian Association for Research in Work and Health, St. John's, Newfoundland, 20. 6. 2006.

139 Pierre Chrétien, "Quebec Experience in Diagnosis and Management of WMSDs in Crab Plants ." Ein Vortrag im Rahmen des Jahreskongresses der Canadian Association for Research in Work and Health, St. John's, Newfoundland, 10. 6. 2006.

9. Krabben, Schmerz und Skepsis

Arbeitsbedingungen, die sie untersuchten. Viele von ihnen haben ihr Leben dem Versuch gewidmet, Leiden zu verhindern. Niemand könnte ihnen vorwerfen, dass sie kein Mitgefühl mit den ArbeiterInnen haben. Und in der Tat gibt es eine Reihe von Wissenschaftern, die sich in die Arbeitnehmer einfühlen, ihre Schmerzen verstehen können und ihr Bestes tun, um dem ein Ende zu bereiten. Eine wichtige Frage ist also: Wie gehen die Institutionen der Wissenschaft mit Forschern um, die einfühlsam sind, und mit denen, die empathielos agieren? Beginnen wir mit denen, die nicht zu verstehen scheinen.

Einige Wissenschafter stehen dem schmerzvollen Leid der Arbeiter äußerst skeptisch gegenüber. Wie es der Forscher Bradley Evanoff in einem Mail an den Listserv für Arbeits- und Umweltmedizin (OEM-L) formulierte, «erstaunt mich diese ständige ... Verleugnung des gesamten Konzepts der WRMSD [Work-Related Musculoskeletal Disorders, arbeitsbedingte Störungen des Stütz- und Bewegungsapparates] weiterhin. Ich kenne Praktiker, die problemlos eine laterale Epicondylitis [eine Überbeanspruchung, die auch als Tennisarm bekannt ist] als Ergebnis von zwei Stunden gelegentlichen Tennisspielens diagnostizieren, die aber nicht akzeptieren, dass man genau die gleiche Erkrankung bekommen kann, wenn man sechs Monate und 50 Stunden pro Woche Draht abzieht und isoliert [Arbeiten, die eine sehr kraftvolle und häufige Streckung des Handgelenks erfordern].»[140] Mit anderen Worten, viele medizinische Wissenschafter leiden an Empathiemangel. Sie spielen Tennis und gehen in Museen, sodass sie den Tennisarm und die Museumserschöpfung verstehen können. Aber sie sind jahrelang an die Universität gegangen, um repetitive körperliche Arbeit zu vermeiden – wie können sie sich in Probleme von Elektrikern ein-

---

[140] Bradley Evanoff an OEML listserve, Mai 1997. Zitiert mit Erlaubnis.

fühlen? Oft schenken sie den Berichten der Arbeiter einfach keinen Glauben.

Als Reaktion auf die Forderungen von Arbeitnehmern nach Entschädigung für Erkrankungen des Stütz- und Bewegungsapparates haben sich verschiedene Schulen entwickelt, die unterschiedliche Ansätze zur Behandlung von Schmerzen bei ArbeiterInnen verfolgen. Ein Ansatz verwendet das Konzept der «Angstvermeidung», das vor etwa 50 Jahren von Psychologen entwickelt wurde, um individuelle Unterschiede im schmerzbezogenen Verhalten zu erklären[141], und später auf arbeitsbedingte Schmerzen angewandt wurde.

Nehmen Sie das folgende Forschungsprojekt, das im Informationsbulletin des IRSST (dem Forschungsinstitut für Arbeitsmedizin in Quebec) vom Herbst 2011 beschrieben wird.[142] Die Forscher untersuchten 202 Personen, die an arbeitsbedingten Störungen des Stütz- und Bewegungsapparates gelitten hatten. Die Forscher gaben den Arbeitern zunächst psychometrische Tests, welche Depressionen, «Angst vor Bewegung» und «Katastrophisierung von Schmerz» diagnostizieren. Der Test auf «Katastrophisierung von Schmerz» war entwickelt worden, um die These zu überprüfen, dass Menschen, die Angst haben und im Hinblick auf ihre Schmerzen pessimistisch waren, sich langsamer regenerieren würden.

Ein Jahr nach ihrem ersten Test untersuchten die Forscher die 202 Arbeitnehmer mit Erkrankungen des Stütz- und Bewegungsapparates erneut. Sie stellten fest, dass alle drei Messgrößen (Depression, Angst vor Bewegung und Katastrophisierung von Schmerz) damit zusammenhängen, wie stark die verletzten Arbeiterinnen und

---

141 Geert Crombez, Christopher Eccleston, Stefan Van Damme, Johan W.S. Vlaeyen, Paul Karoly, "Fear-Avoidance Model of Chronic Pain: The Next Generation," Clinical Journal of Pain 28 (12): 475–3.

142 Institut de recherche Robert-Sauvé en santé et en sécurité du travail.

9. Krabben, Schmerz und Skepsis

Arbeiter noch Schmerzen empfanden und ob sie in der Lage gewesen waren, an ihren Arbeitsplatz zurückzukehren.[143] Das heißt, je depressiver, bewegungsängstlicher und schmerzempfindlicher sie zu Beginn waren, desto geringer war die Wahrscheinlichkeit, dass sie sich schnell erholt hatten. Dies traf insbesondere auf Frauen zu. In ihren Berichten brachten die Forscher ihre Schlussfolgerungen wie folgt zum Ausdruck: «Die Ergebnisse dieser Studie deuten darauf hin, dass sich die Depression negativ auf das Ansprechen von Rehabilitationsbehandlungen und auf die Wahrscheinlichkeit einer Rückkehr zur Arbeit auswirkt»[144] und dass «Katastrophisierung von Schmerz und Angst vor Bewegung als Differentialprädiktor (differential predictor) für langfristige Resultate in Bezug auf Schmerz fungierten.»[145]

Wie ist dieses Ergebnis zu interpretieren? Bei der Lektüre des Berichts und des Artikels werden wir zu der Annahme verleitet, dass einige der verletzten ArbeiterInnen, insbesondere die Frauen, ängstlich und depressiv waren. Je ängstlicher/depressiver sie waren, desto stärker hielten ihre Schmerzen an und desto geringer war die Wahrscheinlichkeit, dass sie nach der Verletzung wieder an ihren Arbeitsplatz zurückkehren konnten. Der Artikel schlug eine psychologische Intervention vor, um diese Einstellungen zu ändern.

---

143 Timothy H. Wideman, Michael J.L. Sullivan, "Development of a Cumulative Psychosocial Factor Index for Problematic Recovery Following Work-Related Musculoskeletal Injuries," Physical Therapy 92 (2011): 58–68.

144 Michael J. L. Sullivan, Maureen Simmonds, Ana Velly, *Pain, Depression, Disability and Rehabilitation Outcomes* (Montréal: Institut de recherche Robert-Sauvé en santé et en sécurité du travail, 2011), iii.

145 Timothy H. Wideman, Michael J.L. Sullivan, "Differential Predictors of the Long-Term Levels of Pain Intensity, Work Disability, Healthcare Use, and Medication Use in a Sample of Workers Compensation Claimants," Pain 152 (2011), 376.

Aber bevor wir die Belegschaft auf die Couch eines Psychiaters schicken, sollten wir über den Test für das Katastrophisieren von Schmerz nachdenken und darüber, wie er entstanden ist. Es stellt sich heraus, dass der Test mit schmerzfreien Individuen entwickelt und evaluiert wurde, als Testpersonen kamen meist Studierende zum Einsatz. Die StudentInnen wurden gebeten, den Schmerz vorherzusagen, den sie in einigen experimentellen Situationen empfinden würden. Dann fügten ihnen die Leiter des Experiments Schmerzen zu und baten sie, diese zu beschreiben. Und ja: Diejenigen, die vorher größere Angst vor Schmerzen hatten, beschrieben die experimentell zugefügten Schmerzen später als stärker.[146]

Lassen Sie mich einen anderen Blickwinkel auf dieselben Forschungsergebnisse vorschlagen. Die Katastrophisierungsskala umfasst 13 Elemente aus drei Unterskalen: Grübeln («Ich denke immer wieder darüber nach, wie sehr es weh tut»); Vergrößerung («Ich habe Angst, dass der Schmerz schlimmer wird»); und Hilflosigkeit («Es gibt nichts, was ich tun kann, um die Intensität der Schmerzen zu verringern»).[147] Nehmen wir nun an, wir glauben den Arbeitnehmern, wenn sie sagen, dass ihre Schmerzen schlimm sind und ihre Arbeit sie in Gefahr bringt. Das ist eine ganz andere Situation als bei einer Gruppe von Studenten, wo niemand unter chronischen Schmerzen leidet.

Könnte es sein, dass der Arbeitnehmer, der am schwersten verletzt ist und einer gefährlicheren Arbeit ausgesetzt ist, sich eher davor fürchtet, an seinen Arbeitsplatz zurückzukehren? Wie funktioniert die Katastrophisierungsskala in diesem Fall? Vielleicht will

---

146 Michael J. Sullivan, Scott R. Bishop, Jayne Pivik , "The Pain Catastrophizing Scale: Development and Validation," Psychological Assessment 7 (1995): 524–2.

147 Tampa Scale for Kinesiophobia, www.tac.vic.gov.au/upload/tampa_scale_kinesiophobia.pdf.

9. Krabben, Schmerz und Skepsis

der Arbeiter, der Drähte zieht, nicht zu schnell wieder zur Arbeit zurückkehren, weil er wohl weiß, dass das Ziehen an den Drähten sehr schmerzhaft sein wird. Darüber macht er sich Sorgen und «denkt ständig daran, wie sehr es wehtut.» Und er hat in der Tat «Angst, dass der Schmerz schlimmer wird» und denkt: «Ich kann nichts tun, um die Intensität des Schmerzes zu verringern». Die Katastrophisierungsskala kann also das Risiko der Arbeit und das Ausmaß der Schmerzen, wie sie vom Arbeitnehmer wahrgenommen werden, messen. Wenn man bedenkt, dass die Arbeiterinnen und Arbeiter aufgrund ihrer Erfahrung dieses Risiko gut einschätzen können, überrascht folgender Zusammenhang nicht: Die Wahrscheinlichkeit, dass die Arbeiterinnen und Arbeiter gesundheitliche Probleme haben werden, wenn sie wieder an die Arbeit zurückkehren (so wie sie es selbst vorhergesagt haben), ist umso größer, je höher die Punktezahl auf der Katastrophisierungsskala ist.

Der Ansatz, der davon ausgeht, dass die Arbeiterinnen und Arbeiter ihren Schmerz übertreiben, wird jedoch respektiert und durch öffentliche Mittel gut unterstützt. Entsprechende Artikel werden in anerkannten Journals veröffentlicht.

Was ist mit Wissenschaftern, die sich in die Lage der Arbeiter einfühlen können? Es gibt Literatur darüber, wie wichtig es für verletzte Arbeitnehmer ist, sich von ihren Ärzten verstanden zu fühlen und zu merken, dass ihre Wahrnehmung von Schmerz anerkannt wird.[148] Werden diese Wissenschafter respektiert und

---

148 Marie-France Coutu, Raymond Baril, Marie-Josée Durand, Daniel Côté, Geneviève Cadieux, "Clinician–Patient Agreement about the Work Disability Problem of Patients Having Persistent Pain: Why it Matters," Journal of Occupational 23 (2013): 82–2; Cammie Chaumont Menéndez, Benjamin C. Amick III, Mark Jenkin, Cyrus Caroom, Michelle Robertson, Fred Gerr, J. Steven Moore, Ronald B. Harrist, Jeffrey N. Katz, "A Validation Study Comparing Two Self-Reported Upper Extremity Symptom Surveys with Clinical Examinations for Upper Extremity Musculoskeletal Disorders," Work 43 (2012): 293–02.

erhalten sie Mittel? Manchmal. Michel Vézina, Wissenschafter im Bereich der öffentlichen Gesundheit und Arzt an der Universität Laval in Quebec, hat sich in seiner Laufbahn der Erkennung und Prävention von Gesundheitsschäden bei Arbeitnehmern gewidmet. Von seiner Position am Nationalen Institut für öffentliche Gesundheit in Québec (Institut national de santé publique du Québec, INSPQ) aus setzte er sich jahrelang dafür ein, dass die Gesundheit der Arbeitnehmer regelmäßig untersucht wird, um die Präventionsbemühungen mit Fakten und Informationen zu unterstützen. Schließlich hatte er Erfolg. Im Jahr 2002 verabschiedete die Regierung von Québec ein Gesetz, wonach die Gesundheit der Arbeitnehmer alle fünf Jahre untersucht werden sollte.

Bis die erste Studie mit der Bezeichnung EQCOTESST[149] arrangiert war, dauerte es fünf Jahre. Zur Aufsicht der Studie wurde ein Ausschuss eingesetzt, dem Mitglieder des INSPQ, des Arbeitsministeriums, des Ausschusses für Arbeitsnormen, des IRSST und des Statistischen Instituts von Québec (Institut de la statistique du Québec, ISQ) angehörten. In den Jahren 2007 und 2008 befragten professionelle Interviewer über 5.000 ArbeitnehmerInnen. Das gesamte Team von elf leitenden ForscherInnen untersuchte sämtliche Fragen, und alle neun Themenbereiche wurden von zusätzlichen Mitarbeitern mit spezifischem Fachwissen betreut; alle der insgesamt 18 Beteiligten nahmen an der Datenanalyse teil.[150] Als der Bericht schließlich dem Aufsichtsausschuss vorgelegt wurde, beurteilten zwei oder drei externe Gutachter die wissenschaftliche

---

149 Enquête Québécoise sur les Conditions de Travail, d'Emploi et de Santé et Sécurité du Travail.

150 Um an dieser Stelle ganz transparent zu sein, sollte ich dazusagen, dass ich Co-Autorin der drei Kapitel bin, die sich mit Arbeitsbedingungen, Gleichgewicht zwischen Familie und Arbeit und Erkrankungen des Stütz- und Bewegungsapparates auseinandersetzen.

9. Krabben, Schmerz und Skepsis

Qualität jedes Kapitels, und einige Abschnitte wurden aufgrund dieses Gutachtens neu geschrieben oder nuanciert. Im Sommer 2010 schickte der Ausschuss den endgültigen, überarbeiteten, überprüften und genehmigten Bericht an das IRSST – und dort verschwand er für mehr als ein Jahr.

Niemand konnte mir sagen, was mit dem Bericht während dieser Monate geschah oder warum er plötzlich am 20. September 2011 gegen Abend veröffentlicht wurde. Mir ist bekannt, dass er spätestens um 10.58 Uhr am nächsten Morgen von den drei großen Arbeitgeberverbänden in Quebec in aller Deutlichkeit angeprangert wurde.[151] Sie «stellten den wissenschaftlichen Wert des Berichts ernsthaft in Frage»[152] – einen wissenschaftlichen Wert, der durch die Supervision des IRSST gewährleistet wird, einer Organisation, die sie gemeinsam mit den Arbeitnehmervertretern finanzieren und kontrollieren, ganz zu schweigen von den neutralen Regierungsorganisationen ISQ und INSPQ. In den Tagen darauf waren die Arbeitgeber im Radio und in den Zeitungen zu hören und zu lesen, wo sie bekräftigten, dass man den Studienergebnissen nicht glauben dürfe – die Arbeitsbedingungen in Quebec seien ausgezeichnet. Gewerkschaftsberater berichteten uns, dass die Arbeitgeber den Arbeitsschutzbeauftragten in den Betrieben sagten, sie sollten die Ergebnisse ignorieren, und dass die Studie fehlerhaft sei.

Einige Wochen später aß ich mit einem IRSST-Mitarbeiter zu Mittag. Dabei erfuhr ich, dass das IRSST in Schwierigkeiten steckte. Die Leitung des IRSST befürchtete, dass es das nächste Jahr damit zubringen müsste, EQCOTESST zu verteidigen, es keine Zeit für irgendetwas anderes geben würde, und man sich auf keinen

---

151 CNW, "Enquête québécoise sur les conditions de travail, d'emploi et de santé et sécurité du travail – Des conclusions non justifiables selon les associations patronales du Québec." www.cnw.ca/en.

152 "...soulèvent donc de sérieuses questions quant à sa valeur scientifique."

Fall eine weitere Kontroverse leisten wird können. Mein Informant wusste, dass ich für eine Untersuchung der Folgen von längerem Arbeiten im Stehen um Gelder ansuchen wollte. Er wollte mich warnen, dass dies kein guter Zeitpunkt für ein Ansuchen war. Ein paar Wochen später trat einer der angesehensten Forscher des IRSST zurück. Es ging das Gerücht um, dass es dem Forscher verboten worden war, EQCOTESST zu verteidigen. Die Stelle, die diese Studie mit einer Million Dollar gefördert hat,[153] distanzierte sich davon.

Das nächste Mal hörte ich von EQCOTESST in der Öffentlichkeit bei einem Kolloquium über Gesundheit und Sicherheit am Arbeitsplatz, das in Quebec City stattfand. Ein Vertreter des Arbeitgeberverbandes kritisierte die Studie und meinte dabei, diese basiere auf «Personen, die sagen, dass sie irgendwann in den vorangegangenen zwölf Monaten unter Schmerzen gelitten haben». Über diese Vorauswahl meinte er: «Jeder Mensch leidet ab und zu unter Schmerzen.» Glücklicherweise hatte ich meinen Computer dabei und konnte sofort die genaue Frage vorlesen. Bei der Auswahl der Testpersonen wurde nicht einfach nach irgendwelchen früheren Schmerzen gefragt, sondern nach «erheblichen Schmerzen, die die üblichen Aktivitäten oft oder ständig behinderten» während der letzten zwölf Monate – also handelte es sich wohl kaum um eine alltägliche Situation. Als Wissenschafterin wäre es mir sehr peinlich gewesen, auf eine solche Weise vorgeführt zu werden, aber der Arbeitgebervertreter ließ sich nicht einschüchtern. Tatsächlich geschah sechs Wochen später in Montreal etwas Ähnliches. Derselbe Mann und einer seiner Kollegen waren bei einem anderen Kolloquium und versuchten erneut zu argumentieren, dass die Fra-

---

[153] 831.000 US-Dollar in Form von direkten Zuschüssen zuzüglich der gespendeten Arbeitskraft von 22 Wissenschaftern und 20 Gutachtern.

9. Krabben, Schmerz und Skepsis

ge nach den Schmerzen zu weit gefasst sei. Wieder las einer der anwesenden Wissenschafter die Frage im genauen Wortlaut vor, und wieder waren die Arbeitgebervertreter gezwungen, zurückzurudern. Ich brachte meine Überraschung über ihre Hartnäckigkeit gegenüber einem Gewerkschaftsvertreter zum Ausdruck, aber dieser klärte mich auf: «So machen die das. Sie erzählen immer wieder die gleiche Lüge, in der Hoffnung, dass sie irgendwann zur Wahrheit wird. Und es funktioniert.»

Warum? Wie konnten die Arbeitgeberverbände ohne besondere wissenschaftliche Qualifikationen die EQCOTESST-Studie, die von allen Institutionen mit arbeitsmedizinischer Expertise in Quebec unterstützt wurde, ernsthaft gefährden? Wie konnten sie so viel Aufhebens machen, dass die Forschungseinrichtung dadurch paralysiert wurde? Wie gelang es ihnen, die Medien zum Schweigen zu bringen, wo es doch um eine Studie ging, die Informationen über alle Beschäftigten in Quebec bot?

Das Argument der Arbeitgeber war, dass die Studie nicht wissenschaftlich sei, weil sie Arbeitnehmern Gehör geschenkt hatte: «Die Studie ist im Wesentlichen eine Untersuchung, die nur die Wahrnehmungen der Arbeiter heranzieht, und keine Analyse objektiver Daten und feststehender Fakten».[154] Das bezog sich auf das Faktum, dass der Fragebogen die Arbeiter nach ihren Arbeitsbedingungen und ihren Gesundheitsproblemen befragte, anstatt eine Expertenmeinung zu den Arbeitsbedingungen einzuholen oder einen Arzt über ihre Gesundheitsprobleme zu befragen.

Aber die Wissenschafter von EQCOTESST hatten bereits die Gültigkeit der Selbstauskünfte untersucht und wussten recht gut,

---

[154] «l'étude est essentiellement une enquête de perceptions menée uniquement auprès des travailleurs, et non pas une analyse de données objectives et de faits ét ablis.»

worüber die Arbeitnehmer genau berichten konnten und wo die Wissenschafter eigene Beobachtungen anstellen mussten. Dazu gibt es umfangreiche wissenschaftliche Literatur.[155] Wir wissen zum Beispiel, dass Arbeiterinnen und Arbeiter korrekt berichten können, ob sie normalerweise bei der Arbeit stehen und ob sie Zugang zu einem Sessel haben, dass sie aber oft die Zeit überschätzen, die sie stehend verharren müssen.[156] Wir wissen, wie gut Arbeiterinnen und Arbeiter die Häufigkeit repetitiver Bewegungen und die Intensität der körperlichen Anstrengung einschätzen können. Wir wissen auch, dass selbst die besten Ergonomen lediglich Stichproben machen können, nur zu bestimmten, in der Regel sehr kurzen Zeiten, im Zeitraum von ein oder zwei Wochen, während die Arbeiter das ganze Jahr über 40 Stunden pro Woche in der Arbeit sind.[157] Man kann glaubwürdig argumentieren, dass es wissenschaftlicher ist, die Arbeiter selbst über gewisse Expositionen zu befragen, als die Wissenschafter – die Arbeiter erleben ihre Arbeitsbedingungen ja tatsächlich die ganze Zeit, während die Wissenschafter definierte, begrenzte Zeiten für ihre Stichproben auswählen müssen.

Erstaunlicherweise wissen wir viel weniger über die Exaktheit der Information, die wir von Wissenschaftern bekommen. Nur we-

---

[155] Susan R. Stock, R. Fernandes, Alain Delisle, Nicole Vézina, "Reproducibility and Validity of Workers' Self-Reports of Physical Work Demands," Scandinavian Journal of Work, Environment and Health 31 (2005): 409–7.

[156] Ève Laperrière, Vanessa Couture, Susan R. Stock, Karen Messing, "Validation of Questions on Working Posture Among Standing Workers in Québec," International Journal of Industrial Ergonomics 35 (2005): 371–8.

[157] Esa-Pekka Takala, Irmeli Pehkonen, Michael Forsman, G.A. Hansson, Svend Erik Mathiassen, W. Patrick Neumann, Gisela Sjøgaard, Kaj BoVeiersted Rolf H. Westgaard, Jorgen Winkel, "Systematic Evaluation of Observational Methods Assessing Biomechanical Exposures at Work," Scandinavian Journal of Work, Environment and Health 36 (2010): 3–4.

9. Krabben, Schmerz und Skepsis

nige Menschen haben nachgeprüft, worüber Wissenschafter exakt berichtet haben und worüber nicht. Ein Team griechischer Wissenschafter lieferte beunruhigende Ergebnisse. Dr. Ioannidis und seine Kollegen überprüften medizinische Fachartikel und sie kamen zum Schluss, dass die meisten publizierten Forschungsergebnisse nicht repliziert werden konnten.[158] Es liegen keine Untersuchungen darüber vor, wie exakt Studien der Arbeitgeber über Arbeitsbedingungen sind.

Aus irgendeinem Grund wird es dennoch als wissenschaftlich betrachtet, an einem Arbeitsplatz die Raumtemperatur, die Luftqualität oder die Körperhaltungen der Beschäftigten stichprobenartig zu erfassen, in einem Zeitraum von wenigen Stunden, ohne die Beschäftigten überhaupt zu fragen, ob dieser stichprobenartig erfasste Zeitraum typisch für die Arbeitswoche ist, ob der Arbeitsplatz repräsentativ ist, ob die Arbeitsbedingungen kürzlich geändert wurden, oder ob die Liste der stichprobenartig erfassten Umstände vollständig ist. Andererseits denken viele Menschen, es sei unwissenschaftlich, einen Arbeiter, der das ganze Jahr über an seinem Arbeitsplatz ist, aufzufordern, über sein Ambiente zu berichten. «Rigorosität» und «Objektivität» scheinen im Auge des Betrachters zu liegen.

Folglich wird Empathie als Attribut für Wissenschafter nicht gerade hoch geschätzt. Wissenschaftern wird nicht beigebracht, auf die ArbeiterInnen zu hören – wir könnten sogar das Gegenteil behaupten: Ihnen wird beigebracht, die Arbeiterschaft zu ignorieren. Wissenschafter, die allzu sehr mit den Arbeitern sympathisieren, schwimmen gegen den Strom. Eine Konsequenz davon ist, dass solche «empathischen» Wissenschafter weniger Spielraum haben

---

[158] John A. Ioannidis, "Why Most Published Research Findings are False," PLoS Medicine 2, no. 8 (2005): e124. www.plosmedicine.org.

als andere, um neue Methoden auszuprobieren. Die Bringschuld einer Beweisführung liegt bei ihnen, sie sind es, die zeigen müssen, dass sie sorgfältig, objektiv, vorsichtig, rigoros und konventionell gearbeitet haben. Sie müssen jeden Schritt in ihren Überlegungen nachweisen, mit Hinweis auf bereits existierende wissenschaftliche Methoden und Ergebnisse, wenn möglich mit quantitativen Methoden und Ergebnissen, die in renommierten Peer-Reviewed Journals publiziert wurden. Da beißt sich dann die Katze in den Schwanz, denn gerade die renommierten Fachzeitschriften haben selten gute Verbindungen zu Gewerkschaften, sondern im Gegenteil, eher zu den Arbeitgebern.

Diese Situation ist ungünstig, da der Kontakt zu Arbeitern den Wissenschaftern Ideen liefern kann, die wiederum zu neuen Methoden und wichtigen Erkenntnissen führen. Aber Ideen, die von ArbeiterInnen inspiriert sind, können schwer zu verkaufen sein. Im Jahr 1987 präsentierten wir einen Tag lang unsere Forschung einem Peer-Review-Komitee, das unserer Forschungsgruppe schließlich eine halbe Million Dollar genehmigte. Das Komitee wollte alles ganz genau wissen, über jeden einzelnen Aspekt unserer Forschungsmethoden. Die Mitglieder dieses Ausschusses waren einigermaßen besorgt, uns eine so große Summe zu überlassen, und sie wollten daher sichergehen, dass wir standardisierte Labortests anwenden würden. Ihre Skepsis war verständlich – wir waren jung und weiblich, und sie wussten, dass wir Kontakte zu Gewerkschaften pflegten. Ich stand kurz davor, alles zu vermasseln, als ich meinen Vorschlag für eine Statistik präsentierte, die ich während Gesprächen mit den Arbeitern entwickelt habe, die Strahlung ausgesetzt waren (siehe nächstes Kapitel). Ein Mitglied des Ausschusses fasste seine reservierte Haltung so zusammen: «Aber wenn Sie Ihre Artikel dann bei einem Journal einreichen, werden Sie das Risiko mit 0,05 beziffern, nicht wahr?» Leider muss ich zugeben, dass ich weniger als eine Sekunde brauchte, um dem

9. Krabben, Schmerz und Skepsis

Komitee zu versichern, dass ich keine statistische Revolutionärin war. Alle Anwesenden beruhigten sich wieder, und schließlich gewährten sie uns einen Haufen Geld. Erst 25 Jahre später gelang es mir einen Kontext zu finden, um diese Statistik-Idee in der wissenschaftlichen Literatur zu publizieren.

Nach unseren Gesprächen mit den Arbeitern und nachdem wir uns mit den Betriebsstätten detailliert auseinandergesetzt hatten, wollten Donna und ich auch gender-sensitive Analysen von Risiken am Arbeitsplatz durchführen. Wir hatten viele Menschen kennengelernt, Arbeitgeber, Gewerkschaftsvertreter und Ärzte, die der Meinung waren, dass Frauen sich generell häufiger über ihre Arbeitsbedingungen beschweren als Männer. Das galt nach einigen Wissenschaftern sogar, wenn für Männer und Frauen genau die gleichen Bedingungen herrschten. Das Bild von Frauen, die sich grundlos beschweren, passte zu den Stereotypen, die manche Menschen haben, und dieses Bild wurde in der wissenschaftlichen Literatur nicht rigoros kritisiert. Damals hatten Donna und ich schon lange und genug Arbeitsprozesse beobachtet, um zu wissen, das Frauen und Männer unterschiedlich eingesetzt werden. In Donnas Studien über die Verarbeitung von Hühnerfleisch waren Männer im Produktionsprozess anders positioniert als Frauen. Daher bedeuteten dieselben Angaben zu einer Arbeitsbedingung (zum Beispiel, «kalten Temperaturen ausgesetzt») nicht das Gleiche für eine Frau wie für einen Mann. Die Frauen, die «kalten» Temperaturen ausgesetzt waren, standen meist den ganzen Tag am gleichen Ort bei einer Temperatur von 4 bis 10 Grad Celsius, während die Männer, die «kalten» Temperaturen ausgesetzt waren, meist von einem Bereich zum nächsten herumgingen, wobei die Temperaturen von −10 bis +10 Grad Celsius variieren konnten. Ähnliches passiert in den Restaurants: Männliche Kellner machen viele, jedoch kleinere Schritte in der Arbeit im Vergleich zu ihren weiblichen Kolleginnen, also bedeutet «Gehen» eine stärkere Einwirkung auf die Knie und Füße von Frauen als von Männern.[159] Auf der anderen Seite kann «Gewichte heben» bei Frauen eine leichtere Belastung bedeuten, die weniger Druck auf den Stütz- und Bewegungsapparat ausübt – aber zugleich gilt es zu bedenken, dass Frauen häufiger andere Menschen heben (die dabei zappeln und Widerstand leisten), während Männer meistens Gegenstände heben.

Da Frauen und Männer oft mit unterschiedlichen Arbeitsbedingungen konfrontiert sind, schlugen wir vor, die beiden Gruppen jeweils einzeln zu untersuchen. Die Forscher von CINBIOSE, die diese neue Herangehensweise entwickelten, arbeiteten zusammen, um die Effekte der auf Gender basierenden Segregation am Arbeitsmarkt auf die Gesundheit der ArbeitnehmerInnen zu untersuchen.[160] In der akademischen Forschung dauerte es lange, bis dieser Ansatz akzeptiert wurde. Eine Gewerkschaftsorganisation fand den Zugang interessant und machte ihn in Europa[161] bekannt, allerdings dauerte es fast 30 Jahre, bis diese Idee von ausreichend vielen Wissenschaftern akzeptiert wurde und schließlich als eine wissenschaftliche Mainstream-Methode bei einer internationalen Konferenz für Arbeitsmedizin präsentiert werden konnte.

---

[159] Eve Laperrière, Suzy Ngomo, Marie-Christine Thibault, Karen Messing, "Indicators for Choosing an Optimal Mix of Major Working Postures," Applied Ergonomics 37 (2006): 349–7.

[160] Karen Messing, Jean-Pierre Reveret, "Are Women in Female Jobs for their Health? Working Conditions and Health Symptoms in the Fish Processing Industry in Québec," International Journal of Health Services 13 (1983): 635–7; Donna Mergler, Carole Brabant, Nicole Vézina, Karen Messing, "The Weaker Sex? Men in Women's Working Conditions Report Similar Health Symptoms," Journal of Occupational Medicine 29 (1987): 417–1.

[161] Karen Messing, ed., *Integrating Gender in Ergonomic Analysis* (Brussels: European Trade Union Institute, 1999).

9. Krabben, Schmerz und Skepsis

Ein letztes Beispiel für das Schicksal «empathischer» Wissenschaft kommt aus der Kontroverse rund um psychologische Symptome bei Störungen des Stütz- und Bewegungsapparates. Viele Studien haben Hinweise geliefert auf statistische Korrelationen zwischen Depression oder psychischen Belastungen und Schmerzen im Rücken, am Hals, in der Schultergegend und in den Armen – Schmerzen, die von der Arbeit verursacht werden. Das bedeutet, jene Arbeiter, die unter Schmerzen leiden, sind häufig diejenigen, die unter Depressionen oder psychischen Belastungen leiden. Die gleichen Arbeitsbedingungen, wie etwa repetitive Bewegungen, können mit physischen und psychischen Symptomen einhergehen. Menschen, die schnell arbeiten und wenig Spielraum haben, um ihre Position oder ihre Arbeitsmethoden zu variieren, leiden tendenziell mehr, sowohl physisch als auch psychisch. Als manche Wissenschafter zum ersten Mal eine Verbindung zwischen psychischen Belastungen und Symptomen im Stütz- und Bewegungsapparat bemerkten, waren meine Kollegen und ich keineswegs überrascht. Selbstverständlich löste Schmerz psychische Belastung aus. Aber recht schnell mussten wir feststellen, dass nicht alle Wissenschafter dieses Ergebnis so interpretierten wie wir. Viele waren im Gegensatz zu uns überzeugt, dass die Symptome im Stütz- und Bewegungsapparat von psychischen Belastungen verursacht wurden, dass Menschen, die unglücklich waren, aufgrund ihres Unglücklichseins Schmerzen empfanden und diese, fälschlicherweise, ihrer Arbeit zuschrieben.

Was war zuerst da – die psychische Belastung oder der Schmerz? Manche Wissenschafter untersuchten Arbeiter in Intervallen, wobei sie mit schmerzfreien Arbeitern anfingen. Sie fanden heraus, dass die psychischen Symptome eher vor den körperlichen Symptomen auftreten, was sie als Argument dafür benützten, dass die körperlichen Symptome eben eine Folge der psychischen Symptome waren. Dieses Studienergebnis rief viel Interesse hervor und sorgte vermutlich dafür, dass Berater für Stress-Reduktion am Arbeitsplatz viel Geld machen konnten.[162] Aber einen Moment: Die Tatsache, dass repetitive Arbeit oder Arbeit in schwierigen Positionen einen langweilen und unglücklich machen, noch bevor man Tendinitis (Sehnenscheidenentzündung) bekommt, ist nicht unbedingt ein Beweis dafür, dass Langeweile und Depression die Tendinitis verursachen. Es könnte einfach so sein, dass das Verrichten unangenehmer Arbeitstätigkeiten recht schnell zu Langeweile und schlechter Laune führt, aber dass der eigentliche Schmerz erst durch eine chronische Entzündung spürbar wird, dessen Entstehung ein wenig länger dauert.

Angesichts solcher Ergebnisse scheint es mir höchst vernünftig, ArbeiterInnen mit körperlichen Schmerzen aufzufordern zu beschreiben, wie es dazu gekommen ist; was denken sie selbst über das Verhältnis zwischen ihren körperlichen und psychischen Symptomen? Ich befürchte jedoch, es könnte schwierig sein, die Finanzierung für dieser Studie auf die Beine zu stellen. Die Ergebnisse einer solchen Studie würden außerdem ohnehin als «subjektiv» abgetan werden, und natürlich wären sie tatsächlich subjektiv. Aber nicht subjektiver, als wenn man einen Arzt oder den Arbeitgeber befragt.

Die Lösung für das Finanzierungsproblem wäre ein Förderprogramm, das Community-Gruppen wie etwa Gewerkschaften in die Entscheidungsfindung einbezieht. In Kanada hatten wir in den 1990er-Jahren mehrere solcher Programme, aber sie sind inzwischen eingestellt worden. Mittlerweile sind «community part-

---

162 Eine Diskussion entsprechender Studien siehe: Annet H. de Lange, Toon W. Tarsi, Michael A. J. Kompier, Irene L. D. Houtman, Paulien M. Bongers, "Different Mechanisms to Explain the Reversed Effects of Mental Health on Work Characteristics," Scandinavian Journal of Work, Environment and Health 31 (2005): 3–4.

nership»-Programme weit verbreitet. Diese neueren Programme sind jedoch auf Kooperationen zugeschnitten, an denen große Privatunternehmen beteiligt sind, und schlechter geeignet für mittellose Community-Gruppen, die keine finanziellen Ressourcen einbringen können.

10. Die Zehen des Statistikers und die Empathielücke in wissenschaftlichen Artikeln

Letzten April unternahmen Pierre und ich eine Fahrradtour in Peru. Wir mussten feststellen, dass die peruanischen Hunde Radfahrer noch mehr als die nordamerikanischen Hunde hassen. Als Pierre auf einen Hügel zwischen Urcos und Combapata hinauffradelte, lief ein brauner Hund, der zuvor friedlich am Straßenrand neben zwei kleinen Mädchen geschlummert hat, plötzlich los und biss ihm ins Bein. Es war ein richtig tiefer und bluttriefender Biss. Die zwei Mädchen rannten mit ihrem Hund sofort davon, hinunter ins grüne Tal, und ließen uns mit einem mathematischen Problem zurück. Wie groß waren die Chancen, dass Pierre die Tollwut bekommen würde?

Tollwut ist zu fast 100% tödlich, aber die Symptome treten erst nach einiger Zeit auf. Betroffene, die in der Zwischenzeit geimpft werden, können gerettet werden. In Peru besteht das Verfahren aus sieben Impfungen, die an sieben aufeinanderfolgenden Tagen in den Unterleib gespritzt werden. Die Impfung wird immer dann verabreicht, wenn der Hund nicht identifiziert und auf Tollwut getestet werden kann, was bei uns der Fall war. Pierre reimte sich Folgendes zusammen: Der Hund sah nicht so aus, als hätte er Tollwut gehabt; in Peru gab es ein allgemeines, gut ausgearbeitetes Impfprogramm gegen Tollwut bei Hunden; der Hund wirkte gepflegt; wir waren im Urlaub und wir wollten nicht sieben Tage lang in Cusco festsitzen; daher war die Wahrscheinlichkeit, dass er diese Impfungen benötigte, gleich null. Es klang für mich alles sehr vernünftig, solange bis ich mitten in der Nacht in Tränen ausbrach. Ja, ich dachte, die Wahrscheinlichkeit, dass Pierre Tollwut bekommt, sei wahrscheinlich weniger als eins zu tausend, aber angesichts der verdammten Millicupids zwischen uns war das eine inakzeptabel hohe Wahrscheinlichkeit. Also ließ Pierre sich impfen. Er erkrankte nicht an Tollwut. Das peruanische Gesundheitssystem erstattete fast alle Kosten, und dass wir eine Woche in Cusco verbringen mussten – im Herzen der Anden – war gar nicht so schlimm.

Was ist ein akzeptables Risiko? Ein Risiko für wen? Ein Risiko für was? Wer entscheidet? Und wer bezahlt? In diesem Fall wurde zwei wohlhabenden Kanadiern von einer relativ armen Nation geholfen, ein Risiko zu bekämpfen, das wahrscheinlich weniger als eins zu tausend betrug ($p<0{,}001$). Mit anderen Worten, es bestand eine 99,9-prozentige Chance, dass die Intervention unnötig war. Ist dies die allgemeine Praxis in der Gesundheitsstatistik?

Nicht wirklich. Technisch gesehen gilt ein Risiko als mit einer gesundheitlichen Auswirkung verbunden, wenn die Wahrscheinlichkeit eines Zusammenhangs weniger als 0,05 beträgt. Mit anderen Worten, in der Arbeitsmedizin wird Prävention akzeptiert, wenn eine 95-prozentige Wahrscheinlichkeit besteht, dass sie notwendig ist, und nicht bei 1%. Wie wurde diese 0,05 Stufe festgelegt? Es heißt, dass R. A. Fisher, der Pionier der statistischen Analyse und des statistischen Testens, gefragt wurde, wann ein Unterschied zwischen zwei Zahlengruppen als statistisch signifikant angesehen werden sollte. Er ging nach Hause, um darüber nachzudenken, und stieg in die Badewanne. Während er die Zwischenräume der Zehen an seinem rechten Fuß einseifte, soll er gemurmelt haben: «Fünf ... fünf könnte genau richtig sein.» Und so wurde uns gesagt, dass der kritische Wert für die Ablehnung einer Hypothese Anfang des 20. Jahrhunderts auf 0,05 festgelegt wurde.[163] Und seither bestimmen Fishers Zehen, wann ein Medikament als wirksam gilt, welche Keime welche Krankheiten verursachen und

---

[163] Kee-Seng Chia, "'Significant-itis' – An Obsession with the P-value," Scandinavian Journal of Work, Environment and Health 23 (1997): 152-4.

welche Arbeitsbedingungen gefährlich sind. Hätte sich Fisher alle beiden Füße gewaschen, so würde die arbeitsmedizinische Praxis ganz anders aussehen, und es würden viel mehr Arbeitsunfallvergütungen ausgezahlt werden. Hätte er die Zehen seines Haustiers gewaschen, etwa eines Zweizehenfaultiers, wäre die Situation für verletzte Arbeiter vielleicht noch schwieriger, als sie es heute ist.

Warum sage ich das? Die Erklärung ist ein wenig kompliziert, aber hier ist sie: Fishers Vorschlag war, dass zwei Gruppen als signifikant unterschiedlich angesehen werden sollten, wenn die Wahrscheinlichkeit, dass sie gleich sind, weniger als 1 von 20 (<0,05) beträgt. Nehmen wir an, dass ein neues Krebsmedikament an der Hälfte einer Gruppe von 100 Patienten getestet wird. Das Medikament gilt als wirksam, wenn die Zahl der Personen (z.B. 19), denen es unter den 50 in der mit dem Medikament behandelten Gruppe besser geht, signifikant höher ist als die Zahl der Personen (z.B. 10), denen es in der unbehandelten Gruppe besser geht. Der Statistiker muss berechnen, ob die Wahrscheinlichkeit, dass die Heilungsraten in beiden Gruppen gleich sind, weniger als 1 von 20 Personen beträgt. Wenn sich die Heilungsraten nicht signifikant unterscheiden, gilt das Medikament als unwirksam. In diesem Fall besagt der Standardtest, der als «Exakter Test nach Fisher» bekannt ist, dass die Arzneimittelfirma an ihrem Produkt weiterarbeiten muss; trotz des äußeren Anscheins unterscheidet sich 19/50 nach der Berechnung statistisch nicht von 10/50 auf dem Niveau von 0,05. Der Test auf dem 0,05-Level besagt, dass der Zustand der 9 zusätzlich geheilten Patienten sich zufällig gebessert haben könnte. Hätte Fisher seine beiden Füße betrachtet und das Signifikanzniveau auf eins von zehn (0,10) festgelegt, wäre das Medikament zugelassen worden. Das Niveau von 0,10 ist ein weniger strenger Standard als 0,05.

Das Problem ist, wenn 0,10 als kritisches Signifikanzniveau verwendet werden würde, könnten wir mit geringerer Bestimmtheit

10. Zehen des Statistikers

sagen, dass das Medikament wirklich wirkt. Mehr von den Medikamenten, die mit dem weniger strengen Standard zugelassen wurden, würden sich letztendlich als wirkungslos erweisen. Um die Gefahr zu vermeiden, dass den Patienten wirkungslose Medikamente verabreicht werden, haben Gesundheitswissenschafter daher bereitwillig das Signifikanzniveau 0,05 akzeptiert.

Es scheint ein vernünftiger Standard zu sein. Pharmazeutische Unternehmen würden es vielleicht vorziehen, 0,10 zu verwenden, aber andererseits könnten sie häufiger verklagt werden, also hielt sich ihr Protest in Grenzen. Aus diesem Grund wird das Signifikanzniveau 0,05 für die Behauptung, dass zwei Gruppen unterschiedlich sind (als «Alpha» bezeichnet), in der gesamten wissenschaftlichen Literatur im Bereich der öffentlichen Gesundheit verwendet, wenn es darum geht zu bestimmen, wie sich Medikamente zur Therapie, wie sich Krankheiten zu Ursachen verhalten und eigentlich im Hinblick auf alle Zusammenhänge zwischen Umweltkomponenten und der Gesundheit von Menschen.

Ich sollte darauf hinweisen, dass wir die Tatsache nicht außer Acht lassen dürfen, dass eine zu niedrige Einstellung des kritischen Alpha-Wertes dazu führen könnte, dass wir einige wirklich gute Krebsmedikamente schließlich ablehnen. «Beta» ist die Bezeichnung für das umgekehrte Problem: Es steht für die Wahrscheinlichkeit, dass wir ein gutes Medikament verpassen, weil unsere Arzneimittelstudie es zufällig abgelehnt hat. Beta ist in vielen Lehrbüchern willkürlich auf 0,20 festgelegt worden. Aber beachten Sie, dass dies das Vierfache der Anzahl der Zehen ist, die für Alpha verwendet werden. Warum der Unterschied? Wahrscheinlich aus praktischen Erwägungen. Aus technischen Gründen würde die Festlegung von Beta auf 0,05 es erforderlich machen, viel größere Proben von Patienten zu untersuchen, und das Testen von Medikamenten würde viel höhere Kosten verursachen.

Alpha auf 0,05 und Beta auf 0,20 zu setzen, ist zur Standardpraxis in der öffentlichen Gesundheitsforschung geworden und wurde daher bei Entscheidungen darüber angewandt, was für die Arbeitnehmer gefährlich ist. Ist dies eine angemessene Anwendung der Statistik? Was sind die Folgen dieser technischen Entscheidungen über Alpha und Beta für das Leben der Arbeitnehmer? Nehmen wir eine Studie über den Zusammenhang zwischen Rückenschmerzen und der Belastung durch das Heben schwerer Gegenstände. Um Obergrenzen für das Heben schwerer Lasten im Arbeitsprozess festzulegen, haben Wissenschafter zahlreiche Studien über die Belastbarkeit von ArbeiterInnen durchgeführt.[164] Aus ethischen wie praktischen Gründen hat jedoch niemand ArbeiterInnen systematisch steigenden Gewichten ausgesetzt, um festzustellen, wie viel Gewicht eine Testperson wie lange heben muss, um Rückenbeschwerden zu bekommen.

Stattdessen haben Wissenschafter «Convenience Samples» untersucht. Dabei wird eine Anzahl von Menschen, die bei der Arbeit Gewichte heben, mit Leuten verglichen, die keine Gewichte heben, im Hinblick darauf, ob sich der Grad ihrer Rückenschmerzen signifikant unterscheidet. Wenn eine Gruppe von Arbeitern den ganzen Tag wiederholt etwa 30 kg hebt, wird die Zahl derer mit Rückenschmerzen mit der einer anderen Gruppe von Arbeitern verglichen, die nicht regelmäßig Gewichte heben. Wenn es weniger als 1 von 20 Fällen (Alpha von 0,05) gibt, dass die Schmerzen gleich stark sind, entscheiden die Wissenschafter, dass 30 kg in Ordnung sind. Hätte Fisher beide Füße in seiner Badewanne betrachtet (Alpha von 0,10), würde einer größeren Anzahl von Arbeitern zugestan-

---

164 Thomas R. Waters, Sherry L. Baron, Laurie A. Piacitelli, Vern P. Anderson, Torsten Skov, Marie Haring-Sweeney, David K. Wall, Lawrence J. Fine, "Evaluation of the Revised NIOSH Lifting Equation. A Cross-Sectional Epidemiologic Study," Spine 24 (1999): 386–4.

den, Rückenschmerzen aufgrund ihrer Arbeit bekommen zu haben. Wahrscheinlich würden mehr Arbeitnehmer eine Entschädigung für ihre Rückenschmerzen erhalten, und die bei der Arbeit gehobenen Gewichte wären wahrscheinlich für alle leichter. Die Verwendung der Stufe 0,05 legt fest, dass die Gesundheit der Arbeitnehmer nur dann geschützt ist, wenn die Wahrscheinlichkeit, dass ein bestimmter Arbeitszustand Gesundheitsschäden verursacht, weniger als 1 zu 20 beträgt.

Wie sieht es in diesem Beispiel mit Beta aus? Beta ist die Wahrscheinlichkeit, dass wir sagen werden, 30 kg zu sei zumutbar, obwohl das Heben von 30 kg tatsächlich Rückenschmerzen verursacht. Aus mathematischen Gründen müssen wir, um den Einsatz niedrig zu halten, eine sehr große Stichprobe von Arbeitern untersuchen, die regelmäßig etwa 30 kg heben. So eine Untersuchungsgruppe ist schwer zu finden, da Arbeitgeber oft nicht damit einverstanden sind, dass ErgonomInnen in ihre Unternehmen kommen, um nachzuschauen, welchen Belastungen ihre Arbeiter ausgesetzt sind. In der Praxis sind also viele Studien nach wissenschaftlichen Massstäben nicht beweiskräftig. In der wissenschaftlichen Literatur wird über diese Studien zusammenfassend berichtet, dass kein Beweis erbracht wurde, dass das Heben von 30 kg schädlich ist. Also werden noch viele Arbeitnehmerinnen und Arbeitnehmer unter Rückenschmerzen leiden, bevor die Wissenschaft die Gewichtsgrenze senkt.

Was wäre, wenn die Arbeiter oder ihre Familien über das Alpha-Niveau entscheiden müssten? Es könnte viel höher angesetzt werden. Wenn ich wissenschaftlich darüber befinden müsste, ob Pierre den ganzen Tag 30 kg heben und chronische Rückenschmerzen riskieren soll, würde ich entscheiden, dass dieser Wert auf 0,999 festgelegt wird, so wie ich es in Peru getan habe. Wäre das besser?

Vielleicht liegt die Antwort in einem ordentlichen Gerichtsverfahren, wo Entscheidungen auf die eine oder andere Weise getroffen werden müssen, ohne langem hin und her. Vor Gericht werden die Entscheidungen nach «der Beweislast»[165] getroffen, d.h. wenn es wahrscheinlicher wäre, dass die Arbeiter Rückenschmerzen bekommen, wenn sie schwere Gewichte heben müssen, würde das Gericht dagegen entscheiden. In diesem Fall würde ein Wert von 0,50 verwendet, d.h. ein Wert zehnmal höher als der Alpha-Wert, der in der Wissenschaft angewandt wird. Ein Gericht würde mühelos einen Zusammenhang zwischen Rückenschmerzen und schwerem Heben feststellen.

Professor Katherine Lippel, eine CINBIOSE-Forscherin und Rechtsexpertin, hat viel darüber nachgedacht, wie Wissenschafter Beweise wahrnehmen und darstellen und wie Gerichte Beweise beurteilen, wenn es nach einem Arbeitsunfall zu einem Entschädigungsprozess kommt. Sie war sehr besorgt, als 1994 ein Gericht drei Frauen, die für die kanadische Post Briefsendungen sortierten, eine Entschädigung verweigerte mit der Begründung, dass ihre Arbeit nicht die Schmerzen in ihren Armen verursacht habe.[166] Nicole Vézina, die beauftragt wurde, die Arbeit zu untersuchen, hatte festgestellt, dass die Postangestellten Briefsendungen mit einem durchschnittlichen Gewicht von knapp unter einem Kilogramm aufnahmen und die Postleitzahlen eintippten (Druck von 71 g pro Tastendruck, 7.920 Anschläge pro Stunde). Täglich verarbeiteten sie etwa zwanzig Pakete pro Minute, Stück für Stück. Die drei Frauen hatten starke chronische Schmerzen im Ellbogengelenk und beantragten eine Zahlung von Schmerzensgeld, wobei sie angaben, dass die Schmerzen auf das wiederholte Anheben der Pakete während der Arbeit zurückzuführen seien. Da sich das Gericht

---

[165] Katherine Lippel, "'incertitude des probabilités en droit et médecine," Revue de droit de l'Université de Sherbrooke 22 (1992): 445–2.
[166] Société canadienne des postes et Corbeil et Grégoire Larivière, [1994] C.A.L.P. 285.

10. Zehen des Statistikers

bei seiner Entscheidung auf die wissenschaftliche Literatur stützte, bat Katherine mich und zwei weitere Gesundheitswissenschafter, die schriftliche Entscheidung einzusehen.[167]

Ich traute meinen Augen nicht, als ich las, dass das Tribunal seine Weigerung, eine Entschädigung zu leisten, auf einen Artikel von Barbara Silverstein gestützt hatte. Barbara, eine Ergonomin des Washington State Department of Labor and Industries, zählt zu meinen Vorbildern. In den 1980er-Jahren war sie eine der ersten Wissenschafterinnen, die repetitive Bewegungen in Fabriken mit Erkrankungen des Stütz- und Bewegungsapparates wie Karpaltunnelsyndrom und Tendinitis (Sehnenscheidenentzündung) in Verbindung brachte. In den 1990er-Jahren war sie die Architektin der kurzlebigen US-Ergonomievorschriften, die darauf abzielten, Erkrankungen des Stütz- und Bewegungsapparates zu reduzieren, indem sie die Zumutbarkeitsgrenzen von Kraftaufwand und repetitiven Bewegungen am Arbeitsplatz verringerten. Diese Vorschriften wurden in den letzten Tagen der (demokratischen) Clinton-Administration verkündet, aber von der (republikanischen) Bush-Administration nach Protesten der Arbeitgeber sofort wieder aufgehoben. Barbara wurde von der Bundespolitik ausgeschlossen und kehrte in den Bundesstaat Washington zurück, wo sie während der 2000er-Jahre weiterhin Ergonomievorschriften entwarf. Einige Regulationen wurden im Jahr 2000 in Kraft gesetzt, aber wie ihr bundesstaatliches Gegenstück wurden sie drei Jahre später auf Druck der Industrie wieder aufgehoben. Sie führt weiterhin wichtige Forschungsarbeiten zur Gesundheit des Bewegungsappa-

---

[167] Katherine Lippel, Karen Messing, Susan Stock, Nicole Vézina, "La preuve de la causalité et l'indemnisation des lésions attribuables au travail répétitif: rencontre des sciences de la santé et du droit. [Proof of Causality and Compensation of Repetitive Strain Injuries: An Encounter Between Health Sciences and Law]," Windsor Yearbook of Access to Justice 17 (1999): 35–6.

rates durch und arbeitet auf die Wiedereinführung der Vorschriften hin.[168]

Angesichts von Barbaras Engagement für die Prävention von Erkrankungen des Stütz- und Bewegungsapparates hätte ich nie erwartet, dass ein Gericht ausgerechnet einen ihrer Artikel als Beweismittel gegen eine Entschädigung der Postangestellten zitieren und ins Treffen führen würde. Aber genau so ist es geschehen. Susan Stock, eine Ärztin und Wissenschafterin, die sich auf Erkrankungen des Stütz- und Bewegungsapparates spezialisiert hat, sagte vor dem Gericht aus, dass Silverstein und ihre Kollegen die besten Beweise dafür veröffentlicht hätten, dass die Art der von den Postangestellten ausgeführten Bewegung mit Störungen im Stütz- und Bewegungsapparat der oberen Gliedmaßen (auch als «kumulative Trauma-Erkrankungen» bekannt) in Zusammenhang steht. Susan sagte, Silversteins Artikel hätten sie davon überzeugt, dass repetitive Bewegungen ein Risiko für die Gesundheit der Arbeiter darstellten. Sie kam zu dem Schluss, dass Barbara Beweise dafür vorgelegt habe, dass repetitive Bewegungen riskant seien, und dass Arbeitnehmer, die repetitive Bewegungen ausführen müssten und unter kumulativen Trauma-Störungen leiden, entschädigt werden sollten. Richterin Elaine Harvey stimmte dem jedoch nicht zu. Nachdem sie Barbaras Artikel gelesen hatte, lehnte sie den Entschädigungsantrag mit den folgenden Worten ab: «Silverstein selbst, deren Forschung die Grundlage für die Argumente der Arbeitsexpertin [Dr. Susan Stock] bildet, bleibt weit davon entfernt, [se garde bien de conclure] zu dem Schluss zu kommen, dass ihre Untersuchung einen

---

168 Michael Foley, Barbara A. Silverstein, Nayak Polissar, Blazej Neradilek, "Impact of Implementing the Washington State Ergonomics Rule on Employer Reported Risk Factors and Hazard Reduction Activity," American Journal of Industrial Medicine 52 (2009): 1–6.

10. Zehen des Statistikers

kausalen Zusammenhang zwischen repetitiver Arbeit und dem Auftreten von kumulativen Traumastörungen ergibt.»[169] Harveys Urteil wurde von den Arbeitgebern veröffentlicht und zu einem Präzedenzfall; in den beiden folgenden Jahren sank die Rate der genehmigten Schadenersatzforderungen für ähnliche Störungen erheblich, von 46% auf 32%.[170]

Wie konnte das geschehen? Wie konnte jemand glauben, dass Barbara Silverstein, die sich unermüdlich für strengere ergonomische Vorschriften eingesetzt hatte, nicht der Meinung war, dass repetitive Bewegungen Erkrankungen des Stütz- und Bewegungsapparates verursachen?

Was hatte Barbara in ihrem Artikel tatsächlich gesagt? Nachdem sie ihre Ergebnisse vorgestellt hatte, hatte sie verschiedene Aspekte ihres Forschungsdesigns diskutiert, die die Interpretation dieser Ergebnisse einschränken könnten. Einige ihrer wissenschaftlichen Entscheidungen hätten den Zusammenhang zwischen repetitiven oder kraftvollen Bewegungen und Erkrankungen des Stütz- und Bewegungsapparates stärker, als sie tatsächlich waren, und einige schwächer erscheinen lassen. Sie kam dann zu dem Schluss: «Unsere Ergebnisse können bei der Ausrichtung von Interventionen am Arbeitsplatz im Krankheitszyklus der Arbeitnehmerexposition hilfreich sein, da sie eine Basis liefern, um Strategien für die Primärprävention auszuarbeiten. Durch eine Veränderung des Arbeitsplatzes kann eine Verringerung der Kraft oder der Wiederholungshäufigkeit zu einer Verringerung der Prävalenz von CTDs

---

[169] Société canadienne des postes et Corbeil et Grégoire Larivière, [1994] C.A.L.P. 285.

[170] Katherine Lippel, "Le droit québécois et les troubles musculo-squelettiques: Règles relatives à l'indemnisation et à l a prévention," PISTES 11 (2010). www.pistes.uqam.ca/v11n2/articles/ v11n2a3.htm.

[cumulative trauma disorder, RSI-Syndrom] führen.[171] Mit anderen Worten: Barbara war nur zu 0,05 sicher, und nicht etwa durchgehend. Diese Art zögerlicher Sprache erlaubte es Richterin Harvey zu argumentieren, dass Barbara Silverstein nicht wirklich davon überzeugt war, dass repetitive Bewegungen mit CTDs zusammenhängen. Tatsächlich aber hätte 0,05 für eine Gerichtsentscheidung völlig ausreichend sein müssen. Wie Katherine Lippel hervorhob, sollten 0,49 für die Zwecke einer Gerichtsentscheidung ausreichend sein.

Der Epidemiologe David Michaels hat in seinem Buch *Doubt is Their Product* (Zweifel ist ihre Ware) sorgfältig recherchiert, wie Konzerne die Wissenschaft missbrauchen, um die eigenen Produkte zu verteidigen. Er weist darauf hin, dass redlich arbeitende Wissenschafter sich niemals ganz sicher sein können, recht zu haben, denn es gibt immer die Möglichkeit, dass eine alternative Hypothese oder neue Daten auftauchen oder die ursprünglich zugrundeliegenden Daten sich als fehlerhaft herausstellen.[172] Wissenschafter sind darauf trainiert, niemals unverblümte, unqualifizierte Aussagen zu machen. Ich habe an der Uni gelernt, dass ich keinesfalls Gewissheit ausdrücken sollte. Tatsächlich tadelten mich die Wissenschafter, die meine frühen Arbeiten evaluierten, weil ich in einer Tabelle eine Wahrscheinlichkeit von 0 angegeben hatte. Gewissheit auf dem Niveau 0,000 gibt es nicht, gaben sie mir missmutig zu bedenken. Ich musste <0,001 sagen.

In Fachzeitschriften mit Peer-Reviews gibt es eine Konvention, dass der Ton der Artikel zurückhaltend sein sollte, um ebendieser

---

171 Barbara A. Silverstein, J. Lawrence, Thomas J. Armstrong, "Hand Wrist Cumulative Trauma Disorders in Industry," British Journal of Industrial Medicine 43 (1986): 784.

172 David Michaels, *Doubt is Their Product.* (New York: Oxford University Press, 2010), Kapitel 7.

10. Zehen des Statistikers

Ungewissheit Rechnung zu tragen. Hätte Barbara Formulierungen wie «Unsere Ergebnisse sollten zu Interventionen am Arbeitsplatz und Modifikationen der Tätigkeiten führen, mit dem Ziel, den Krankheitszyklus von Arbeitern positiv zu beeinflussen. Eine Verringerung des Kraftaufwands oder der Wiederholungshäufigkeit wird die Prävalenz von CTDs verringern», hätte sie es nicht durch ein Peer-Review geschafft. Auch für mich klingt dieser vorbehaltlose letzte Satz nach 45 Jahren als Forscherin eher nach einem Manifest – fehl am Platz in der Wissenschaft. Aber ich bin mir sicher, dass Barbara, die das Kajakfahren liebt, ihre Zeit am Wochenende nicht damit verschwendet hätte, zu versuchen, die Belastung am Arbeitsplatz durch repetitive Bewegungen zu reduzieren, wenn sie diese nicht für schädlich gehalten hätte. Es ist eine Frage des literarischen Stils von akademischen Publikationen, und nicht eine Frage der Substanz.

Es ist schwer zu glauben, dass Richterin Harvey nicht begriffen hatte, dass die Sprache von Silverstein nur eine wissenschaftliche Konvention war. Es ist in der Tat kaum zu glauben, dass auch nur irgendwer behaupten würde, dass die Ellbogenschmerzen von Frauen, die Jahr für Jahr Ein-Kilogramm-Pakete in einer Geschwindigkeit von zwanzig Stück pro Minute bewegen – das sind über elftausend Kilogramm pro Tag –, nichts mit der Arbeit dieser Frauen zu tun haben. Vor allem, wenn man bedenkt, dass es drei Frauen mit den gleichen gravierenden Ellbogenschmerzen an diesem Arbeitsplatz gab.

Die Doktorandin Stephanie Premji, Katherine Lippel und ich beschlossen, dieser Frage der Evidenz etwas gründlicher nachzugehen.[173] Zunächst untersuchten wir die Sprache der Wissen-

---

[173] Stephanie Premji, Karen Messing, Katherine Lippel, "Would a 'One-Handed' Scientist Lack Rigor? How Scientists Discuss the Work-Relatedness of Musculoskeletal Disorders in Formal and Informal Communications," American Journal of Industrial Medicine 51 (2008): 173–5.

schafter in 20 Artikeln, die sich mit dem Zusammenhang zwischen Erkrankungen des Stütz- und Bewegungsapparates und den Arbeitsbedingungen beschäftigten, um zu sehen, auf welche Art und Weise sie diese Beziehungen beschrieben. Wir wählten die Artikel aus zwei Zeitschriften aus, von denen eine (*Journal of Occupational and Environmental Medicine*) stärker als die andere (*American Journal of Industrial Medicine*) mit Arbeitgeberverbänden und ebensolcher Finanzierung in Verbindung gebracht wurde.[174] Wir sagten voraus, dass Artikel in der Zeitschrift, die stärker mit den Arbeitgebern in Verbindung gebracht wurden, zögerlicher dabei wären, Arbeitsbedingungen mit Erkrankungen des Stütz- und Bewegungsapparates in Verbindung zu bringen.

Unsere Annahmen sollten sich jedoch nicht bewahrheiten. Wir stellten fest, dass die Wissenschafter in beiden Journalen eine vorsichtige Sprache verwendeten. Die zögerliche Sprache überraschte Stephanie, die in qualitativer Forschung ausgebildet worden war, aber für mich wirkte sie normal.

Was mich jedoch überraschte, war unsere Feststellung, dass fast alle Autoren in beiden Zeitschriften bei der Darstellung positiver Ergebnisse (die einen Zusammenhang zwischen Arbeit und Gesundheit aufzeigen) mehr Vorsicht und mehr statistische Finesse walten ließen. Eine Forschergruppe fand zum Beispiel heraus, dass Personen, die bei der Arbeit repetitive Bewegungen durchzuführen hatten, mit über siebenmal höherer Wahrscheinlichkeit an Kreuzschmerzen litten, was einen Krankheitsurlaub von mehr als einer Woche erforderlich machte. Aber die Autoren sagten beispielsweise nicht: «Arbeitsplätze sollten so und so ge-

---

[174] David Egilman, "Suppression Bias at the Journal of Occupational and Environmental Medicine," International Journal of Occupational and Environmental Health 11 (2005): 202–04.

10. Zehen des Statistikers

staltet werden, sodass Menschen nicht gezwungen sind, sich zu beugen». Stattdessen schlossen sie mit diesen Worten: «Die Implikationen ... sind, dass sowohl der Grad der biomechanischen Belastung als auch das psychosoziale Arbeitsumfeld, insbesondere die soziale Unterstützung, wichtige Dimensionen darstellen, die bei der Verringerung von Fehlzeiten am Arbeitsplatz zu berücksichtigen sind.»[175] Als die Autoren in diesem Artikel berichteten, dass ein Zustand am Arbeitsplatz mit einem schlechten Gesundheitszustand des Bewegungsapparats einhergeht, gaben sie die genaue Ausprägung der Korrelation an, den Grad ihrer Unsicherheit in Bezug auf die Korrelation und die Wahrscheinlichkeit, sich zu irren (Alpha), wenn sie sagten, dass es eine Korrelation gibt. Wenn sie jedoch auf der anderen Seite eine Korrelation für zu schwach befanden, um statistisch signifikant zu sein, sagten sie direkt, dass es keine Korrelation gab. Ihre Sprache war viel weniger zweideutig, sie berichteten in der Regel nicht über die Ausprägung der Korrelation oder den Grad der Gewissheit ihrer Ergebnisse, und nur drei der 20 Studien berichteten sogar über Beta, d.h. die Wahrscheinlichkeit, dass sie sich irrten, wenn sie sagten, es gebe keine Korrelation. Ich muss hinzufügen, dass meine eigenen Veröffentlichungen keine Ausnahmen sind – fast jeder Wissenschafter folgt diesem Prozedere.

Lassen Sie mich auf die Bedeutung dieser Doppelmoral für die Arbeitnehmer hinweisen. Es bedeutet, dass ein Wissenschafter, bevor er sagt, dass ein Arbeitszustand gefährlich sein kann, sehr, sehr sicher sein muss, dass der Arbeitszustand mit einer Gefahr für die Gesundheit verbunden ist. Er muss eine Wahrscheinlichkeit von

---

[175] Florence Tubach, Annette Leclerc, Marie-France Landré, Françoise Pietri-Taleb, "Risk Factors for Sick Leave Due to Low Back Pain: A Prospective Study," Journal of Occupational & Environmental Medicine 44 (2002): 458.

weniger als 5% haben, dass er falsch liegt. Wenn der Wissenschafter eine 10%-Chance hat, sich zu irren – immer noch eine ziemlich geringe Chance –, soll er sagen, dass es keinen Zusammenhang zwischen dem Zustand und der Gesundheit gibt – auch wenn die Wahrscheinlichkeit, dass er sich irrt, wenn er sagt, dass es keinen Zusammenhang gibt, viel größer ist, etwa 20%. Die Chancen für die Arbeiter stehen also von vornherein schlecht.

Darüber hinaus fanden wir in dieser Hinsicht keinen Unterschied zwischen der arbeitgeberfreundlichen Zeitschrift und der neutraleren Zeitschrift. Beide Quellen standen positiven Ergebnissen kritisch gegenüber. Die Vorsicht bei der Berichterstattung über positive Korrelationen scheint also nicht direkt durch den Wunsch motiviert zu sein, den Arbeitgebern zu gefallen. Es sind die informellen Regeln für den wissenschaftlichen Ausdruck selbst, die der Sache der Arbeitnehmer schaden.

Wir hatten allerdings den Verdacht, dass der Einfluss und die Macht der Arbeitgeber die Regeln für den wissenschaftlichen Ausdruck beeinflusst haben könnten. Im Arbeitsschutz besteht immer das Risiko eines Gerichtsverfahrens. Wie ich in Kapitel 1 dargelegt habe, lassen sich WissenschafterInnen nicht gerne ins Kreuzverhör nehmen, und positive Ergebnisse bringen WissenschafterInnen eher in Schwierigkeiten mit teuren Anwälten, die gegen sie in Stellung gebracht werden.

Stephanie und ich schlossen unsere Studie mit zwei Vorschlägen für Forscher ab: (Erstens) eine ausgewogenere Behandlung positiver und negativer Ergebnisse und (Zweitens) eine direktere Sprache, damit Richter und andere Laien wissen, was zu tun ist. Als wir die Studie veröffentlichten, waren einige unserer Freunde ziemlich verärgert. Arbeitsfreundliche Wissenschafter lehnten unseren Vorschlag, dass Wissenschafter offener sein sollten, ab. Sie waren verständlicherweise besorgt, dass Wissenschafter, die eindeutige Aussagen machten, sich Angriffen aussetzen würden.¹⁷⁶ So haben die mit Empathie ausgestatteten Wissenschafter gelernt, ihren Wunsch nach besseren Arbeitsbedingungen, zu verschleiern. Das Ergebnis ist, dass es eine Voreingenommenheit bei dem gibt, was in der wissenschaftlichen Literatur veröffentlicht wird, und diese Voreingenommenheit schadet den Arbeitnehmern. Zum Teil aufgrund von Fragen im Zusammenhang mit dem Kausalitätsnachweis werden die meisten Anträge auf Entschädigung für Erkrankungen des Stütz- und Bewegungsapparates abgelehnt.¹⁷⁷ Und die Antragsteller sind nur die Spitze des Eisbergs. Auf jeden Antragsteller bei Erkrankungen des Stütz- und Bewegungsapparates kommen vier Arbeitnehmer mit Fehlzeiten aufgrund derselben Störungen, die keine Ansprüche geltend machen, obwohl sie glauben, dass ihre Erkrankungen arbeitsbedingt sind.¹⁷⁸

Warum erheben sie keinen Anspruch? Meistens, weil der Prozess so mühsam ist. Katherine Lippel (die Jus-Professorin, die die Postangestellten erforscht hat) hat 85 ArbeiterInnen befragt, die gerade dabei waren Ansprüche wegen arbeitsbedingter Verletzun-

---

176 Michele Marcus, Fredric Gerr, "Yes, the 'One-Handed' Scientist Lacks Rigor –Why Investigators Should Not Use Causal Language When Interpreting the Results of a Single Study," American Journal of Industrial Medicine 51 (2008): 795–6.

177 Katherine Lippel, "Compensation for Musculoskeletal Disorders in Quebec: Systemic Discrimination Against Women Workers?" International Journal of Health Services 33 (2003): 253–1.

178 Susan Stock, Nektaria Nicolakakis, Hicham Raiq, Karen Messing, Katherine Lippel, Alice Turcot, "Do Workers Under report Work Absences for Non-Traumatic Work-Related Musculoskeletal Disorders to Workers' Compensation? Results of a 2007–008 Survey of the Québec Working Population," American Journal of Public Health 10 4 (2014): e94–e101.

gen und Krankheiten geltend zu machen.[179] Mehr als die Hälfte der Befragten hatte das Gefühl, dass ihnen nicht geglaubt wurde, als sie sagten, ihre Arbeit mache sie krank: «Man unterstellt uns, dass wir uns das alles nur ausdenken.» Tatsächlich sind die Spielregeln so aufgestellt, dass sie Skepsis fördern. Die Arbeitnehmer müssen 95% des Weges gehen, um den Gesundheits- und Sicherheitsapparat davon zu überzeugen, dass ihre Arbeit ihr Gesundheitsproblem verursacht hat; wissenschaftliche Beweise sind schwer zu bekommen. Tatsächlich kam Katherine zu dem Schluss, dass das Reklamationsverfahren selbst dafür verantwortlich sein könnte, dass die Gesundheit der Arbeitnehmer aufgrund der damit verbundenen Belastung verletzt wird. Es scheint, dass sich das gesamte System der Sicherheit am Arbeitsplatz, von der Forschung bis zu den Entschädigungsprozessen, so entwickelt hat, dass Empathie mit den ArbeiterInnen ausgeschlossen ist.

---

179 Katherine Lippel, Marie-Claire Lefebvre, Chantal Schmidt, Joseph Caron, *Traiter la réclamation ou traiter la personne? Les effets du processus sur la santé des personnes victimes de lésions professionnelles* (Montréal: Service aux collectivités de l'Université du Québec à Montréal, 2007).

11. Können Wissenschafter Empathie entwickeln?

Während ich am vorliegenden Buch arbeitete, zeigte ich die ersten Kapitel einer Gruppe von talentierten Studierenden, die bei Professor Pat Armstrong an der York University Volkswirtschaftslehre studierten. Ihnen gefielen die Fallbeispiele und sie wollten mehr über die ergonomische Analyse wissen, auf den Begriff Empathiemangel reagierten sie jedoch skeptisch. Ihres Erachtens klang dieser Ausdruck nach einer Störung der Kommunikation, die aus Versehen passiert. Aber die Studierenden waren der Meinung, wenn die Leute nicht auf die Anliegen der ArbeiterInnen hören, dann vermutlich deshalb, weil sie nicht hören wollen.

Und tatsächlich fragte ich mich, ob dies der Fall sein könnte. Nachdem mein Vater mehr als zehn Jahre den Frauen mit den bunten Drähten zugeschaut hatte, war es doch seltsam, dass ihm nie aufgefallen war, dass diese Frauen sowohl intelligent als auch gelangweilt waren. Aber wollte er das wirklich wissen? Hätte er sich dann nicht schlecht gefühlt, denn schließlich ist er ein netter Mensch und musste sie doch beaufsichtigen, während sie eine langweilige Arbeit verrichteten?

Ich bin keine Ökonomin, ich analysiere Arbeitsprozesse und keine sozialen Bewegungen. Aber meine Erfahrung sagt mir: Man muss mehr als nur nett sein, um zu Empathie fähig zu sein. Empathie kann sehr schwere Verpflichtungen nach sich ziehen. Als ich Monsieur Lejeune, dem Leiter der Personalabteilung von Qualiprix, erklärte, dass seine Reformen den Frauen mit Familienverpflichtungen nicht viel helfen würden, sagte er mir entschieden, dass er nicht daran interessiert sei, ihnen zu helfen. Wörtlich meinte er: «Ich will nie wieder etwas über Arbeit und Familie hören». Seine Aufgabe sei es, die Fluktuation unter seinen derzeitigen Mitarbeitern zu reduzieren und nicht, Arbeitsplätze zu schaffen, die Menschen anziehen würden, die er noch nie gesehen habe. Und die Leute, die er behalten wollte, waren Fachkräfte, auf die er sich im männlichen Geschlecht bezog. Die Frauen in seiner Belegschaft, die familiäre Verpflichtungen hatten, waren meist Kassiererinnen ohne anerkannte Fähigkeiten, warum sollte er also Zeit und Geld in die Verbesserung ihrer Dienstpläne investieren? Und in die Verbesserung der Arbeitsbedingungen, damit die Firma etwa noch mehr Frauen mit familiären Verpflichtungen einstellen kann? Das hatte er nicht auf seiner Agenda.

Ich könnte mich über Monsieur Lejeune ärgern, aber unter ähnlichen Umständen unterschied sich mein eigenes Verhalten nicht sehr von seinem. Als ich Anfang der 1980er-Jahre Professorin wurde und meine Studenten unser Labor von giftigen Dämpfen befreien wollten, war ich nicht geneigt, ihnen zuzuhören. Meine Aufgabe war es, publikationsfähige Ergebnisse zu liefern, ansonsten würde ich keine weiteren Fördermittel bekommen. Meine Leistung wurde nicht danach bewertet, ob meinen StudentInnen schwindelig wurde, ob sie sich unbehaglich fühlten oder ob sie mich gar für eine gute Betreuerin hielten. Ich sollte in Zukunft weitere Forschungsgelder an Land ziehen, und das hing davon ab, wie schnell meine Studenten und ich unsere Experimente abgeschlossen und die Ergebnisse aufgeschrieben hatten, also sollten wir gefälligst schneller weitermachen. Hatte ich nicht während meines eigenen Studiums stinkende giftige Chemikalien mit dem Mund pipettiert und hat es mir etwa geschadet?[180] Außerdem machten sich all die anderen Professoren auch keine Sorgen über die Ausdünstungen in unserem Stockwerk.

---

180 Das wird nicht zur Nachahmung empfohlen; es ist keine gute Idee. In den 1960er und 1970er-Jahren boten nur wenige (wenn überhaupt) wissenschaftliche Institute ihren Studierenden Gesundheits- und Sicherheitstrainings an.

11. Wissenschaft mit Empathie

Kurz gesagt, ich war überhaupt nicht einfühlsam, ganz im Gegenteil, ich war verärgert. Hätten Micheline, Ana María und die anderen StudentInnen mir nicht klargemacht, dass ihr Problem nicht von alleine verschwinden würde, hätte ich wahrscheinlich nichts getan, und tatsächlich habe ich nicht viel getan. Erst als jemand vom Wartungsdienst die Belüftung repariert hatte, konnte ich Mitgefühl für die schwangere Studentin empfinden, die sich Sorgen machte, ihre Leibesfrucht den Dämpfen auszusetzen.

Wie wurde das Problem gelöst? Grundsätzlich, weil meine StudentInnen hartnäckig waren und darauf bestanden, gehört zu werden. Sie widersprachen ihrem Arbeitgeber und beharrten auf ihren Forderungen. Sie bestanden darauf, dass die anderen Professoren und ich die Ängste der schwangeren Studentin ernst nahmen. Und sie schufen Strukturen, die Empathie möglich und wünschenswert machten. Heute, 30 Jahre später, sind dank dieser hartnäckigen StudentInnen und ihresgleichen Gesundheits- und Sicherheitsschulungen, Arbeitshygieneverfahren und eine durchdachte Abfallentsorgung an der UQAM Standard geworden. Für alle Forscher gelten nun so ziemlich die gleichen Regeln. Unsere studentischen Hilfskräfte haben ihre eigene Gewerkschaft aufgebaut, die die Einhaltung der Vorschriften überwacht.

Die Gewerkschaften sehen sich ständig mit ähnlichen Situationen konfrontiert, und sie haben die Kernaufgabe, Arbeitgeber zum Zuhören zu bewegen. Aber es ist nicht leicht, die Arbeitsbedingungen zu verändern. Irgendjemand muss jedenfalls hartnäckig bleiben. Die Arbeitnehmer und ihre Gewerkschaften müssen mutig und hartnäckig sein und es ist hilfreich, wenn sie Unterstützung von Wissenschaftern erhalten können. Es gibt zum Beispiel ein Modell dafür, wie es Arbeitnehmerinnen in Quebec trotz heftigen und immer wiederkehrenden Widerstands gelungen ist, Vorsorgefreistellung als Mutterschutz für schwangere und stillende Arbeitnehmerinnen zu erstreiten und zu behalten. Dieser

Pflegeurlaub wurde als Reaktion auf den Druck von Feministinnen in den Gewerkschaften in das Arbeitsschutzgesetz von 1979 aufgenommen. Der Vorschlag wurde durch Briefe an die Presse und weitere Druckmittel durch eine Reihe von UniversitätsforscherInnen und medizinischen SpezialistInnen unterstützt. Das schließlich verabschiedete Gesetz sah vor, dass schwangere und stillende Frauen, die für die Leibesfrucht oder den Säugling gefährlichen Bedingungen ausgesetzt waren, um eine Versetzung an weniger gefährliche Arbeitsplätze bitten konnten, wenn solche Arbeitsplätze verfügbar waren. Wenn die Versetzung nicht möglich war, konnten sie beantragen beurlaubt zu werden, und zwar so lange, bis die gefährlichen Arbeitsbedingungen beseitigt wurden oder die Schwangerschaft und die Stillzeit vorbei waren – je nachdem, was zuerst eintrat. Dieser Urlaub wird zusätzlich zum normalen Mutterschafts- und Elternurlaub gewährt, der momentan ein Jahr dauert und von beiden Elternteilen geteilt werden kann.

Laut Romaine Malenfant, die dies untersucht hat, dachte zunächst niemand, dass das Programm viele Frauen betreffen würde, sodass es ohne Einwände verabschiedet wurde. Schließlich arbeiteten zu dieser Zeit nicht so viele Frauen im gebärfähigen Alter, und ihre Arbeitsplätze sahen überhaupt nicht gefährlich aus.[181] Es dauerte zwei Jahre, bis die Kommission für Arbeitsschutz und Arbeitssicherheit ein Programm initiierte, um Arbeitnehmer und

---

181 Romaine Malenfant, "Risque et gestion du social: le retrait de l'activité professionnelle durant la grossesse," Recherches Sociographiques 39 (1998): 39–7; Romaine Malenfant, Anne Renée Gravel, Normand Laplant, Robert Plante, "Grossesse et travail: Audelà des facteurs de risques pour la santé," Revue multidisciplinaire sur l'emploi, le syndicalisme et le travail (2011): 50–2. www.remest.ca/documents/MalenfantREMEST Vol6no2.pdf.

11. Wissenschaft mit Empathie

Arbeitgeber über den Vorsorgeurlaub zu informieren. Schon davor begannen die Gewerkschaften, Bildungsveranstaltungen zu sponsern, zu denen Frauen kamen, um spezifische Fragen zu den Gefahren an ihrem jeweiligen Arbeitsplatz zu stellen, damit sie wussten, wann sie rechtzeitig um Urlaub ansuchen sollten. Es dauerte zwei Jahre, bis die Kommission für Arbeitsschutz und Arbeitssicherheit ein Programm initiierte, um Arbeitnehmer und Arbeitgeber über den Vorsorgeurlaub zu informieren. Schon davor begannen die Gewerkschaften, Bildungsveranstaltungen zu sponsern, zu denen Frauen kamen, um spezifische Fragen zu ihren Expositionen am Arbeitsplatz zu stellen, damit sie wussten, wann sie um Urlaub bitten mussten. Tatsächlich wussten die Wissenschafter bereits, dass eine Reihe sehr üblicher Arbeitsbedingungen (etwa langes Stehen) schlecht für schwangere Frauen und ihre Leibesfrucht waren. Die 1980er-Jahre waren eine Zeit des intensiven wissenschaftlichen Interesses an der Gesundheit am Arbeitsplatz und die Forschung stellte weitere für Schwangere gefährliche Bedingungen fest, wie Schichtarbeit und viele der chemischen und biologischen Expositionen bei der Arbeit im Krankenhaus. Die Nachfrage nach Vorsorgeurlaub stieg stark an. Da die meisten Arbeitgeber nicht wussten, wohin sie schwangere Frauen versetzen sollten – es gibt einfach nicht so viele Arbeitsplätze in Krankenhäusern, in denen man im Gesundheitswesen keiner Infektionsgefahr ausgesetzt ist – wurden viele Frauen für die Dauer der Schwangerschaft nach Hause geschickt. Obwohl diejenigen, die den Vorsorgeurlaub eingeführt hatten, in erster Linie an den Schutz der Frauen vor Chemikalien und Strahlung während der ersten Schwangerschaftsmonate dachten, begannen viele (60%) der Vorsorgeurlaube tatsächlich erst in der Hochschwangerschaft, weil sie schlechten biomechanischen Bedingungen ausgesetzt waren, etwa verkrampften Körperhaltungen. Etwa 40% der schwangeren Arbeitnehmerinnen nahmen damals

Vorsorgeurlaub in Anspruch, und nur etwa 5% der Anträge wurden abgelehnt.[182]

Im Laufe der Zeit begannen die Kommission für Gesundheit und Sicherheit am Arbeitsplatz und viele Arbeitgeber sich zu beschweren, dass das Programm zu viel kostete, obwohl es nur etwa 6% des Budgets der Arbeiterunfallversicherung ausmachte.

In den 1980er- und 1990er-Jahren gab es etwa alle fünf Jahre Gerichtsverhandlungen und Versuche, die darauf abzielten, den Schutz der Gesundheit und Sicherheit der Arbeitnehmer zu erschweren oder die Vorteile des Gesundheits- und Sicherheitsregimes für das Personal zu beseitigen. In den Jahren 1988, 1992 und 1998 prangerte die Presse an, dass schwangere Frauen ihre Probleme übertrieben, und es wurden Forderungen laut, diesen «Missbrauch» zu stoppen. Jedoch zeigte sich, dass die Gefahr, missgebildete Kinder zur Welt zu bringen, ein mächtiges Argument war. Jedes Mal, wenn es einen Angriff auf schwangere Frauen gab, formte sich eine informelle Koalition bestehend aus gewerkschaftlichen Frauenkomitees, Mitarbeitern des Gesundheitssystems und Wissenschaftern. Die Treffen waren gut koordiniert und effizient, und Pressemitteilungen waren schnell formuliert. Wissenschaftliche Studien, die auf die Gefahren gewisser Arbeitsbedingungen für schwangere Frauen hinwiesen, wurden verbreitet. Wissenschafter wie Romaine Malenfant und Marc Renaud[183] bürgten für die ordnungsgemäße Durchführung der Forschung. Schließlich

---

182 Robert Plante, Romain Malenfant, "Reproductive Health and Work: Different Experiences," Journal of Occupational and Environmental Medicine 40 (1998): 964–8.

183 Marc Renaud, Geneviève Turcotte, *Comment les travailleuses enceintes voient leur travail, ses risques et le droit au retrait préventif. Rapport de recherche* (Montréal: Groupe de recherche sur les a spects soci aux de l a prévention, Univer sité de Montréal, 1988). Renaud war der Mann, der die CQRS-Stipendien für Community-Forschungspartnerschaften ins Leben rief.

11. Wissenschaft mit Empathie

wurden die Medien kontaktiert, und die Angriffe konnten abgewehrt werden.

Zugleich stieg der ökonomische Druck, und so wurde mit der Zeit zunehmend stärker darauf geachtet, die Bedingungen am Arbeitsplatz für schwangere Frauen zu verbessern, anstatt sie nach Hause zu schicken.[184] Die Proportion der Frauen, denen eine andere Arbeit zugewiesen wurde (anstatt sie nach Hause zu schicken), stieg von 15% auf 40%. Das war eine gute Sache, denn die Anträge auf Zuweisung zu einer anderen Tätigkeit konnten schließlich auf alle ArbeiterInnen einen positiven Effekt haben. Wenn beispielsweise in einer Bankfiliale eine schwangere Mitarbeiterin sitzen durfte, dann führte das dazu, dass alle Mitarbeiter die Erlaubnis bekamen, im Sitzen zu arbeiten. In Friseurgeschäften, wo die MitarbeiterInnen gefährliche Chemikalien einatmen mussten, wurden wegen der Schwangeren neue Ventilationssysteme eingebaut, und alle Anwesenden profitierten davon. Außerdem führten die Aktivitäten rund um den Vorsorgeurlaub dazu, dass die Öffentlichkeit allmählich begriff, dass Frauenjobs nicht ganz so sicher und leicht waren, wie es den Anschein hatte. Der Vorsorgeurlaub wurde zu einem anerkannten Teil des Lebens schwangerer Frauen in Quebec.

Kürzlich sind Daten über den Erfolg des Vorsorgeurlaubsprogramms beim Schutz der Gesundheit verfügbar geworden. Agathe Croteau und ihre Kollegen verglichen Frauen, die bei der Arbeit spezifischen Gefahren ausgesetzt waren und den Urlaub in Anspruch genommen hatten, mit Frauen, die den gleichen Gefahren ausgesetzt waren und am Arbeitsplatz blieben. Das Risiko von Frühgeburten und niedrigem Geburtsgewicht beim Baby sank si-

---

184 Suzanne Cohen, "Opération du sauvegarde du programme: pour une maternité sans danger," Prévention au Travail (1998, Oct-Nov-Dec): 7–9.

gnifikant bei Frauen, die vor der 24. Schwangerschaftswoche in Vorsorgeurlaub gingen.[185] Die Ergebnisse bewiesen, dass der Vorsorgeurlaub seinen Zweck erfüllte.

Aber die Arbeitgeberorganisation Conseil du patronat du Québec, die immer noch darauf hoffte, auf die Gesundheits- und Sicherheitsgesetzgebung in ihrem Interesse Einfluss zu nehmen, stellte sofort einen weiteren Wissenschafter ein, um die Ergebnisse von Agathe Croteau zu diskreditieren. Es wurde ein Bericht verfasst, in dem ihre Studie als unwissenschaftlich bezeichnet wurde.[186] Die Arbeitgeber forderten im Anschluss daran die Verlegung des Vorsorgeurlaubs weg vom Zuständigkeitsbereich der Gesundheits- und Sicherheitsbehörden, wodurch der Anstoß zur Verbesserung von Gesundheitsschutzmaßnahmen am Arbeitsplatz wegfallen würde. Im Dezember 2010 kündigten sie ihre Absicht an, das Gesetz zu ändern, kurz bevor alle über die Feiertage nach Hause fahren würden.

Ihre Strategie hat nicht funktioniert, was zum großen Teil Robert Plante zu verdanken ist. Robert, ein Arzt im öffentlichen Gesundheitswesen und Mitverfasser der Croteau-Studie, war von Anfang an ein Verfechter des Vorsorgeurlaubs gewesen. 20 Jahre lang hatte er Frauen unterstützt, die einen Urlaubsantrag stellten. Er war in allen Koalitionen, die sich für die Aufrechterhaltung des Programms einsetzten, ein wichtiger Akteur gewesen.

---

185 Agathe Croteau, Sylvie Marcoux, Chantal Brisson, "Work Activity in Pregnancy, Preventive Measures, and the Risk of Preterm Delivery," American Journal of Epidemiology 166 (2007): 951–5; Agathe Croteau, Sylvie Marcoux, Chantal Brisson, "Work Activity in Pregnancy, Preventive Measures, and the Risk of Delivering a Small-for-Gestational-Age Infant," American Journal of Public Health 96, no. 5 (2006): 846–5.

186 Dieser Bericht traf auf wenig Ressonanz, da Agathe Croteaus Artikel in zwei der angesehensten Zeitschriften für öffentliche Gesundheit veröffentlicht wurden.

11. Wissenschaft mit Empathie

Im Dezember desselben Jahres wurde Robert wegen Magenkrebs behandelt, an dem er acht Monate später verstarb. Dennoch fand er die Kraft, einen gut begründeten Aufruf zu schreiben, in dem er das Programm verteidigte, und der von mehr als 30 der besten Spezialisten für Medizin und Berufsgesundheit in Quebec unterschrieben wurde. Der Aufruf wurde wenige Tage nach dem Angriff der Arbeitgeber veröffentlicht und erhielt reichlich Publicity. Kurz nach Roberts Tod kündigte die Regierung an, das Programm nicht in Frage zu stellen, obwohl sie sich noch mit anderen Aspekten des Arbeitsschutzgesetzes befasse. Das Recht auf den Vorsorgeurlaub wurde (zumindest vorübergehend) geschützt. Wir alle vermissen Robert, aber ich denke, dieser Sieg ist ein gutes Denkmal für ihn.

Der Wissenschaft kommt eine Schlüsselrolle zu, wenn es darum geht, Arbeitgeber und Öffentlichkeit dazu zubringen, die Empathielücke zu überbrücken. ErgonomInnen können den tatsächlichen Arbeitsprozess und das, was dabei schiefläuft, dokumentieren. Arbeitshygieniker können ungesunde Umgebungen erkennen. Und Arbeitsmediziner und Epidemiologen können die gesundheitlichen Auswirkungen der Arbeit aufzeigen. Diese Wissenschafter können sich nicht nur über die Gesundheit am Arbeitsplatz informieren, ihre Glaubwürdigkeit kann auch die Forderungen der Arbeitnehmer nach Änderungen ihrer Arbeitsbedingungen und ihre Ansprüche auf Entschädigung für Gesundheitsschäden untermauern. Und in der Tat geschieht dies häufig. Viele Wissenschafter im Bereich Arbeitsmedizin sind in diesem Feld tätig geworden, um Präventions- und Entschädigungsforderungen zu unterstützen. Die meisten von ihnen stoßen auf dieselben Barrieren, mit denen ich als junge Forscherin konfrontiert war, als ich versuchte, Strahlenexpositionen zu verhindern, und nur wenige von uns haben die Ausbildung oder Kontakte, die uns helfen würden, näher an die gesellschaftlichen Gruppen heranzurücken, die unser Fachwissen benötigen. Ich hoffe, dass unsere Allianz für Gesundheit in der akademischen Community vergrößert und die finanzielle Unterstützung für diese Programme wiederhergestellt werden kann.

Während ich mich fragte, wie ich vorliegendes Buch beenden sollte, traf ich mich mit einer ehemaligen Studentin, die gerade ihre Doktorarbeit fertiggestellt hatte. Während sie auf die Rückmeldung ihrer Kommission wartete, half Ève Laperrière ihrem Ehemann in seiner Ergonomie-Beratungsfirma aus. Ich kannte Ève als sorgfältige, kompetente Wissenschafterin und war nicht überrascht, dass sie gut Berichte schreiben konnte. Aber da sie jung, warmherzig und sanft ist, war ich überrascht und beeindruckt von ihrer Fähigkeit, in heiß umkämpften Gerichtsverfahren gegen heftigen Widerstand auszusagen. Sie erzählte mir von einem Fall, den sie gewonnen hatte, und sagte: «Wir retten Leben!» Der Kläger, «Monsieur Rousseau», hatte ein komplexes Gesundheitsproblem und konnte seinen früheren Beruf als Fahrer von Baufahrzeugen nicht mehr ausüben. Der Arbeitgeber wollte ihn entlassen, weil er sich weigerte, seinen alten Job zu erledigen, anstatt ihm eine andere Stelle anzubieten. So musste das Unternehmen vor Gericht nachweisen, dass Monsieur Rousseau in der Lage war, die Arbeit zu erledigen, und er seine Dienstpflicht verweigert hatte, während Monsieur Rousseau behauptete, seine Krankheit habe ihn am Fahren gehindert. Ève hatte die Arbeit beobachtet und alle Fahrten, die die Fahrer ausführen mussten, genau beschrieben. Sie konnte allerdings nicht Monsieur Rousseau selbst zuschauen, wie er diese Arbeit ausführte – er war nicht mehr in der Lage, sie zu erledigen. Sie musste also einen anderen Arbeiter beobachten, was es dem Arbeitgeber ermöglichte, mit der Aussage zu antworten, dass die Beobachtungen eines anderen Arbeiters nicht relevant seien. Kurz gesagt, ein typisches Dilemma mit dem Versicherungssystem für Arbeitsunfälle.

Monsieur Rousseau, pleite und unter Schmerzen leidend, wurde gegen eine große, aggressive Anwaltskanzlei ausgespielt und

11. Wissenschaft mit Empathie

verließ sich auf Ève, die ihm dabei helfen sollte zu zeigen, dass er die Wahrheit sagte. Sie sagte mir, er habe bei ihrem ersten Treffen aus Dankbarkeit geweint und gesagt: «Sie sind der erste Mensch, der mir zugehört hat.» Es ärgerte Ève wirklich, dass die andere Seite einen Ergonomen eingeladen hatte, um gegen sie auszusagen, und dass «Josiane» Èves Bericht als ungenau kritisierte, weil sie eben nicht Monsieur Rousseau bei seiner Arbeit beobachtet habe. ErgonomInnen in Quebec sind eine kleine Gemeinschaft, und sie kannte Josiane gut. Ève war empört, als Josiane aussagte, dass ihr Bericht voller Fehler war. Hatten sie nicht die gleichen Seminare belegt und wurden sie nicht während ihres Praktikums gemeinsam von Nicole betreut? Wir diskutierten, ob Josiane (und andere, die sich wie sie verhielten) wirklich glaubten, was sie sagten, oder ob sie das nur sagten, weil es ihnen ein Honorar einbringt. Ève schloss mit der Bemerkung, dass sie weiter forschen wolle, damit sie Josiane mit mehr Beweisen konfrontieren könnte.

Aber ich glaube nicht, dass Josiane mehr Beweise oder mehr Forschung braucht, denn Josiane könnte die Informationen sehr wohl dazu benutzen, die Arbeitsplätze der Arbeiter zu verschlechtern, und nicht etwa zu verbessern. Einige ErgonomInnen haben über Folgendes geklagt: Wenn sie den Arbeitgebern erklären, wie sie Änderungen am Arbeitsplatz vornehmen können, um das Risiko von Problemen im Stütz- und Bewegungsapparat zu verringern, übernehmen die Arbeitgeber manchmal die Änderungen, beschleunigen dann allerdings das Fließband, um bei gleichbleibender Verletzungsrate die Produktion zu erhöhen.

Ich glaube, Josiane und der Richter sind nicht in der Lage, Ève und Monsieur Rousseau zuzuhören, aus dem gleichen Grund, aus dem ich nicht in der Lage war, Micheline und Ana María zuzuhören, und Monsieur Lejeune nicht in der Lage war, mir zuzuhören. Ich denke, ein Teil des Problems besteht darin, dass es nicht in ihrem Interesse liegt, zuzuhören. Obwohl Arbeitgeber und Manager von ihren Arbeitnehmern einige nützliche Hinweise zur Arbeitsorganisation erhalten, bekommen sie keine Extrazahlungen, wenn sie die Arbeit lustig, angenehm oder sicher machen. Warum sollten sie also den Arbeitnehmern zuhören wollen?

Andererseits bezahlt die Öffentlichkeit die Gesundheitsversorgung und Ersatzeinkommen für verletzte Arbeitnehmer, deren Arbeitsunfälle im derzeitigen System weder verhindert oder entschädigt wurden. Wenn asbestexponierte Arbeitnehmer an langwierigen Lungenkrankheiten sterben, entstehen ihnen und ihren Familien enorme finanzielle und emotionale Kosten. Wenn die Entschädigungsforderungen der Familien abgelehnt werden, weil die Richter die besten wissenschaftlichen Ergebnisse einfach nicht zur Kenntnis genommen haben,[187] zahlt die ganze Gesellschaft die Zeche. Wir sind alle betroffen, wenn das Krankenhauspersonal, das uns betreut, und die LehrerInnen, die unsere Kinder unterrichten, erschöpft und unzufrieden sind. Die Verkäuferin, die sagte, ihrem Arbeitgeber sei es egal, ob sie bei der Arbeit lächelt, mag recht gehabt haben, aber ich war wahrscheinlich nicht die einzige Kundin, die davon betroffen war, wie unglücklich sie aussah. Wenn man ihr mehr zugehört hätte, wäre sie wahrscheinlich gesünder gewesen und hätte auch die Hunderten von Menschen, die durch ihre Kassenstation gingen, freundlicher bedient. Ich denke, die unsichtbaren Barrieren, die einer arbeitnehmerfreundlichen Wissenschaft entgegenstehen, betreffen die meisten Menschen in der Gesellschaft, schützen aber nur wenige.

Im Moment machen es unsere Regierungen, beeinflusst von betriebswirtschaftlichen Argumenten, den WissenschafterInnen im-

---

[187] Katherine Lippel, *Workers' Compensation for Asbestos Related Disease in Five Canadian Provinces* (Ottawa: Canada Research Chair in Occupational Health and Safety Law, 2010).

11. Wissenschaft mit Empathie

mer schwerer und schwerer, die Entscheidungen zu treffen, die ich während meiner Karriere treffen konnte. Bei einem kürzlich erfolgten Treffen des universitären Beratungsdienstes mit Professoren der Umweltwissenschaften sagte ein neu eingestellter Professor zu mir: «Ich würde gerne tun, was Sie getan haben. Aber so ist es nicht mehr. Wir würden keine Fördermittel erhalten und unsere Arbeitsplätze verlieren». Traurig, aber sehr wahrscheinlich wahr. In Zukunft wird es sogar noch schwieriger werden, Geld für die Grundlagenforschung zu bekommen.

Doch die Wissenschaft selbst kann durch die Zusammenarbeit mit den Communities viel gewinnen. Ich habe beschrieben, wie unsere Fragen über langes Stehen in der Arbeit dadurch entstanden, dass wir den Bank- und SupermarktkassierInnen zugehört haben, was zu originellen Forschungsfragen und schließlich zu begutachteten Veröffentlichungen und einer neuen provinzweiten Studie geführt hat. Auf ähnliche Weise wurden meine Kolleginnen Donna Mergler und Nicole Vézina inspiriert. Ihre Kontakte mit ArbeiterInnen in einem Schlachthof für Geflügel resultierten in ersten Studien über die Auswirkungen kalter Temperaturen auf Regelschmerzen. Ich kann mir vorstellen, wenn Biomechaniker, die das Heben von Kadavern am Computer modellieren, mehr Zeit mit Fabrikarbeiterinnen verbringen würden, sie erkennen würden, dass der Brustumfang die Lastverteilung beeinflusst, und dies in ihre Modelle einbauen. Wenn die Betriebshygieniker mit Reinigungskräften Zeit verbringen würden, würden sie sich wahrscheinlich mehr Möglichkeiten zur Verringerung der chemischen Belastung ausdenken.

Der Wissenschaft kommt eine Schlüsselrolle zu, wenn es um die Überbrückung der Empathielücke bei Arbeitgebern und Öffentlichkeit geht. ErgonomInnen können den tatsächlichen Arbeitsprozess und was dabei schief läuft dokumentieren. Arbeitsmediziner und Epidemiologen können die gesundheitlichen Auswirkungen der Arbeit aufzeigen und ungesunde Umgebungen erkennen. Einerseits untersuchen diese Wissenschafter die gesundheitlichen Bedingungen am Arbeitsplatz selbst, andererseits kann ihre Glaubwürdigkeit auch die Forderungen der Arbeitnehmer nach Verbesserung ihrer Arbeitsbedingungen und ihre Ansprüche auf Entschädigung für Gesundheitsschäden untermauern. Und in der Tat geschieht dies häufig. Aber wir würden bessere Arbeit leisten, wenn wir mehr Informationen aus der Perspektive der Arbeitnehmer hätten. Wir können nur dokumentieren, was wir beobachten können.

Leider haben die meisten Wissenschafter, auch die im arbeitsmedizinischen Bereich, wenig Gelegenheit, Zeit mit den ArbeiterInnen zu verbringen. Wenn sie dies tun, stoßen sie auf die gleichen Barrieren, mit denen ich als junge Forscherin konfrontiert war, als ich versuchte, Strahlenexpositionen zu verhindern. Sie werden mit persönlichen Angriffen, Hürden und Beleidigungen konfrontiert. Allzu oft haben sie einen hohen Preis in Form des Verlustes von Ansehen, Forschungsgeldern und sogar Arbeitsplätzen zu bezahlen. Eine ganze Reihe von ForscherInnen hat trotzdem weitergemacht und sich mit Mut, Einfallsreichtum und Ausdauer in der Wissenschaft und in der Öffentlichkeit dafür eingesetzt, dass die Bedürfnisse der ArbeiterInnen besser sichtbar werden. Die meisten würden von Unterstützungssystemen und Netzwerken profitieren, die uns helfen könnten, näher an jene Communitys heranzukommen, die wissenschaftliche Expertise benötigen.

Die Unterstützung für «empathische Wissenschaft» sollte sich aus drei Quellen speisen: der akademischen Welt, der Arbeiterschaft und der Öffentlichkeit. Erstens brauchen Forscher mehr Kooperationen zwischen Universität und Communitys, wie sie meinen KollegInnen und mir zugutekommen sind (etwa Stipendienprogramme, Universitätslehrstühle, Forschungsfreistellungen). Wir brauchen Programme, die die Wissenschafter bei ihren ersten

11. Wissenschaft mit Empathie

Kontakten mit Vertretern der Communitys anleiten, und erfahrene Berater, die bei den ersten, oft schwierigen Versuchen sich gegenseitig zu verstehen aushelfen. Wir brauchen innerhalb der Universitäten, der Institute und des Lehrkörpers Unterstützung für mit Risiko verbundene Abenteuer, die mit der Entwicklung überraschender Projekte verbunden sind, und die Anerkennung, dass innovative, neuartige Forschungsideen einen beträchtlichen Erkenntnisgewinn hervorbringen können. Wir brauchen die Universitäten, um Lobbyarbeit für uns zu betreiben, damit Geldgeber spezifische Programme für Community-basierende Forschung entwickeln. Wir brauchen Zeitschriften, die die Forschungsergebnisse angemessen auswerten und veröffentlichen.[188] Wir brauchen Forschungsnetzwerke, die uns mit in der Community verankerten Wissenschaftern in Kontakt bringen.[189]

Zweitens brauchen wir eine spezifische Finanzierung für Partnerschaften zwischen Wissenschaftern und der Community auf der Grundlage langfristiger Programme, bei denen die Bewertung von Forschungsvorschlägen nicht nur die Begutachtung durch Fachkollegen umfasst, sondern auch eine Community-basierte Kritik des Proposals und der Forschungsinterpretationen. Das heißt, Wissenschafter brauchen Zeit und einen Rahmen, damit sich Beziehungen auf langfristiger Basis entwickeln können.

Drittens brauchen wir echte Unterstützung von unseren Partnern in der Community. Vor allem brauchen wir ihre Skepsis, wenn wir von Fachkollegen kritisiert werden, und die Angewohnheit Be-

---

[188] In meinem Fachgebiet leistet New Solutions: A Journal of Environmental and Occupational Health Policy einen sehr wichtigen Beitrag.

[189] Wie etwa Spirit of 1848 in den USA, ein Listserv für Wissenschafter des öffentlichen Gesundheitswesens, www.spiritof1848.org/. In Kanada bauen Universitäten derzeit ein Netzwerk für Community-basierte Forschung auf: www.communitybasedresearch.ca/

hauptungen schnellstmöglich zu überprüfen. Vor kurzem hatte ich die unangenehme Erfahrung, von mehreren Gewerkschaftern zu hören, dass die Studie, auf der unsere Verteidigung des Vorsorgeurlaubs beruhte, in keiner angesehenen Fachzeitschrift veröffentlicht wurde.[190] Wie bitte? Das *American Journal of Public Health*, das *American Journal of Epidemiology*, das sollen etwa keine guten Journals sein? Und woher hatten sie das gehört? Von genau dem Arbeitgeberverband, der versuchte, den Vorsorgeurlaub abzuschaffen. Dies war nicht das einzige Mal, dass ich hörte, wie Gesundheits- und Sicherheitsexperten der Gewerkschaft eine überkritische Haltung gegenüber ihre «eigenen» Wissenschafter einnahmen. Wir brauchen unsere Partner in der Community, um über den Missbrauch der Wissenschaft und pseudowissenschaftliche Argumente aufzuklären, damit sie gemeinsam mit uns Lobbyarbeit für mehr, bessere und sinnvollere Wissenschaft betreiben können.

Ebenso notwendig ist es, dass Community-Gruppen bei den verantwortlichen Regierungsstellen um spezielle Finanzierungsprogramme für Community-orientierte Projekte ansuchen. Im Moment gibt es Lobbyarbeit und gelegentlich auch die Finanzierung spezifischer Community-orientierter Forschungsprojekte – etwa zur Erforschung der Frage, warum Menschen Glücksspiel betreiben, zu bestimmten Krankheiten, zur Reduktion von Natrium in der Ernährung. Aber es gibt keine Finanzierung mehr für Community-orientierte Forschungsprogramme oder für nachhaltige Bemühungen, um die Bedürfnisse und das Umfeld von Obdachlosen zu verstehen, oder von Menschen, die der Manganverschmutzung ausgesetzt sind, oder von schwangeren Minenarbeiterinnen.

---

190 Agathe Croteau, Robert Plante und Kollegen konnten zeigen, dass Frauen, die Risiken ausgesetzt waren und den Vorsorgeurlaub in Anspruch nahmen, bessere Schwangerschaftsverläufe aufwiesen als Frauen, die keinen solchen Vorsorgeurlaub hatten.

11. Wissenschaft mit Empathie

Ich hoffe, dass die Menschen aufwachen und erkennen, dass es in ihrem Interesse liegt, mehr Möglichkeiten zur Förderung der Community-orientierten Forschung zu schaffen. Ich hoffe, dass die WissenschafterInnen verstehen werden, dass die Community-basierte Wissenschaft wichtige Informationen liefert, die durch andere Arten der Forschung nicht verfügbar sind. Ich hoffe, die Arbeiter und Arbeiterinnen erkennen, dass sie ein Recht auf Respekt für ihr Wissen und für ihre Bemühungen haben, und dass sie auf diesem Recht bestehen.

Zum Weiterlesen

Armutskonferenz, Attac, Beigewum (Hg.): *Klimasoziale Politik – Eine gerechte und emissionsfreie Gesellschaft gestalten*, bahoe books 2021

Georg Seeßlen: *Die Zweite Welle: Corona & Kultur – Eine Ästhetik der Krise / Eine Krise der Ästhetik*, bahoe books 2021

Thomas Schmidinger, Josef Weidenholzer (Hg.): *Virenregime – Wie die Coronakrise unsere Welt verändert*, bahoe books 2020

KAREN MESSING, geboren 1943, ist emeritierte Professorin für Biologie an der Université du Québec à Montréal in Kanada, wo sie jahrzehntelang Forschungsprojekte in Zusammenarbeit mit Gewerkschaften und Frauengruppen durchführte. Sie studierte Ergonomie und Genetik und ist eine international bekannte Expertin für Gesundheit am Arbeitsplatz aus der Gender-Perspektive. *Unsichtbare Schmerzen* erschien 2014 auf Englisch und wurde mittlerweile auch ins Französische und Koreanische übersetzt.